상호문화적 글로벌시대의

종교와 정치

강응섭, 박수영, 박종식, 원영상
이명권, 조은식, 조재형, 최자웅 공저

열린서원

상호문화적 글로벌시대의

종교와 정치

지은이 강응섭, 박수영, 박종식, 원영상
이명권, 조은식, 조재형, 최자웅

발행처 열린서원
발행인 이명권
발행일 2022년 6월 30일

주 소 서울특별시 종로구 창덕궁길 117, 102호
전 화 010-2128-1215
팩 스 02) 2268-1058
전자우편 imkkorea@hanmail.net
등록번호 제300-2015-130호(1999년)

값 17,000원
ISBN 979-11-89186-19-7 03200

※ 잘못 만들어진 책은 구입한 곳에서 교환해 드립니다.

※ 이 도서에 국립중앙도서관 출판사 도서목록은

e-CRP홈페이지(http://www.nl.go.kr/ecip)에서 이용하실 수 있습니다.

차 례

저자 소개

강 응 섭

총신대학교 신학과를 졸업하고, 프랑스 몽펠리에3대학교 정신분석학과를 거쳐, 몽펠리에신학대학교에서 프로이트와 라캉의 정체화(Identification) 개념으로 루터와 에라스무스의 의지 논쟁을 분석하여 박사학위를 받았다. 1999년부터 예명대학원대학교의 조직신학 교수로 재직하고 있고, 정신분석학 전공을 개설하여 프로이트와 라캉을 잇는 흐름의 석사 및 박사 과정을 운영하고 있다. 프로이트-라캉주의 분석가로부터 분석을 받으면서 정신분석 이론과 임상을 연결하고 있다. 또한 리더십학 전공 주임교수로서 정신분석을 도입한 리더십학 분야를 이끌면서 디지털 시대의 심리 문제를 다루고 있다. 한국현대정신분석학회 부회장, 편집위원장, 재무이사, 한국조직신학회 편집위원을 맡고 있다. 저서로는 『동일시와 노예의지』, 『프로이트 읽기』, 『첫사랑은 다시 돌아온다』, 『자크 라캉의 「세미나」 읽기』, 『자크 라캉과 성서해석』, 『라깡과 기독교의 대화』, 『한국에 온 라캉과 4차 산업혁명』 등이 있다. 역서로는 『정신분석대사전』, 『라깡 세미나·에크리 독해 1』, 『프로이트, 페렌치, 그로데크, 클라인, 위니코트, 돌토, 라깡 정신분석 작품과 사상』(공역) 등이 있고, 그 외에 신학 정신분석학 리더십학을 잇는 다수의 논문과 다수의 공저를 발표하였다.

이메일: harmonie@hanmail.net

박 수 영

연세대학교에서 지질학과 철학을 공부하고, 10여 년간 공기업에서 직장생활을 하였다. 이후 회사를 휴직하고 KAIST 비즈니스 스쿨에서 경영학 석사과정(MBA)을 공부하였고, 동국대에서 불교학으로 석사, 인도철학으로 박사학위를 취득하였다. 현재는 동국대에서 강의중이며, 한국불교학회에서 인도철학 담당 편집위원으로 일하고 있다. 주요 논저로는 산스끄리뜨어의 기원에 대한 "Proto-Indo-European 오그먼트의 기원과 역할:

오그먼트는 어떻게 과거를 지시하는가?"(인도철학 42집), 빠니니 문법의 구조를 분석한 "『아슈따디아이』 따디따(taddhita) 부분의 구조"(인도연구 21권1호), 바르뜨리하리의 인도사상사적 위치를 다룬 "바르뜨리하리(Bhartṛhari)의 재조명"(남아시아연구 25권1호), 힌두이즘의 기원 문제를 다룬 "힌두이즘의 기원에 대한 재조명: 힌두교는 동인도회사(EIC)의 발명품인가"(인도철학 57집), 『포스트코로나 시대의 새 종교지평』, 『상호문화적 글로벌시대의 종교와 문화』(공저) 등이 있다.
이메일: souyoung@naver.com

박 종 식 卍宗空日

서울대학교를 졸업하였으며, 유랑잡승을 자임하는 승려이다. 동국대학교에서 인도철학을 연구하여 철학박사 학위를 취득하였으며, 동국대학교 객원교수 직함도 있다. 20대의 젊은 시절 여러 곳을 떠돌았으며, 30대에는 백두산 언저리에서 수년간 머무르며 발해, 고구려 유적지와 항일독립투쟁의 현장을 들러보았다. 또한 공동체 관련 일에 관여하다가 덕유산 자락으로 옮겨 자연농법과 영성에 대한 다양한 실험을 하였다. 40대에 출가하여 길상사, 백담사 등의 절집에서 살았다. 최근까지 설악산과 지리산 자락의 절집과 남해 바닷가의 토굴 등을 오가며 정진하였다. 2020년 겨울부터 서울 봉은사에서 걸망을 풀고 교육과 관련된 업무를 담당하고 있다. 주요 관심사로는 문명비평에 초점을 둔 불교미학 검토, 생명현상을 검토하는 불교의학 연구, 선어록에 대한 신선한 해석작업 등이다. 홀로 차(茶) 마시기를 즐기며 달빛 좋은 날이면 주위 사람들에게도 향이 깊은 차를 내주곤 한다.
이메일: jyotisa33@daum.net

원 영 상 원불교 교무(법명: 익선)

원광대학교 원불교학과 조교수로 불교학과 원불교학을 가르치면서 일본불교의 사상과 역사는 물론 국가와 불교, 전쟁과 평화, 불교와 원불교의 관계 등을 연구하고 있다. 교토 불교대학에서 아날학파의 연구방법론에 기반, 일본의 불교 토착화를 추적한 『왕생전의 연구』로 문학박사 학위를 받았다. 최근에는 성주군 소성리의 사드(THAAD)철폐운동, 핵폐기운동의 현장을 다니며 원불교의 사회참여운동에 힘을 보태고 있다. 원불교평화연대 고문, 원불교환경연대 공동위원장으로 봉사하며, 종교의 사회참여 현장에도 뛰어들고 있다. 학계에서는 한국일본불교문화학회 회장, 한국불교학회 법인이사, 한국종교학회 분과위원장 등을 맡고 있다. 〈경향신문〉, 〈법보신문〉 등 여러 언론 매체에 불법(佛法)의 입장에서 국가와 자본주의의 문제, 정의와 평화 문제를 어떻게 구현할 것인가를 주제로 기명 칼럼을 쓰고 있다. 저서로는 『아시아불교 전통의 계승과 전환』(공저, 동국대학교 출판국, 2011), 『승가대학 교재: 한권으로 보는 세계불교사』(공저, 불광출판사, 2012), 『한국호국불교의 재조명』(공저, 대한불교조계종 불교사회연구소, 2014), 『佛教大学国際学術研究叢書: 仏教と社会』(공저, 京都: 思文閣出版, 2015), 「『한국인의 평화사상』Ⅱ(공저, 인간사랑, 2018)이 있으며, 논문으로는 일본불교의 내셔널리즘의 기원과 역사, 그리고 그 교훈」, 「근대일본의 화엄사상과 국가」, 「소태산 박중빈의 불교개혁사상에 나타난 구조고찰」 등이 있다.

이메일: wonyosa@naver.com

이 명 권

연세대학교에서 신학을 전공하고, 감리교 신학대학원 및 동국대학교 대학원 인도철학과에서 각각 석사과정을 마친 후 서강대학교에서 종교학박사 학위를 받았다. 중국 길림사범대학교에서 중문학 석사와 길림대학교에서 중국철학으로 박사학위를 받았고, 길림사범대학 교수와 동 대학의 동아시아연구소 소장을 역임했다. 서울신학대학교에 초빙교수를 역임한 이후 현재는 동 대학에서 〈동양사상의 이해〉를 강의하고 있으며, 〈코리안아쉬람 대표〉로서, 〈코리안아쉬람TV〉(유튜브)를 통해 '동양철학'을 강의하고 있다. 저서로 『노자왈 예수가라사대』, 『예수 석가를 만나다』, 『무함마드와 이슬람 그리고 예수』, 『우파니샤드』, 『베다』 외 다수

이메일: imkkorea@hanmail.net

조 재 형

현재 강서대학교 학술연구 교수(연구재단 후원)로 신약성서를 가르치면서 연구재단 연구과제로 영지주의와 나그함마디 서고에 관한 연구를 하고 있다. 그리스도대학교를 졸업하고, 연세대 연합신학대학원에서 신약성서

전공으로 석사(Th.M)를, 미국 하딩신학대학원에서 문학석사(M.A)와 시카고 신학대학원에서 목회학 석사(M.Div)를 마쳤으며, 클레어몬트 대학원대학교(CGU) 종교학과에서 신약성서 전공으로 박사학위(Ph.D)를 받았다. 주요 저서로는 *This Is My Flesh: John's Eucharist and the Dionysus Cult*(Pickwick Publications, 2022), 『그리스-로마종교와 신약성서: 그리스도교의 기원에 대한 사상사』, 개정증보판(서울: 감은사, 2021), 『초기 그리스도교와 영지주의』(서울: 동연, 2020), 『그리스-로마종교와 신약성서』(서울: 부크크, 2018)가 있다. 공저로는 『요한복음연구』(서울: 이레서원, 2020), 『李信의 묵시의식과 토착화의 새 차원-술리얼리스트 믿음과 예술』(서울: 동연, 2021)과 *An Asian Introduction to the New Testament* (Fortress, 2022), 『상호문화적 글로벌 시대의 종교와 문화』(열린서원, 2021)이 있고, 22여 개의 논문들(KCI)을 게재하였다. 스톤-캠벨 운동을 연구하는 환연연구회 회장과 요한문헌학회 총무로 봉사하고 있으며, 한국기독교학회, 한국신약학회, 한국복음주의신약학회 정회원이다. 또한 유튜브 채널 '기독교의 기원에 대한 이야기'를 운영하고 있다.
이메일: disciples.cho@gmail.com

조 은 식

조은식 박사는 세인트 존스 대학교에서 철학을 전공하고, 프린스턴신학대학원을 졸업했다. 뉴욕대학교대학원에서 종교교육학을 전공하고, 오하이오 유나이티드신학대학원에서 선교학으로 박사학위를 받았다. 필리핀 실리만 대학교 교수를 거쳐 장로회신학대학교 선교학과 초빙교수를 역임했다. 현재 숭실대학교 교수로 봉직중이고, 한국키에르케고어 학회 회장을 맡고 있다. 주요 저서로는 『통일선교』(서울: 미션아카데미, 2007), 『삶에서 찾는 문화선교』(서울: 숭실대학교 출판부, 2009), 『선교와 통일』(서울: 숭실대학교 출판국, 2014), 『통일선교담론』(서울: 나눔사, 2020) 등이 있고, 다수의 통일 관련 논문과 공저가 있다.
이메일: jcworldwide@hanmial.net

최 자 웅

동학혁명의 현장과 본거인 고향 전주에서 조실부모의 환경으로 성장하며 파랑새의 민요와 함께 조숙하게 세계고(世界苦)에 눈 떠 일찍이 시인과 혁명가와 종교의 꿈을 지니고 그 길을 작정하게 되었다. 1980년대 초반에 김지하 시인과 원주 자택에서 만나 대화하고 시인에게서 미륵(彌勒)의 필명을 제안 받기도 하였음. 성공회에서 사제서품을 받고 노동사목의 꿈을 지니고 어려움 속에 분투하기도 하고 한신대 수학 후에 서강대 대학원을 거쳐 독일 Bocum대학에서 신학박사과정을 수료하고 성공회대에서 'Maoism과 Sunwenism의 인간이해'의 주제로 사회사상과 종교사회학 박사학위를 함. 1983년 풀빛에서 '그대여 이 슬프고 어두운 예토(穢土)' 상재한 첫 시집으로 당시 문단의 어른인 소설가 김정한 선생으로부터 '위대한 사랑의 울부짖음'이라는 평가와 신경림, 고은, 이운룡 시인들로부터 찬사와 긍정적 비평 속에서 제2시집은 독일유학의 과정 중 목도한 사회주의권의 붕괴와 함께 아픈 문명사적인 사상적 좌절과 공황상태를 〈겨울늑대-어네스토 체 게바라의 추상〉으로 엮었다. 빈민현장과 나눔의 집 원장직들을 거친 사제직의 마지막에는 사회적 약자계층으로 전락한 이 땅의 노년세대의 조직과 운동에 착수하여 〈노년유니온〉을 창립하고 상임위원장으로 활동하고, 전국시니어클럽협회장을 역임하였음. 기타를 연주하며 잔잔하고 낮게 노래하는 시인 가객(歌客)으로 잃어버린 고향상실에의 끝없는 서정과 함께 굵고 치열한 역사의식과 서사로 이루어지는 시세계를 추구하며 한민족의 분단비극을 극복하는 통일이념과 체제와 새로운 세계의 지평을 뜨겁게 응시하며 시작(詩作)과 학문에 임하고 있음. 현재 코리안아쉬람 인문예술원장직과 이곳에서 펴내는 종합인문계간지 〈산넘고 물건너〉의 편집인의 역할을 담당하고 있다. 연구논문으로는 혁명적 Ideology와 종교적 구원/ 민주주의의 이념과 기독교의 윤리적 역할 연구/ 윤노빈의 '동학의 세계사상적 의미'의 단상.1989(신생철학) / 동학혁명의 광맥에서 본 수운 최제우의 인내천 개념의 변천 및 전개. 2020 / 마오이즘의 세계인식과 평화관. 2021/ Yogissar 김지하 사상의 종교적 요소 _동학과 민중신학을 중심으로. 2022 등이 있음.

라깡의 정체화(Identification)와 루터의 노예의지(servo arbitrio)

강 응 섭

라깡의 정체화(Identification)와 루터의 노예의지(servo arbitrio)[1)]

강 응 섭 예명대학원대학교 교수

Ⅰ. 들어가는 말

이 글은 라깡(Jacques LACAN, 1901-1981)의 정체화 이론과 루터(Martin LUTHER, 1483-1546)의 노예의지 이론을 크게 세 부분에서 비교한다. 첫째 정체화 제1장르: M←a와 자유의지, 둘째 정체화 제2장르: S←A와 성서, 셋째 정체화 제3장르: S↕a와 노예의지. 정체화 이론은 프로이트(Sigmund FREUD, 1856-1939)의 연장선상에서 라깡이 발전시킨 것인데, 그의 여러 저서에서 뼈대 역할을 하고 있고, 특히 1961년-62년 세미나는 Identification(停滯化)을 주요 제목이자 테

1) 이 글은 1998년 한국종교학회 종교심리분과(서울대학교-1998.11.7.)와 2006년 제1회 한국조직신학자전국대회(추풍령 단해교회-2006.4.28.)에서 발표한 것을 보완하여 아래의 학회지에 실었고 이를 다시 수정하여 『라깡과 기독교의 대화』(새물결플러스, 2018년)의 제12장에 담았다. “라깡의 정체화와 루터의 노예의지 비교”, in「한국조직신학논총」제16집(한들출판사, 2006.6). 이 글의 주제어는 라깡, 루터, 에라스무스, 노예의지, 자유의지, 정체화(J. LACAN, M. LUTHER, ERASMUS, *Servo arbitrio, Libro arbitrio,* Identification) 등이다.

마로 다루었다. 이 이론은 그의 사상을 구조적으로 세우는 토대인데, 이 짧은 글에서 그의 생각을 전달하기 위해 그가 고안한 '도식L'에 따라 정체화의 제1, 2, 3장르를 설명할 것이다. 그의 이론을 잘 알지 못하더라도 이 글을 이해하는데 불편하지 않도록, 이 글은 루터의 생각을 중심으로 전개하고 비교할 것이다. '도식L'은 이 글의 각주 29번에 해당하는 그림이므로 참조하면서 독서하면 좋을 것이다.

이 비교를 통해 개신교 신학 문헌의 해석틀의 하나로 정신분석 이론을 제시하고자 한다. 일단 이 글에서는 구조적인 분석이라는 한계 때문에 세밀한 분석은 시도하지 않겠고 구조분석에 주안점을 둘 것이다.[2]

1. 정체화 제1장르: M←a와 자유의지

1) 거울 단계와 근본적 의의 박탈

『출애굽기』[3]를 연구하면서 에라스무스는, 왜 하나님께서 나쁜 의

---

2) 라깡과 종교 일반에 대한 담론 가능성을 위해, 필자의 다음 글을 참고할 수 있다. "라깡과 종교", in 「라깡과 현대정신분석」(2005 Winter, Vol. 7). 라깡과 개신교 신학 간의 세밀한 분석을 위해, 필자의 『동일시와 노예의지』(서울: 백의, 1999), "아우구스티누스와 라깡", in 『생명의 영성』(서울: 대한기독교서회, 2004.)을 참조할 수 있다. 그리고 프랑스와즈 돌토의 『정신분석학의 위협 앞에 선 기독교』(김성민 옮김, 서울: 다산글방, 1999)와 『인간의 욕망과 기독교 복음』(김성민 옮김, 서울: 한국심리치료연구소, 2000), J. ANSALDI의 *Le dialogue pastoral*(Genève: Labor et Fides, 1986)과 *L'articulation de la foi, de la théologie et des écritures*(Paris: Les éditions du Cerf, 1991), 그리고 *Dire la foi Aujourd'hui*(Suisse Aubonne: Moulin, 1995)를 참조할 수 있다.

3) 9장 12절. 에라스무스의 「자유의지론」은 "De libero arbitrio diatribe seu

지를 변화시켜 좋게 사용하시지 않는지, 왜 원죄라는 마치 옥에 티 같은 거추장스러운 것을 갖고 태어나게 했는지 질문한다. 이 의문은 그 인문주의자를 자유의지 지지자로 나가게 하는 원동력이 된다. 반면 「노예의지론」에서, 루터는 '파손된 의지'라는 견해를 설명하고, 원의에 대한 진정한 이해 없이는, 참다운 신학적 인간학에 다다를 수 없다고 말한다.[4] 루터가 이해한 '근본적 의의 박탈론'은 노예의지 개념을 구성케 한다. '자유의지'는 착하고 성스러운 행위로 구원에 참여하는 인간의 능력을 수용하는 반면, '노예의지'는 구원에 접근하는 그의 무능력을 선포한다. 스콜라 학자들의 관점에 따르면 "원의는 인간 본성 자체에 속하는 고유한 것이 아니다. 그것은 일종의, 아름다운 처녀의 머리에 쓰여 그녀를 완전히 다르게 보이게 하는 화관처럼 첨부된 장식, 선물이다. 그것은 그녀에게 외부로부터 주어진 것이고, 본성 자체에 해를 끼치지 않고 없어질 수도 있다."[5] 결국, 스콜라 학자들은 인간이 근본적 의로서의 '첨부된 장식'을 잃어버렸다고 해도, '창조된 본성'에는 상처가 없다고 판정한다. 반면, 루터가 생각하는 원의는 스콜라 학자들의 그것과는 전적으로 구별된다. 그에게 의란 "외부로부터 첨부된 것도, 인간 본성과 다른 것도 아니다.

---

collatio"(édition française), in *La philosophie chrétienne*(Paris: Librairie philosophique J. Vrin, 1970), pp. 203-256(불어판)을 참고한다.

4) M. LUTHER, "Du serf arbitre", in *Œuvres* V(Genève: Labor et Fides, 1958), p. 143. 그리고 *W.A.* 18권의 712페이지 참조. 루터는 그리스도에 의해 해방된 후 사탄에 의해 속박된 때를 회상하면서 이 논문을 서술한다고 제1회 한국조직신학자전국대회(2006. 4. 28-29일)에서 이 글을 논평한 루터대학교의 권득칠 교수는 조언하였다.

5) M. LUTHER, "Commentaire du livre de la Genèse", in *Œuvres* I (Genève: Labor et Fides, 1975), p. 151(ch. 3, v. 7), in *W.A.* 42권, p. 123, 38-42.

그것은 정말로 본성인 것이다. 왜냐하면 아담의 고유 본성은 하나님을 사랑하고 하나님을 믿고, 하나님을 아는 기타 등등의 것이었다."[6]

루터가 이해한 원의의 상실은 라깡이 정립한 '거울 단계 이론'[7]에 비교할 만하다. 거울 단계 전에, 아이가 상상적 신체와 실제 신체를 혼동하는 것과 마찬가지로, 원의가 박탈된 사람은 고유한 본성과 부여된 성품을 구분하는 데 다다르지 못한다. 그러므로 온전하지 못한 인간은 원의의 소멸과 하나님에 대한 신뢰가 상호 부조화된다는 점을 알지 못한다. 이런 구도에 속하는 인간이 실상과 허상의 이중화를 모른다는 사례를 바탕으로 라깡은 '광기'를 연구한다. 이것은 에라스무스식 자유의지가 스콜라풍의 인간학의 토대가 되듯, 정체화 제1장르의 근거를 이룬다. 결과적으로, 죄에 대한 이론은 '모호한 지성'이 편집증적인 인식을 하는 한 우리들의 고찰에 스며 있는 인간계의 존재론적 구조를 따른다는 사실을 보여준다. 이 인식은 편집증적 정신병과 인성 간의 관계를 부연하는 라깡의 박사 논문에 상세히 기술되어 있다.[8] 이 논문은 자아의 영상과 타자에 의해 가해지는 박해 감정을 '에메의 경우'를 분석하면서 설명한다. 자기 처벌이라는 심리적 메커니즘의 토대를 이루는 편집증적 인식은 원의의 계속성을 주장하는 자유의지 자체를 방어하는데 사용된다. 이 맥락에서 우리는 자유의지가 '자기중심적' 본성에 토대를 둔다고 확인한다.

2) 오이디푸스 3자 원리와 자유의지의 삼각 구도

6) *Ibid.*, p. 151(ch. 3, v. 7), in *W.A.* 42권, p. 124, 4-6.
7) Cf. J. LACAN, "Le stade du miroir comme formateur de la fonction du JE", in *Ecrits*(Paris: Seuil, 1966).
8) J. LACAN, *De la psychose paranoïaque dans ses rapports avec la personnalité*, thèse de doctorat en médecine(1932)(Paris: Seuil, 1975).

정신분석에서 말하는 정체화 이론의 불변하는 상수는 오이디푸스의 두 구성 요소이기도 하다. 즉, 셋의 부부 생활(아빠, 엄마 그리고 아들)과 아이의 선천적인 양성(兩性)이다. 오이디푸스 삼각 개념을 통해 우리는 세 가지 요소로 설명되는 루터 신학 구조를 추출하게 된다.

정신분석 내용		루터 내용
오이디푸스 구조		자유의지의 구조
지그문트 프로이트	자끄 라깡	마르틴 루터
아들 엄마 아빠(방해꾼 3자)	나르시스적 자아 거울상의 영상들 상상적 매듭	죄인(자유의지, 전지전능 자아) 전지전능 하나님(숨은 하나님) 율법

위의 도표가 보여주는, 정신분석의 오이디푸스 삼각 개념과 루터에 의한 자유의지 이해간의 관계를 살펴보자. 인간은 설사 율법이 규정하는 것을 행한다 해도, 율법이 요구하는 것을 더 이상 성취하기를 원하지 않는다. 이러한 특성을 지닌 인간이 원하지 않는 것을 행 할수록 더더욱 율법을 증오한다. 죄 가운데 거할 때는 법을 지키면 정의와 구원으로 인도된다고 생각한다. 그러나 신앙과 은혜 없이, 법 덕분에 만들어진 업적은 단지 구속하기 위한 두려움과 유혹하기 위한 일시적 약속으로 사용될 뿐 율법의 행함과 율법의 성취는 서로 다른 것이다.

자기에 대한 사랑은 죄인의 본성의 변함없는 토대를 이룬다. 죄인은 나르시스적 본질을 지닌 대상에 정체화된다. 그러나 나르시스적 성격을 띠지 않는 새로운 대상에게로 눈길을 돌리는 법은 없다. 그가 그 '대상'을 잃어버린다 해도, 그 대상에 대한 '사랑'만은 포기하지 않는다. 왜냐하면 죄의 뿌리 자체를 의미하는 죄는 자아 외부에 있는 것이 아니라 자아 내부에 있기 때문이다. 그리스도로 계시된 하나님을 믿는 것 밖에서, 자유의지의 신앙을 갖고 있는 신자는 더 이상 은혜의 의로움과 법의 의로움을 분리하지 못하고, 단지 법을 행하는 것에만 몸을 내맡긴다.

그러므로 우리는 자아에 대한 프로이트적 개념에서 출발하여 이중적인 죄인의 면모를 발견한다. 그 중 하나는 새사람에 대한 비판, 또 하나는 비판당하는 자아나 정체화에 의해 수정된 자아처럼 근본적인 죄에 물든 옛사람이다. 프로이트에 따른 정체화에 의해 변모된 자아는 욕망하기를 멈추지 않고, 또 비판당하는 자아는 그 욕망의 완전한 만족을 거부한다.[9] 동일하게, 라깡의 '허구 영상'을 겨냥하는 자아는 프로이트적 의미에서 정체화에 의해 수정된 자아에 비유되고, 또 구멍난 대상에 정체화되는 자아는 비판당하는 자아에 정체화된다. 신학적인 면에서 볼 때, 내적 인간(εσω ανθροπος)은 노예의지의 본성을, 외적 인간(αξω ανθροπος)은 자유의지의 편집증적 기능을 말한다. 루터가 의와 죄를 매개하는 것을 거부하듯, 우리는 새사람과 옛사람간의 중립 지대를 인정치 않는다. 에라스무스식의 신앙은 근본적으로 외적 인간의 육에의 욕망과 나르시시즘 메커니즘만을 추종한다. 그것은 신자 자신에 대한 신뢰일 따름이다.

법적 의미에서 업적을 성취한다는 것, 이것은 아담의 가죽옷을 입는다는 것을 의미한다. 즉 "우리 모두가 죄에 예속되고 팔렸다는 것과 우리가 하나님에 대하여 두렵고, 무지하고, 불신하고, 그리고 증오심을 갖고 있다는 것을 상징하는 그것을 입고 있다. 그리고 우리는

---

9) S. FREUD, "Deuil et mélancolie", in *Œuvres complètes*(Paris: P.U.F., 1988), p. 268.

또한 나쁜 갈망, 티끌, 인색 등으로 가득하다. 결국 이 의복, 다시 말해 더럽혀지고 죄로 물든 이 본성은 아담에서 유래한다."[10] 법을 행함은 바로 옛사람이라 불려지는 죄인의 옷이다. 이 옛사람은 신앙이 형성하는 하나님과의 관계 안에서 고려될 성질의 것이 아니라 속세와의 관계 틀에서 이해되어야만 하는 것이다.

그 결과, 정체화 제1장르에서 이상과 현실의 헛된 일치에 의한 것처럼, 내적 인간과 외적 인간간의 부조화는 은혜의 의 없이 율법의 업적에 의해 해결된다. 프로이트가 '양가감정'이라 부른 이것을, 라깡은 '상상적 매듭'이라 불렀다. 우리는 그것을 '자신 신뢰'라고 일러두고자 한다. 이 매듭을 풀기란 여간 힘든 일이 아니다. 그 이유는 이 얽힘이 육적이고 나르시스적 대상에 밀착해 있기 때문이다. 프로이트가 제1차 나르시시즘과 제2차 나르시시즘으로 '자아의 리비도'를 세분하듯,[11] 라깡은 '자아-쾌락'에 감금된 자아를 기술한다.[12] 이 자아는 '자아-현실' 안으로 진입할 수 없다. 자아의 두 메커니즘을 서로 이어주는 통로는 없는 것 같다. 결국, 구원에 있어 하나님-인간 협력이란 거울을 매개로 한 협력, 즉 이것을 신뢰하는 자유의지의 신앙은 자아에서 시작되는 리비도와 제1차 나르시스적 자아에 비유할 만하다. 왜냐하면 그 신앙은, 라깡 정신분석 이론에 따르면 상상적 정체화, 즉 정체화 제1장르에 위치하는 것이기 때문이다.

---

10) M. LUTHER, "Commentaire de l'Epître aux Gâlates(t. II)", in *Œuvres 16*(Genève: Labor et Fides, 1972), p. 62(ch. 3, v. 27), in *W.A.* 40-1권, p. 540, 21-22.

11) S. FREUD, "Pour introduire le narcissisme", in *La vie séxuelle* (Paris: P.U.F., 1977), p. 83.

12) Cf. J. LACAN, *Le moi dans la théorie de FREUD et dans la technique de la psychanalyse*(Séminaire II, 1954-1955, Paris: Seuil, 1978).

우리가 이상적 자아로서 자기 아빠를 관망하는 아이의 태도를 확인하듯이, 죄인은 자기가 원하는 모든 것을 할 수 있는 전지전능한 하나님이 되고자 한다. 이 의미의 틀 속에서 에라스무스는 구원을 위해 하나님과의 좋은 협력자로서 해석되는 자유의지의 인간을 이해한다. 그러나 루터는 스콜라 신학자들에 의해 펼쳐진 "굽은(ployable)"13) 사상에 저항한다. 우리 생각으로, 인간이 하나님이 되고자 한다는 에라스무스식의 생각은 '상상적 아버지'를 말하는 정신분석적 생각과 유사하다. 루터도 "인간은 그 자신이 신이 되고자 한다"14)고 말했다. 이 인식은 정체화 제1장르의 기초로서 인간의 존재론적인 본질이 되는 것이다.

우리는 '정신적 우상 숭배'로 복합된 '육의 지혜'를 자아가 정체화되는 '거울상의 영상'이라고 이해한다. 이 자아는 '상상적-대상'처럼 되려고 하지도, 그것을 소유하고자 하지도 않고, 끊임없이 그것을 욕망할 뿐이다. 그는 '요구(demande)'의 둥근 원 안에서 충만한 만족을 얻는다. 라깡이 생물학적 도면(1949년도에 발표한 '거울 단계' 논고를 참조)과 거울 영상을 고찰할 때, 꼬마 아이는 신체적으로 덜 성숙되었지만, 그의 심성까지 비활동적인 것은 아니라고 언급한다. 이 시기 동안, 아이는 가족적이고 사회적인 영상들에 정체화되고, 이것은 결국 '일

---

13) ERASMUS, "De libero arbitrio diatribe seu collatio"(édition française), in *La philosophie chrétienne*(Paris: Librairie philosophique J. Vrin, 1970), p. 237(IIIB4), in *Erasmi Opera omnia*, 1236, d. 'ployable'라는 단어는 정신분석의 'perversion'과 비교할 만하다. 왜냐하면 에라스무스는 인간의 '굽은 의지'는 자유의지의 인간과 동일한 것이라고 생각하기 때문이다. 그런데 루터는 하나님에게만 자유의지를 부여한다. 결국, 에라스무스의 생각은 전도된(perverse) 것이다.

14) M. LUTHER, "Les sept Psaumes de la pénitence"(première rédaction, 1517), in *Œuvres I*(Genève: Labor et Fides, 1957), p. 27.

군의 행위'로 표현된다. 자유의지의 인간은 그러므로 죄로 구성된 육의 지혜와 말로 창조된 영의 지혜를 혼돈하게 된다. 이 무지에서 그는 더 이상 근본적인 의와 의의 박탈을 분간할 수 없고, 창조시의 근원적인 본성을 되찾지 못한다. 이 의미에서 "우상은 신으로부터 추방당한 신경증적 인간성"[15]을 말할 따름이라고 장 앙살디는 확신에 찬 목소리로 말한다. 그리고 그는 자유의지의 성격을 이렇게 정의한다. "현실의 인간이 왜소하고, 나약하고, 제한되고, 죽음에 처해짐을 느끼면 느낄수록, 사르트르가 말한 '신이 되려는 욕망'처럼, 인간은 점점 더 전지전능하고 거의 신적인 이상적 자아 속에 잠기게 된다."[16]

2. 정체화 제2장르: S←A와 성서

1) 도식 L과 하나님에 대한 인식

루터의 「노예의지론」을 라깡의 정체화 제1장르와 비교하기 위해, 방금 우리는 에라스무스의 자유의지 인간을 루터의 비판적 시각으로 다시 읽어보았다. 즉, 라깡의 정체화 제1장르, 즉 영상에 대한 정체화를 특징짓는 '편집증적 형태의 인식'을 통해 루터의 사상에 접근해 보았다. 결국, 자유의지의 인간은 이상적 자아에 상응하도록 의무화된 라깡의 '도식 L'의 자아[M] 처럼, '자기구원'을 이루어야 하고, 할 수 있는 것처럼 행동한다. 이 곳 정체화 제2장르에서 설명하려고 하는 것은 '숨은 하나님' '그리스도로 계시된 하나님' '육의 지혜에 따

15) J. ANSALDI, *Le dialogue pastoral*(Genève: Labor et Fides, 1986), p. 28.
16) *Ibid.*, p. 46.

른 하나님' '영의 지혜에 따른 하나님' 등과 같은 신학적 개념을 세밀하게 주석하는 것보다는 「노예의지론」이 담고 있는 내용과 '도식 L'의 내용을 비교하여 상응성을 제시하는 데 있다.

루터는, 한편으로 "인간 이성으로 완전하게 이해할 수도, 접근할 수도 없는"[17] 하나님을 기술하면서도, 또 다른 한편으로는 "하나님을 필요로 하지 않는 자들을 의롭다 하고 구원하면서 자기의 인자함을 드러내는 하나님을 경외하고 두려워해야 된다"[18]고 강조한다. 루터는 숨은 동시에 계시된 하나님을 경험적으로 인식한다. "하나님의 열등하고 보이는 속성은 보이지 않는 것들과는 대립된 것이다. 즉 인간적인 면, 약함, 광기 등의 속성이다."[19] 스콜라 신학은 숨은 하나님에 대한 사변에서 유래하고, 루터의 신학은 그리스도를 묵상하는 데 근거를 두는 신학을 "십자가의 신학(Theologia crucis)"[20]이라 했다. 사변신학은 존엄한 하나님, 벌거벗은 하나님, 우리에게 자신을 감추시는 하나님을 강조하는 반면, 십자가의 신학은 십자가에 못 박히신 하나님, 성육신 하신 하나님, 그리고 하나님의 말씀에 역점을 둔다. 루터 신학 사상의 가장 굵직한 여정은 숨은 하나님과 선포된 하나님, 침묵하는 하나님과 계시된 하나님간의 차이를 명백히 하는 데 있다. 그가 후자에서 전자를 구분함에도 불구하고, 그는 두 축간의 역설적인 관계를 망각하지 않는다. 하나님은 스스로를 숨기면서

17) M. LUTHER, "Du serf arbitre", *op. cit.*, p. 229.
18) *Ibid.*
19) M. LUTHER, "Controverse tenue à Heidelberg", in *Œuvres I*(Genève: Labor et Fides, 1957), p. 137.
20) Cf. *Theologia crucis*라는 용어는 아래의 책에서 처음 사용된 듯하다. M. LUTHER, "Divi Pi ad Hebreos epistola", in *W.A.* 57-3권, p. 79, 14(ch. 12, v. 11, Die Glossen), 16-18.

계시한다. 시편 첫 강해 때부터, 십자가의 신학자는 '숨은 하나님' 신학 사상을 가진다.[21] 영광의 하나님의 보이지 않음은 십자가에 못 박힌 하나님의 숨겨진 특성과는 동일한 것이 아니다.[22] 제1요인 또는 자신의 원인으로서 하나님에 대한 인식은 기독교의 하나님을 설명하기 위해 신(新)-그리스 사상에서 발생한 반면, 숨은 하나님(Deus absconditus)의 지식은 십자가의 신학에서 유래한다.

확실히 십자가의 신학은 기독론 신학 사상에 관계된다. 하나의 위격(hypostase, ὑποστάσεως, substance, persona)에 두 개의 구별되는 본성은 존재의 유비(analogia entis)가 아닌, 단지 십자가 변증법의 역설적 구도 아래(sub contraria specie)[23] 설명된다. 루터는 하나님 스스로 계시하는 곳 이외에서 그분을 강구하지 않는다.[24] 우리는 그것을 인트라 루테라눔(intra LUTHERanum)[25]이라 부른다. 장 칼뱅의 성육신 해석은 하나님이 계시된 하나님(Deus incarnatus)임에도 불구하고, 그리스도의 본성이 존엄한 하나님(Deus nundus)[26]임을 보여주는 것이다. 그러므로 제네바의 종교 개혁자가 말하는 꼬뮤니까티오 이디

21) M. LUTHER, *WA* 4권, p. 82, 14-21(1513/15).
22) G. EBELING, LUTHER, *Introduction à une réflextion théologique*(Genève: Labor et Fides, 1983), p. 192.
23) Cf. M. LIENHARD, "Christologie et humilité dans la *Theologia crucis* du commentaire de l'Epître aux Romains de LUTHER", in *Revue d'histoire et de philosophie religieuse*, 1962/4, p. 306. "신자가 십자가의 변증법에 참여하면서 신앙이 계시로부터 숨은 하나님을 발견하도록 하는 것은 바로 성령이 하는 역사이다."
24) *Ibid.*, p. 312.
25) Cf. A. GOUNELLE, "Conjonction ou disconjonction de Jésus et du Christ. Tillich entre l'*extra calvinisticum et l'intra LUTHERanum*", in *Revue d'hisoire et de philosophie religieuses*, 1981/3, pp. 250-251.
26) Cf. M. LUTHER, "Du serf arbitre", *op. cit.*, p. 27, in *W.A.* 18권, p. 606. "하나님에게는 우리가 알지 못하는 많은 숨겨진 것들이 있다."

오마툼(Comunicatio idiomatum)[27]은 논쟁거리가 된다. 그의 하나님 인식은 존엄한 하나님 또는 전지전능하고 무소부재한 하나님에서 유래한다. 장 앙살디는 "칼뱅이 기독론에 관계되지 않는 하나님에 대한 지식을 찾고 있음을 부정할 수 없다"고 기술하면서 "하나님의 본질이 그리스도 없이도 기술될 수 있다는 것이다 [⋯] 기독론이건 출애굽 사건이건 어떠한 것에 접근하기 이전에 칼뱅은 하나님을 정의하고 그의 섭리적이고 창조적인 행위를 기술하고 인간과 성서의 본질을 이해한다"[28]고 지적하면서 하나님 중심의 신학(Théologie déocentrique)을 비판한다.

루터의 알 수 없음으로서의 하나님에 대한 연구와 라깡의 편집증 환자의 존재론적 구조에 따른 인간 이해는 그 맥락을 같이 한다. 프로이트의 거울 장치에서 착안한 라깡의 '도식 L'은 신체와 거울 속의 신체간의 거리를 표상한다. 1953년부터 거울 장치는 말(言)의 세계 안에서 주체의 탄생을 보여주는 것을 목표로 한다. 라깡이 도식화한 '거꾸로 된 꽃다발에 대한 경험'은 심리적 구조 안에서 상상적 질서와 심리적 현실간의 협소한 통로를 표현하는 것을 가능케 한다. 자아의 원형, 이상적 자아, 이것은 외부 세계와의 분리에 의해 구성된다. 안에 포함된 것은 투사 과정에 의해 되돌려 보내진 것과 분리된다. 라깡이 "상상의 놀이"라고 부르는 꽃병과 꽃다발간의 있음과 없음의 양자택일 메커니즘은 숨은 하나님과 계시된 하나님, 침묵하는 하나님과 선포하는 하나님간의 차이와 유사하다. 내투와 던짐이라는 반

---

27) Cf. *Communicatio idiomatum*에 대한 칼뱅의 처음 글들은 *Ioannis Calvini Opera quae supersunt omnia*, vol. 1, pp. 66-67, 520-522.

28) J. ANSALDI, *L'articulation de la foi, de la théologie et des écritures*(Paris: Les éditions du Cerf, 1991), pp. 110-111, p. 120.

복 놀이가 점차적으로 외부 인간과 내부 인간으로 나누듯이, 하나님의 현저히 구별되는 두 본성은 인간으로 하여금 그리스도의 신앙(Fides Christi)과 인간의 신앙(Fides hominis)을 혼돈하게 한다. “상상적 구조는 인간임을 인정하는 것에 제동을, 또 유한, 도덕성, 유오성 등으로 규정지어지는 피조물의 상태를 받아들이는 것에 제동을 걸면서 인간 운명을 결정지을 것이다. 상상적인 것은 상징적 거세를 승낙하는 것을 막는다. 이 유한함은 완성되고 둥글고 자기만족적인 자아 이상의 태도 안에서 부정된다. 아래의 방정식에 의하면 주체는 우연히 자기 자신의 한 부분으로부터 박탈당한, 신적 형상에서 추락하고 절단된 것처럼 꿈꿀 것이다: 자아 + 잃어버린 부분 = 이상적 자아 = 충만 상태.”

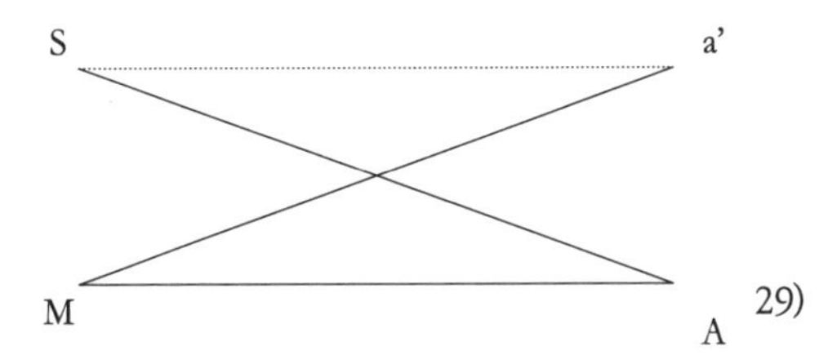

[29]

위의 ‘도식 L’에 나오는 용어, S는 무의식적 주체(Sujet inconscient)를 일컫는 기호이다. A는 언어, 즉 그랑 오트르(대문자 Autre) 또는 거세된 아버지의 자리를 상징한다. M은 의식적 자아(Moi)이고 a’는 자아가 정체화 되는 영상(Image)이다. 이를 간단하게 설명하면 “인간은 분열되어 있다. 그는 실존의 주체처럼 S에, 사회 계약의 장소와 언어의 장소처럼 A에, 정체화로부터 침전되고 의식의 자아처럼 M에, 영상의 자리 a’에 위치한다.”[30] 이 글에서 라깡의 구조틀로 사용하고

29) J. ANSALDI, *Le dialogue pastoral, op. cit.*, p. 48.

있는 '정체화 제1장르: M←a'는 '도식 L'의 오른쪽 위에서 왼쪽 아래로 진행되고, '정체화 제2장르: S←A'는 오른쪽 아래에서 왼쪽 위로, 그리고 '정체화 제3장르: S✥a'은 왼쪽 위에서 오른쪽 위로 진행됨을 지칭한다.

라깡의 정체화론과 루터의 노예의지론간의 공통분모를 찾는 이 논문의 취지상, 라깡의 '도식 L'의 위치 M에 '에라스무스의 자유의지의 인간'을, S에 '노예의지의 인간'을, A에 '숨은 하나님의 계시된 하나님'을, a'에 '하나님의 보이지 않는 것들'을 위치시킨다. "주체의 진리는 A에 접근되지 않고, 즉 진리 안에서 이해되어지지 않고 단지 은유, 오자(誤字), 췌언(贅言), 침묵, 부인(否認)을 형성하는 단절 안에서만 접근 가능하다."[31] 다시 말해, 설교, 세례식, 신앙에 관한 대화, 그리고 성서 강독이란 매체 안에서, 그리고 이 매체를 통해서 노예의지는 계시된 하나님의 실체를 이해한다. '도식 L'에서 'M←a'는 환유, 'S←A'는 은유, 'S✥a'은 환상이 이루어지는 곳이다.

2) 기표와 말씀 또는 대타자와 성서

루터가 「스말칼트 항목들」을 기술했을 때, 복음은 말씀에 의해, 세례를 통해, 성례전을 통해 우리에게 알려진다고 부연하고 있다.[32] 복음, 즉 메시야의 도래가 포로 상태의 사람에게 계시되도록 전파되는 것이 중요하다. 죄인은 계시된 말씀에 힘입어 의롭게 된다. 그러므로 말씀에 대한 기독론적 이해에서부터 하나님 앞에서의 각자의

30) *Ibid.*
31) *Ibid.*
32) M. LUTHER, "Les Articles de Smalkalde", in *Œuvres VII*(Genève: Labor et Fides, 1962), p. 249.

근본적 태도가 흘러나온다. 바로 여기서 외적 말씀의 필요성이 제기된다. "그리스도는 말씀 이외의 다른 방법으로 우리 앞에 자리할 수 없다."33) 왜냐하면 이성은 말씀 밖에서는 하나님에 대해 곧게 생각할 수 있는 능력을 갖지 못했기 때문이다. 그러므로 인간이 말씀을 믿을 때, "신앙은 마음의 진실 이외에 다른 것이 아닌, 즉 하나님에 대한 곧은 마음의 반향이다."34) 지금, 그 그리스도가, 말씀 밖에서 부재하듯이, 말씀에 의해 현재한다. 말씀의 청취는 그러므로 신앙의 출발이다.

이런 의미에서 신앙은 그러므로 그리스도 현존의 자리이다. 그것은 한편으로 "가슴으로 확신된 신뢰이고 확고한 동의"이자, 또 다른 한편으로 "가슴속의 먹구름이고 일종의 우리가 보지 못하는 확실함"이다. 그리스도는 말씀과 신앙 자체 안에서만 나타나신다. "그는 우리 시야에서 그를 숨기는 암흑의 밑바닥에 계신다."35) 신앙은 암흑 속에 위치하므로, 결과적으로 우리는 성육신과 계시를 설명할 수 있을 만한 곳에 나타난다. 우리는 역설 속에 있다. 우리가 갖고 있는 확신은 설명될 수 있을 만한 지식이 아니라 그분의 현존에 대한 것뿐이다.

라깡에 의해 발견된 주체는 말을 통해 대타자와의 상징적 관계에서 유래하는 산물이다. 그는 말의 세계 속에서 주체의 탄생을 일관되게 주장한다. 말씀에 의한 신앙의 탄생은 그러므로 기표(Signifiant)의

---

33) M. LUTHER, "Commentaire de l'Epître aux Gâlates(t.II)", *op. cit.*, p. 66(ch. 3, v. 28), in *W.A.* 40-1권, p. 545, 34.
34) M. LUTHER, "Commentaire de l'Epître aux Gâlates(t.1)", in *Œuvres 15*(Genève: Labor et Fides, 1969), p. 244(ch. 3, v. 7), in *W.A.* 40-1권, p. 376, 23-25.
35) *Ibid.*, pp. 142-143, in *W.A.* 40-1권, p. 229, 20-21.

'이중 기입', 즉 환유적 기표과 은유적 기표에 비유될 수 있다. 라깡은 "하나의 기표는 또 다른 하나의 기표에 전속된 주체를 보여준다"36)고 말한다. 주체는 상징적 질서에 기입된다. objet *a*의 나타남과 없어짐, 즉 이 놀이의 반복은 주체를 의식적이면서도 무의식적인 기표에 기입시킨다. 이 이중 기입은 라깡이 인간 경험의 반복의 자동성에서 발견한 매듭이다. 이 반복의 중추는 우리를 '유일무이한 특징'의 국면으로 안내한다. '이중 기입'은 환유축 안에서 기표의 차이를, 은유축 안에서 질적 차이를 표현한다. 정신분석에서 주체는 유일무이한 특징의 체계 또는 고유명사의 체계로서 어떤 충전의 장소를 가정한다. "존재자들 각각은 오직 하나만 있다. […] 존재자들 각각이 오직 하나가 있다고 말하는 것은 바로 단일성이란 매개를 통해서다"37)라고 라깡은 말한다. 오직 하나의 기표는 주체를 또 다른 오직 하나의 기표로 인도한다. 주체의 진리는 대화를 피해 달아나는 또 다른 대화이다. 왜냐하면 하나의 기표는 기표의 이중 고리로 인하여 다른 기표에 걸려 있는 주체를 나타내기 때문이다. 즉, 신자와 비신자가 바울이 선포하는 사랑에 대한 설교(예를 들어 고린도 전서 13장)를 함께 들을 때, 그들은 동일한 '이중 기표', 즉 사랑에 대한 동일한 이해에 다다르지 않는다. 왜냐하면 이 단어는 그들에게 질적으로 다른 기표이기 때문이다. 전자는 아가페적인 사랑을 생각하고, 후자는 에로스적인 사랑을 생각한다. 어떤 기표를 드러내느냐는 그가 누구인가

---

36) J. LACAN, "Un signifiant représente le sujet pour un autre signifiant", in *L'envers de la psychanalyse*(Séminaire XVII, 1969-70, Paris: Seuil, 1991), p. 19, p. 53.
37) J. LACAN, *L'identification*(Séminaire IX, 1961-62), 미출판, 1961. 12. 13일 강의.

에 대한 답이 된다. 이렇게 하나의 기표, 또 하나의 기표, 그리고 또 하나의 기표 등은 바로 그 자신, 즉 id-entité(그것-자체, 정체성)를 보여준다. 결국, 노예의지적인 신앙(Fides)은 기표의 집인 성서를 강독하고 이를 시인하고 행할 때에 드러나고 이를 때 매순간 거듭나고 새로워진다.[38]

3) 대상의 본성과 의롭게 됨

앞에서 살펴보았듯이 루터에 따르면 하나님은 성육신된 그리스도 안에 숨으면서 그분의 말씀 선포 안에서 계시된다. 그러나 우리가 그의 도래에 대하여 확신을 갖는다고 해도, 어떻게 도래되는지는 알 수 없다. 그러므로 '의롭게 됨'을 공부하는 것이 필요하다.

루터, 「노예의지론」의 주석자는 '겸허'(humilité)가 구원의 확신을 향한 순간이라고 부연한다. 겸허의 목적은 인간이 스스로 그리고 자기 행위로 구원에 대한 안전성을 갖는다는 것이다. 겸허는 '수동적 의' 개념에 관계된다. 왜냐하면 "하나님의 수동적 의로움이 하나님의 외로움이 되고, 하나님의 능동적 의로움이 우리의 의로움이 되기 때문이다."[39] 겸허의 행위는 신앙에 의해 의롭다함(Justitia fidei)을 준비하는 데로 이끈다. 하나님의 '수동적 의'는 죄인에게 겸허를 불러일으키고, 그의 '능동적 의'는 그에게 신앙을 불어넣는다. 리엔나르(Marc LIENHARD)가 루터의 좁은 의미의 겸허를 '수동적 의' 개념에

---

38) 기표의 신학적 적용에 관하여, 강응섭, "아우구스티누스와 라깡", in 『생명의 영성』(서울: 대한기독교서회, 2004), pp. 63-98 참조.

39) M. LUTHER, "Commentaire de l'Epître aux Romains(t.1)", in *Œuvres 12*(Genève: Labor et Fides, 1985), p. 302(ch. 3, v. 4), in *W.A.* 56권, p. 26, 23-25.

연결할 때, 한 가지 중요한 점, 즉 "자랑할 수 있는 신자의 모든 경험과 신실함(l'habitus)의 관계에서 이 '의의 외재성'을 강조하려는 루터의 지속적인 근심"[40]을 지적한다. 결과적으로 '의롭다함'은 외부적 의에서 기인한다. 만약 신자가 하나님의 말씀을 인정하지 않는다면, 만약 그것을 믿지 않는다면, 하나님은 그를 의롭다고 하지 않을 것이다. 간단히 말해서, 하나님은 인간의 의지를 등한시하지 않는다. 신자는 우선 겸허의 행위로 하나님에게 다가간다. 그가 겸허하면 할수록, 그는 겸허를 미워한다. 이 순간에 하나님의 '능동적 의'가 그에게 그리스도를 보여준다. 이것이 바로 영과 육의 치열한 싸움이다. 자신에 대한 증오는 은혜의 결과이지 은혜를 향한 과정이 아니다.

앙살디는 "신앙은 그러므로 이중 운동을 내포하는 하나의 만남 체계라고 정의한다. 한편으로 그리스도의 오심(Fides Christi)과 또 다른 한편으로 인간의 답변(Fides hominis)"[41]이다. 그래서 이 이중 운동의 성격을 알아야 한다. 만약 후자가 전자를 만든다면, 겸허 행위는 하나님의 은혜를 소환하는 것이 된다. 그러나 만약 전자가 후자를 만든다면 전자는 후자를 소환하는 것이다. 그는 "Fides Christi는 하나님으로부터 인정되지 않은 순수한 도래가 아니라 의롭다고 인정된 불시의 도래이다. 인간이 의롭게 되는 것은 새로운 정체성으로 인간을 특수화하는 것이다"라고 말하면서 후자에 대한 전자의 선재성, 즉 기독론의 선재성은 통시적 축 안에 있음을 뜻하는 것이 아니다.

---

40) Cf. M. LIENHARD, "Christologie et humilité […]", *op. cit.*, p. 308.
41) J. ANSALDI, *L'articulation de la Foi, de la Théologie et des Ecritures, op. cit.*, 15. 앙살디는 이 개념을 루터의 저서, "Commentaire de l'Epître aux Gâlates(t.1)", *op. cit.*, pp. 142-143에서 찾는다. 또한 그의 저서 *Dire la foi Aujourd'hui*(Aubonne: Moulin, 1995), p. 17 이하.

오히려 이 만남은 공시적 축 안에서 성립된다. 왜냐하면 "Fides Christi가 시기적으로 Fides hominis를 앞선다면, 인간은 어떠한 개입도 할 수 없다. [신앙이란] 임기응변의 하나님(Deus ex machina)처럼 하나님이 역사하시는 매우 짧은 시간이다"라고 말한다. 루터가 '숨으시는 하나님의 역사하심'(Opus alienum Dei)이라고 부르는 이 행위는 그 본성과는 명백히 반대되는 것으로 나타난다. 하나님의 진노는 이상한 행위라고 이해되고, 그것은 죄인의 회개나 그의 구원으로 이끈다. 그러므로 그 대립은 계시된 특성에 반대되는 것이 아니다. 그 종교 개혁자는 그것을 '계시하는 하나님의 역사하심'(Opus proprium Dei)이라고 부른다. Opus alienum Dei과 Opus proprium Dei간의 긴장은 십자가 신학의 중요한 요소이다. 신자는 Opus alienum Dei로 절망 속에 빠지고, Opus proprium Dei로 절망에서 되살아난다. "여기에는 어떠한 인간적이고 신적인 '본성'의 병행이나 혼돈도 없고, 죄와 의의 교환만이 있을 뿐이다."[42] 신자가 완벽하지 않은데도 불구하고, 하나님은 그를 Fides Christi 덕분에 의인으로 받아들인다. 그 이유는 신자가 계시된 하나님으로서 암흑에 숨어 있는 그리스도를 인식하기 때문이다. "그리스도는 신앙의 대상이다. 오히려 그는 대상이 아니라 신앙 자체 속에 현재하여 나타난다 […] 그러므로 신앙은 일종의 인식이고 암흑이다. 그것은 전혀 볼 수가 없다. 그러나 신앙으로 획득된 그리스도는 암흑 안에서 그 정체를 드러낸다."[43] 그러므로 하나님의 의(Justitia Dei)는 신자가 신자의 의(Justitia fidei)를 갖는다는 조건으로 의롭게 된다는 약속이지, 의롭다함을 위

---

42) *L'articulation de la Foi…, op. cit.,* p. 16.
43) M. LUTHER, "Commentaire de l'Epître aux Gâlates(t.1)", *op. cit.,* p. 142.

해 '하나님-인간 협력'이 필요하다는 것을 의미하는 것은 아니다.

루터의 '의롭다함'과 Objet *a*에 대한 라깡 이론을 비유하기 위해, objet a의 형성 원인에 대하여 상기하자. 이 대상은 용어의 물리적 의미에서 실제적 대상이 아니고, 용어의 심리적 의미에서 환상적 대상이다. 대상은 누군가도 아니고, 누군가에 대한 상상적 산물도 아닌, 환상적 그리고 무의식적 표상이다. 영상 뒤에 숨겨지고 결과적으로 자아에게 비가시적인 이 대상은 a로 표기된다. 이 대상은 영상에 숨겨진다. 라깡은 그것을 i(a)라고 표기한다. 여기서 I(image)는 욕망의 대상인 a를 덮는다. 그래서 라깡은 '욕망의 대상 a를 덮는다'를 d(a)로 표시한다(여기서 d는 désir, a는 욕망의 대상 Objet *a*이다).[44]

신앙의 대상으로서 그리스도는, 루터가 기술하듯, 시각적 대상이나 상상에 의해 획득된 인물이 아니라, 신앙 자체 안에서 나타나는 대상이다. 인간의 인식 뒤에 숨어 있고, 물론 자유의지의 인간에게 이해되지 않는 이 그리스도는 모호한 방법으로 암흑의 단계에 표상된다. 암흑은 숨은 하나님을 덮고 그리스도를 드러낸다. 노예의지의 인간이 '현재의 예수그리스도'를 포착하고 얻는다 해도, 루터가 말하듯, 그는 신앙의 형성과정 즉, "그는 그가 현재하는 방식을 이해할 수 없"[45]는데 신앙은 "일종의 우리가 보지 못하는 것에 대한 확신이기 때문이다."[46] 이 하나님의 이중 행위는 신자를 겸허와 자기 증오로 인도한다. 첫 번째 행위(Opus alienum Dei)는 확신을 향한 순간적, 일시적인 행위이고, 반면 두 번째 것(Opus proprium Dei)은 말씀의 결

---

44) Cf. J. LACAN, *L'angoisse*(Séminaire X, 1962-63), 미출판, 1962. 11. 28일 강의.
45) *Ibid.*, p. 143.
46) J. ANSALDI, *L'articulation de la Foi…*, p. 15.

과, 은혜의 상태 또는 신실함, 하나님의 선물이다. 한편으로, 노예의지의 이 두 업적들, 즉 겸허와 증오는 그를 objet a의 표상으로서 그리스도에게로 인도한다. 또 다른 한편으로 그 업적들은 하나님의 이중 행위, 수동적인 의 그리고 능동적인 의에 의해 창조된다. 하나님의 의(Justitia Dei)는 신앙으로 획득되고 현존하는 그리스도를 향해 인간의 의(Justitia hominis)를 이끈다. 이 의미에서 루터의 '의롭다함'은 겸허와 신앙, Opus alienum Dei와 Opus proprium Dei간의 이성으로 이해하기 어려운 작용에서 결과한다는 것을 알게 된다.

4) 안다고 가정된 주체와 말씀이 가정된 노예의지

인간의 신앙(Fides hominis)은 그리스도의 신앙(Fides Christi)과 동일한 본성이 아니다. 만약 신자가 십자가에서 고통당하는 실제의 영상을 갖지 않는다면, 그는 "우리의 첫 번째 의(Justia), 우리의 성취된 의(Justia), 우리의 완전한 의(Justia)인 그리스도에 대한 충만한 확신"[47]을 갖지 못할 것이다. 그러므로 루터는 우리에게 다음의 세 가지를 간직하라고 권유한다. 바로 신앙, 희망 그리고 그리스도가 그것으로 "그러므로 항상 신앙을 간직하고, 항상 희망하고, 항상 우리 의의 시작과 근원인 그리스도를 간직해야 된다"[48]고 강조한다. 갈라디아서 주석과 로마서 주석에서, 영의 지혜는 겸허의 행위로 받아들여진다.

---

47) *Ibid.*, in *W.A.* 40-2권, p. 90, 22-26. Cf. *L'articulation de la Foi*…, p. 18. "실재계(Réel)에는 언어와 영상 안에 기입될 만한 어떠한 지식도 존재하지 않는다. 만약 그러므로 실재계와의 만남이 대화의 순간 중심부에 그 근원을 설정한다면, 이 만남은 가능한 한 즉각적인 과학에로 열려지지 않는다. 신자의 확신은 지식에 대하여 모호한 선험적(*a priori*) 체계로부터이다."

48) *Ibid.*, p. 250(ch. 5, v. 17), in *W.A.* 40-2권, p. 90, 18-20.

육의 지혜에 복종하는 자들은 근심함으로 그들의 비참함을 극복할 수 있다고 굳게 믿는다. 이것은 근본적인 죄에 의해 타락한 옛사람의 본성이다. 그러나 영의 지혜를 가진 자들은 하나님의 의지를 사랑하고 그에게 일치되는 것을 기뻐한다. 이것은 말씀에 의해 창조된 새사람의 태도이다. 비참함에서 벗어난다는 것은 "하나님이 원하시는 것에 완전히 의지"하기를 희망한다는 것을 의미한다. 리엔나르가 "복종"을 강조하고, "모방의 영성"[49]을 거부한 것은 그 이유 때문이다. 루터가 『로마서 주석』에서 겸허의 공덕을 말할 때, 그는 겸허와 승리의 모델로서 그리스도를 기술하기를 잊지 않는다. 왜냐하면 육적 죽음, 모든 현세의 고난과 영원한 죽음을 극복하신 그리스도 한 분을 제외하고는, 어느 누구도 이 두려움을 이길 수 없기 때문이다. "그를 믿는 자들은 두려워해야 할 것이 전혀 없다 [···] 그들은 모든 악조건 속에서도, 사물들과 그들의 고유한 인격 안에 실현된 그리스도의 승리를 체험하고 희망하고 보도록 운명 지워진 잃어버린 것이 아니라 흡수되어야만 하는 인간으로서 웃고 즐긴다."[50] 그리스도에 속한 모든 이들은 그들의 악과 함께 육을 십자가에 못 박았다. 영의 지혜를 추구하는 자들은 육의 유혹에서 자유롭게 된다. 그들은 전적으로 육의 지혜를 십자가에 못 박았다. 의로움에 관계된 영의 지혜를 종결하면서 십자가 신학자의 확신을 들어보자. "말씀, 신앙 그리고 기도로 무장된 그들[신앙인들]은 육의 탐욕에 빠지지 않는다. 이렇게 육에 저항하면서 그들은 그들의 정열과 욕망과 함께 육을 십자가에 못 박는다. 설령 육이 살아 있고 여전히 움직인다 할지라도 십자가에

---

49) Cf. M. LIENHARD, "Christologie et humilité···", *op. cit.*, p. 314.
50) *Ibid.*, p. 125(ch. 8, v. 7), in *W.A.* 56권, p. 366, 3-8.

손과 발이 못 박힌 육은 자신이 원하는 것을 할 수 없다."[51]

육의 지혜와 영의 지혜간에 위치한 노예의지는 라깡의 '안다고 가정된 주체'(Sujet-supposé-savoir)에 비유된다. 우선 세 단어로 구성된 라깡의 개념을 상기하자. '주체'와 '지식'은 '가정된'에 의해 상관된다. Autre는 지식을 지칭하는데, 원인은 시간적으로 결과에 선행한다는 범위 내에서 지식, 즉 기표이다. '지식'은 기표 사건 이후에만 가정된다. 결과적으로 '가정된'은 무의식의 재현을 내포한다. 결국, '안다고 가정된 주체'는 기표에 대한 지식을 가정한 범위에서, 다시 말해 기표 전체와 한 기표 간의 관계를 가정한 무의식적 주체를 의미한다.[52] 코기토(Cogito)에 대한 선입견은 인간이 직관에 의해 가정되지 않은 '지식'에 대한 인식을 미리 예상한다는 사실을 보여준다. 스콜라 신학은 제1원인의 본성을 정의하고자 몸부림친다. 반면에 십자가 신학은 "나는 성령에 의해 인도 된다", "나는 신앙으로 그리고 희망으로 그리스도를 붙들 것이다" 그리고 "나는 육의 욕망을 성취하지 않을 것이다"[53]라고 고백한다. 마찬가지로, 노예의지의 신학자는 "진실로 나는 죄인이요, 죄를 느낀다. 왜냐하면 나는 아직 육의 허물을 벗지 못했고, 육이 살아 있는 만큼 죄는 육에 밀착되어 있기 때문이다"[54]라고 고백한다. 결과적으로, 루터에게 있어서 노예의지는 육의 의지와 영의 의지 사이에, 근본적인 죄에 의해 손상된 옛 인간과

---

51) M. LUTHER, "Commentaire de l'Epître aux Gâlates(t.II)", *op. cit.*, p. 277(ch. 5, v. 240), in *W.A.* 40-2권, p. 122, 15-19.
52) Cf. J. LACAN, *Télélvision*(Paris: Seuil, 1973), p. 49.
53) M. LUTHER, "Commentaire de l'Epître aux Gâlates(t.II)", *op. cit.*, p. 251(ch. 5, v. 17), in *W.A.* 40-2권, p. 91, 26-30.
54) *Ibid.*

말에 의해 창조된 새사람 사이에, 중립지점이 아니라 '거꾸로 된 8' 사이에 위치해 있다. 신앙은 육의 지혜의 실추, 말(parole)의 행렬, 그리고 닮은 것과의 상상적 관계에 대한 특수한 동공의 길에 의해 태어난다. 그러므로 우리는 '말씀이 가정된 노예의지'로서 신앙을 이해한다. 주체가 은유축 위에 기입된 기표의 순수한 차이를 이해하듯이, 신자는 말씀의 반복과 그것의 유일무이한 특징의 기능에 의해 십자가에 못 박힌 하나님의 '도래'를 이해한다.

3. 정체화 제3장르: S◇a와 노예의지

루터는 스콜라 신학자들이 확신하는 것에 대하여 반감을 가진다. 특히 구원에 있어서 하나님-인간의 협력을 부인한다. 루터는 "자기공로"로 얻을 "미완성의 신앙"을 부정한다. 복음에 의해 창조된 신앙을 받아들이는 루터는 노예의지로서의 신자의 위치를 명확하게 밝힌다. 그가 기독교인을 말할 때, 신앙인은 하나님의 통치에 속하면서 동시에 세상의 통치에 종속된다고 말한다. 그러므로 노예의지의 인간은 정신분석에서 아이가 죽음의 욕동에 의해, 동시에 욕망을 나타내는 삶의 욕동에 의해 이끌리는 것처럼, "두 길의 교차로"에 위치한다.

1) 두 원의 '접합점'과 두 길의 교차점

첫 사람, 아담은 선과 악을 구분할 수 있는 '완전한 이성'과 선으로부터 우회하고 악을 향해 나아가는 불순한 의지를 소유하였다. 에라스무스는 죄는 이성을 어둡게만 할 뿐 그것을 파괴하지는 않는다고 주장한다. 그가 이성의 타락으로 근본적인 죄를 이해함에도 불구하고, 그는 선을 행할 수 있는 의지를 강조한다. 그는 인간이 "선을 원하는 힘"과 "선을 원하지 않을 수 있는 힘"[55] 사이에 있다고 믿는다. 그는 '중립 장소'에 위치하는 적극적인 인간의 의지를 '절대적 의지'라 부른다. 이런 자유의지를 루터는 Suspensus manera[56]라 부르면서 이 중립 장소를 인정치 않는다.[57] 그는 '두 길의 교차지역'을 제시한다. "만약 하나님이 우리와 함께 하신다면, 사탄은 부재하고, 선을 향한 의지만이 있게 된다. 만약 하나님이 부재하신다면, 사탄은 자기 모습을 나타내고 우리에게는 악을 향한 의지만이 있게 된다. 왜냐하면 하나님도 사탄도 우리에게 순수하고 단순한 의지를 허용하지 않기 때문이다."[58] 노예의지의 인간은 선한 의지와 악한 의지 사이에 위치한다.

사탄의 통치는 불경건, 실수, 죽음, 그리고 하나님의 노여움에 종속되어 있다. 그리스도의 통치는 사탄의 통치에 저항한다. "우리가 전투중인 두 왕국의 실존을 인식하고 고백한다는 사실은 자유의지의 공덕을 반박하기에 충분할 것이다."[59] 인간이 피조물을 통치한다고 해도 그는 사탄 또는 하나님 어딘가에 종속되어 있다. 루터는 그것을 명확하게 설명하기 위해 주목할 만한 예를 든다. 즉 하나님과 사탄 사이에 위치한 인간 의지는 짐바리 짐승과 유사하다. 시편기자가 "'내가 주 앞에 짐승이오나 내가 항시 주와 함께 하니"(Ps. 73. 22-23)

55) M. LUTHER, "Du serf arbitre", *op. cit.*, p. 91.
56) 이 문장은 '확고한 비결정 상태에 있는 것과 다른 것이 아니다'라는 의미이다.
57) *Ibid.*, p. 192.
58) *Ibid.*, p. 91.
59) *Ibid.*, p. 228.

라고 고백하는 것처럼 하나님이 이 짐승에 올라타면, 하나님이 원하고 지시하는 곳으로 그 짐승은 간다. 사탄이 그 짐승에 올라탈 때, 그것은 사탄이 원하는 곳으로 간다. 그러나 그 짐승은 두 기사 중 어느 하나를 자유로이 선택할 수 없다. 그러나 두 기사들은 그 짐승을 탈취하고, 소유하려고 싸운다.[60] 이 사실은 인간의 중립 의지를 강조하는 것이 아니라 두 왕국과의 관계 속에서 노예의지의 역동성을 확신하는, '두 길의 교차점'을 강조하는 것이다. 라깡에 의해 차용된 수학자 오일러(Leonhard Euler, 1707-1783)의 두 원은 '만원'(속이 찬 원)과 '허원'(속이 빈 원) 사이에 끼여 있는 주체의 동공 상태, 즉 부재 상태를 나타낸다.[61] 첫 번째 원 안에서 막대는 구멍을 통과하여 그 구멍의 반대쪽으로 나온다. 설사 원환면 두께의 양쪽면 사이에 언제나 공간이 있을지라도, 인간은 그것을 둥근 원으로 메운다. 이 원 안에서, 자기와 닮은 것에 정체화되는 이상과 현실과의 허상적 우연이 작용한다. 이제 더 이상 구멍은 없고, 모든 것은 만원 안에서 메워진다. 이것은 요구의 구조이다. 두 번째 원 안에서, 막대는 원환면의 표면에도 만원의 표면에도 닿지 않는다. 막대가 회전을 시작할 때, 그 흔적은 구멍 속에서 사라진다. 허원은 욕망을 부추기는 원천이다. 문제시되는 무의식적 주체는 유명한 일화인 봇짐이냐 생명이냐[62] 또는 요구와 욕망처럼 진퇴양난 앞에 있다. 라깡의 저서 Identification(정체화)에서 '만원'은 에라스무스의 자유의지 메커니즘을 상징한다. 편집증적 구조로서의 자유의지는 의의 본성 자체와 근본적 의의 상실

60) *Ibid.,* p. 53.
61) J. LACAN, *L'identifcation,* 1962. 3. 7일 강의.
62) J. LACAN, *Ecrits, op. cit.,* p. 841.

간의 부조화에 대해서 무지하다. 자유의지는 신-인간 연합을 믿는다. '허원'은 루터의 노예의지를 설명한다. 노예의지는 기표의 집인 성서로부터 도래하는 말에 의해 욕망된다. 그는 '암흑 속에' 나타나시는 그리스도에 정체화된다. 그러나 하나님의 이중 활동, 즉 Opus alienum Dei와 Opus proprium Dei는 신자의 인식에 의해 그리고 그의 영상의 수준에 의해 발견되지 않는다. 그런데 우리가 두 원을 동시에 생각할 때 동공, 즉 '상관점(Interpoint)'[63]이 의문시된다. 라깡은 '네 점이 한 점으로 연합되면서'라고 그들의 만남을 말한다.

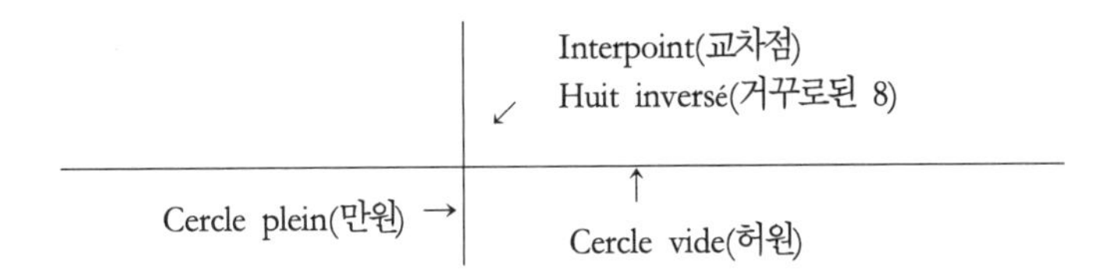

이 점은 우리를 노예의지의 역동성을 설명하는 '환상의 논리'[64]로 인도한다. 루터가 말하길, 하나님이 부재하실 때, 요구의 원은 자유의지의 인간과 비교된다. 자유의지의 인간은 하나님의 계명 밖에서 자신의 의지에 따라 행동한다. 반대로 하나님이 임할 때, 노예의지는 하나님의 이중행위에 의해 교차된다. 여기에서 욕망의 원은 노예의지의 인간과 비교된다. 그는 자기 의지와 결심에 인도되지 않고, 하나님의 의지와 결심에 의해 인도된다. 결국, '만원'에서 인간은 '허

63) 이 점은 두 원이 접촉할 때 나타나고 그 때 접촉면에 생기는 지점을 구멍으로 표현한 것이다.
64) Cf. J. LACAN, *La logique du fantasme*(Séminaire XIV, 1966-1967), 미출판.

원'에 종속됨 없이 자기 의지에 따라 행동하는 반면에 허원에서 인간은 자기 의지의 개입 없이 유일한 기표의 반복에 의해 인도된다. 이러한 의미에서, 두 원 사이에 교차된 무의식적 주체는 두 기사의 의지에 따라 끌려가는 짐승에 비유된다. 이 특별한 예는 결국 하나님의 주권적인 결심을 상징화하는 것이며, 이 결심으로 노예의지의 인간은 자연적으로 하나님 쪽으로 당겨진다. 그는 두 왕국의 교차로에서 자기 길을 선택하기 위해 자유의지도, 자기 자신의 결심도 갖고 있지 않다. 결과적으로 인간의 신체적 메커니즘은 두 원 사이의 중립 위치에 안전하게 고정되는 것이 아니라, 두 통치의 교차로에서 당황하고 방황하는 것이다.

2) Objet *a*의 본성과 절대적 필연

루터는 필연을 '조건적 필연'(necessitate consequentiae)과 '절대적 필연'(necessitate consequentis)으로 나누고 전자는 본질과 실존간의 단절을, 후자는 한편으로 원인과 결과간의 차이를, 또 다른 한편으로 그들의 연관성을 나타낸다.

루터는 '조건적 필연'과 '절대적 필연'에 대한 에라스무스의 견해를 비판하기 위해 유다의 경우를 검토한다. 그 결과 그는 자유의지로서의 하나님에 대한 이해와 확신에 도달한다. "만약 조건적 필연성을 받아들인다면, 자유의지는 패배당하고, 격파되고, 필연성 또는 절대적 우연은 아무 쓸모가 없을 것이다. [⋯] 만약 하나님이 유다가 배반할 것을 예견했다면, 또는 유다가 배신하려는 의지를 수정해야 된다고 생각했다면, 그가 예견한 것은 필연적으로 일어나야 된다. [⋯] 결국, 조건적 필연의 견지에서, 하나님이 예견한 것은 필연적으로 일어나야만 된다. 이것은 자유의지가 존재하지 않는다는 것을 의미한다."[65]

루터에게는 우연한 것들이 없다. 만약 그가 그것을 믿는다면, 그것은 단지 그가 '자유의지'를 부여하는 하나님의 예지 안에서 만이다. "자유의지는 신적 호명이고 그것은 신의 존엄함에만 합당한 것이다. 결과적으로 이 근엄함은 -시편기자가 노래하듯- 하늘과 땅 안에서 스스로가 원하는 모든 것을 할 수 있고 또 하는 것이다. 인간에게 그것[자유의지]을 부여하는 것은 그들에게 신성을 부여하는 것이다. 이것은 상상할 수 있는 가장 큰 신성 모독 발언이다. 그 이유로 신학자들이 인간의 힘에 대하여 말할 때 이 용어 사용을 절제하고 그것을 하나님에게 남겨둔다. 하나님에게만 부여된 거룩하고 존경할 만한 호명이기에 인간의 입술과 언어에서 근절해야만 된다."[66] 에라스무스는 단절되었기에 이을 수 없다는 '조건적 필연' 구도를 무시하지만 루터는 분리하면서도 연관을 보일 수 있는 '절대적 필연' 구도를 주장한다.

라깡의 이론을 루터가 인식한 것과 비교해 보자. 한편으로 '조건적 필연'과 '절대적 필연'에 대한 인식은 우리에게 자유의지로서의 하나님에 대한 이해를 펼쳐 보인다. 또 다른 한편으로 그것은 우리에게 정신분석에서 objet *a*의 본성을 암시한다. 본질과 실존간의 단절을 만드는 '조건적 필연'은 허원 안에서 작용하고 그 흔적은 인간 이성에 의해 포착되지 않고 사라진다. 이것이 '숨으시는 하나님의 역사하심'이다. 그 본성을 설명하는 것은 생각할 수도 없는 일이다. 그러므

65) M. LUTHER, "Du serf arbitre", *op. cit.*, pp. 153-154.
66) *Ibid.*, pp. 54-55.

로 원인과 결과간의 역설적 관계를 표상하는 '절대적 필연'은 동시에 '만원'과 '허원' 안에서 움직인다. '뫼비우스의 띠'에 대한 라깡의 해석은 우리에게 두 개의 필연을 설명하도록 허락한다.67) 기표 S와 기표 S'는 각기 다른 기표이기에 환유의 축에서 각각 분절된다. 즉 '뫼비우스의 띠'를 돌아가면서 각각의 기표로 절단된다. 이 두 기표는 이어지지 않는다. 무의식의 주체가 발설한 각각의 기표는 각기 다른 것이다. 그러나 기표 S와 기표 S'는 각기 연결되기도 한다. 왜냐하면 하나의 기표는 또 하나의 기표에 전속된 주체를 보여주기 때문이다. 분절되고 절단된 상태이지만 '뫼비우스의 띠'에서 각각의 기표는 서로 연관된다. 왜냐하면 이 띠는 일련의 '점 없는 선'으로 구조되어 있다고 가정되기 때문이다. 다시 말해서, 신적 의지가 인간의 인식 안에 개입될 때, 그 의지는 꼬인 띠의 일면 구조(Unitéralité), 즉 뫼비우스의 띠 안에 기입된다. '조건적 필연' 구도는 신적 의지와 인간의 의지를 서로 분리시키지만 '절대적 필연' 구도는 이 두 의지를 연결시킨다. 루터는 연결시킬 수 있는 구도 내에서도 억지로 둘을 연결시키는 것이 아니라 '숨은 것'과 '드러난 것' 간의 질적 차이를 인정하면서 연결시킨다. 즉 우선 인간에게 신앙을 일으키는, 신앙이란 욕망의 원인이 되시는 계시하시는 하나님 그리고 인간에게 '궁극'68)이 되는, 스스로 감추시는 하나님을 구분하면서도 연결시킨다. 지금까지의 논의를 그림으로 표현해보면 아래와 같다.

---

67) 뫼비우스의 띠에 관하여, J. LACAN, "L'Etourdit", in *Scilicet*, 1972, n° 4(Paris: Seuil, 1973, p. 27 참조).

68) 궁극에 관한 폴 틸리히의 견해는 『조직신학 제1권 상』(김경수 옮김, 서울: 성광문화사, 1978), p. 25 이하 참조.

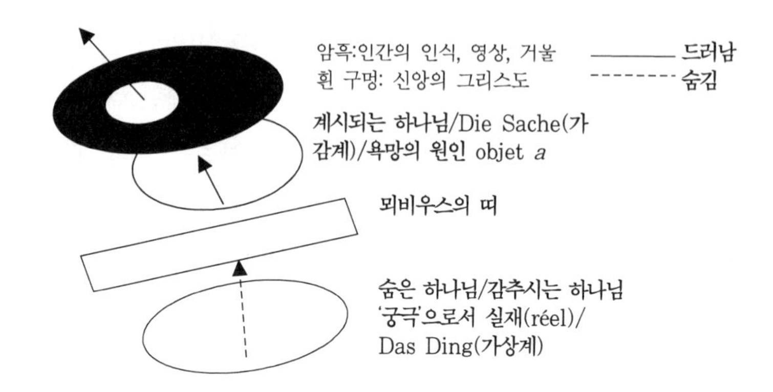

3) 환상의 논리와 거룩하게 됨

노예의지의 인간은 악의 통치 또는 의의 통치로 인도되어질 수 있는 '교차로'에 위치한다. 첫 번째 십자 교차로를 지나면서 첫 번째 길로 안내될 때, 그는 다른 십자로를 만나게 된다. 그러므로 그는 끊임없이 '뫼비우스의 고속도로'를 달린다. 사탄이든 하나님이든 기사는 그가 원하는 곳으로 '노예의지라는 말'을 이끈다. 우리는 말의 '운행노선'을 신자의 삶에 비유한다. 왜냐하면 우리는 루터에게서 영적인 진보의 활동성을 배우기 때문이다. 그가 "변화를 받으십시오"[69]라는 글귀를 해석할 때, "[기독인의] 삶은 정체(停滯)되는 것이 아니라 보다 개혁적인 방향으로 움직이는 것이기 때문"[70]이라고 기술한다. 중요한 것은 회개의 의미이다. 루터는 한 문장으로 "회개치 않으면 소용없다"[71]고 강조한다. 회개는 부정의와 의를 연결하는 매체이다. 그것은 두 길의 교차로를 명확하게 드러낸다. "인간은 언제나 비존

69) M. LUTHER, "Commentaire de l'Epître aux Romains(t.II)", *op. cit.*, p. 210 (ch. 12, v. 2).
70) *Ibid.*
71) *Ibid.*

재 속에, 되어가기 속에, 존재 속에 있다. 언제나 박탈 상태에, 능력 있는 상태에, 움직임 속에 있다. 언제나 죄 안에, 의 안에 있다. 즉 언제나 죄인이고 언제나 회개하는 사람이고 언제나 의인이다. 왜냐하면 회개하면서, 그는 비존재에서 존재가 되기 때문이다. 그러므로 회개는 불의와 의 간의 중간에 있다."[72] 인간이 비존재 안에 있을 때, 이것은 출발점(terminus a quo)으로 여겨진다. 반면, 열정 속에 있을 때는 도착점(terminus ad quem)으로 여겨진다. 우리가 늘 회개하면, 우리는 언제나 죄인이고, 동시에 우리는 의롭다(simul penitent, simul peccator, simul justus)고 인정된다.

라깡의 '정체화 제3장르'에서 설명한 '환상의 논리'[73]를 이용하여 루터의 노예의지의 개혁되는 삶의 반복을 잘 해석할 수 있다고 생각한다. 그것은 한편으로 무의식적 주체와 objet *a* 간의, 또 다른 한편으로 노예의지의 인간과 암흑에 재현된 계시된 하나님 간의, '상호 상징적' 관계를 설명해 준다. 라깡이 '교차점'을 정의하기 위해 오일러의 원을 이용한 것을 상기해 보자. 두 원 간에 있을 수 있는 세 가지 관계가 중요하다. 그 관계는 합, 교 그리고 대칭적 차이이다. 세 번째 점의 본성을 정확히 설명하기 위해, 라깡은 '거꾸로 된 8'을 도입한다. 이것은 자신을 포함하지 않는 전체의 전체 속에 자신을 포함한다. 즉 내부에 다른 원을 가질 수 있는 가능성이다. 이것은 외부 원으로부터의 추출, 즉 외부 원의 여집합은 자신을 포함하지 않는 전체인 내부 원을 지칭한다. 이 내부 원은 외부 원에 의해 구성된 '경계'

---

72) *Ibid.*
73) Cf. J. LACAN, *La logique du fantasme*(Séminaire XIV, 1966-1967), 미출판.

에 맞닿는다. 라깡은 이 경계를 '차이의 자동성'이라 부른다. 이 경계는 열리는 동시에 닫힌다. 외부의 두 원의 선은 서로 만나기 위해 내부 원의 선 안에 지속된다. 내부 원은 외부 원에 의해 구성된 '경계'에 닿는다. 출발점이 열릴 때 인간은 겸허의 행동을 하고, 그것이 닫힐 때 율법의 행위를 미워한다. 이것이 '인간의 신앙'이다. 도착점이 열릴 때 계시하시는 하나님의 역사하심은 그에게 말씀을 보이시고 그것이 닫힐 때 그는 신앙 안에 나타난 그리스도에 정체화 된다. 이것이 '그리스도의 신앙'이다. '경계'라 불리는, 이 두 개의 대립점은 노예의지의 탄생과 하나님의 성육신을 가르친다. 이런 과정 속에서 주체는 상징화된 자신의 모습을 보여준다.

나가는 말

결국 루터의 노예의지는 두 원으로부터 배제된 '거꾸로 된 8' 안에 기입된다. 다시 말해, 그는 그리스도의 육체, 즉 현존하는 그리스도와 오실 그리스도를 표상하는 교회 속에 살아 있다. 노예의지의 인간이 스스로를 구원하는 데 절망하면 할수록, 복음은 그에게 말하길 '너 속에 사는 것은 네가 아니라 바로 그리스도'라고 말한다. 언제나 회개하는 노예의지의 인간은 언제나 죄인인 동시에 언제나 의인으로 표상된다. 복음은 말씀으로, 세례로, 성례로, 우리를 도우러 온다. 이런 모든 것을 종합하여 루터가 라깡에게 들려주는 가장 의미심장한 문장은 "그리스도는 말씀 이외의 어떤 다른 것으로 우리 앞에 나타나실 수 없다"가 될 것이다. 라깡의 정체화 이론과 루터의 노예의지론은 그들의 많은 이론 가운데 일부분이지만 이것들이 만나 구조적으로 엮일 때 앞서 본 것처럼 상통하는 것으로 봐서 그 이상의 유익을 끼칠 수 있기에 더 지속적인 연구가 요청된다고 볼 수 있다.

참고문헌

J. Ansaldi, *Le dialogue pastoral*(Genève: Labor et Fides, 1986)

L'articulation de la foi, de la théologie et des écritures(Paris: Les éditions du Cerf, 1991)

Dire la foi Aujourd'hui(Aubonne: Moulin, 1995)

J. Calvin, *Ioannis Calvini Opera quae supersunt omnia*, vol. 1.

G. Ebeling, *Luther, introduction à une réflextion théologique* (Genève: Labor et Fides, 1983)

Erasmus, *"De Libero arbitrio diatribe Seu Collatio"*(édition latine), in *Erasmi Opera omnia*, t. 9(London: The Gregg Press, 1962)

"De libero arbitrio diatribe seu collatio"(édition française), in *La philosophie chrétienne*(Paris: Librairie philosophique J. Vrin, 1970)

S. Freud, "Deuil et mélancolie", in *Œuvres complètes*(Paris: P.U.F., 1988)

S. Freud, "Pour introduire le narcissisme", in *La vie séxuelle*(Paris: P.U.F., 1977)

A. Gounelle, "Conjonction ou disconjonction de Jésus et du Christ. Tillich entre l'*extra calvinisticum et l'intra lutheranum*", in *Revue d'hisoire et de philosophie religieuses*, 1981/3.

J. Lacan, "Le stade du miroir comme formateur de la fonction du JE", in *Ecrits*(Paris: Seuil, 1966)

De la psychose paranoïaque dans ses rapports avec la personnalité, thèse de doctorat en médecine(1932)(Paris: Seuil, 1975)

Le moi dans la théorie de Freud et dans la technique de la psychanalyse(Séminaire II, 1954-1955, Paris: Seuil, 1978)

L'identification(Séminaire IX, 1961-62, 미출판)

L'angoisse(Séminaire X, 1962-63, 미출판)
L'envers de la psychanalyse(Séminaire XVII, 1969-70, Paris: Seuil, 1991)
Télévision(Paris: Seuil, 1973)
"L'Etourdit", in Scilicet, 1972, n° 4 그리고 Paris: Seuil, 1973.
La logique du fantasme(Séminaire XIV, 1966-1967, 미출판)

M. Lienhard, "Christologie et humilité dans la *Theologia crucis* du commentaire de l'Epître aux Romains de Luther", in *Revue d'histoire et de philosophie religieuse*, 1962/4.

M. Luther, M. Luther, "*Divi Pi ad Hebreos epistola*", in *WA* 57-3.
WA 4(1513/15), in Ebeling, *Luther, introduction à une réflextion théologique*(Genève: Labor et Fides, 1983)
"Les sept Psaumes de la pénitence"(première rédaction, 1517), in *Œuvres* I(Genève: Labor et Fides, 1957)
"Controverse tenue à Heidelberg", in *Œuvres* I(Genève: Labor et Fides, 1957)
"Du serf arbitre," in *Œuvres* V(Genève: Labor et Fides, 1958)
"Les Articles de Smalkalde", in *Œuvres* VII(Genève: Labor et Fides, 1962)
"Commentaire de l'Epître aux Gâlates(t. I)", in *Œuvres* 15(Genève: Labor et Fides, 1969)
"Commentaire de l'Epître aux Gâlates(t. II)", in *Œuvres* 16(Genève: Labor et Fides, 1972)
"Commentaire du livre de la Genèse", in *Œuvres* I(Genève: Labor et Fides, 1975)
"Commentaire de l'Epître aux Romains(t.1)", in *Œuvres* 12(Genève: Labor et Fides, 1985)

강응섭, 『동일시와 노예의지』. 서울: 백의, 1999.
_____, "라깡에게서 'structuré'의 의미", 「라깡과 현대정신분석」, 2003

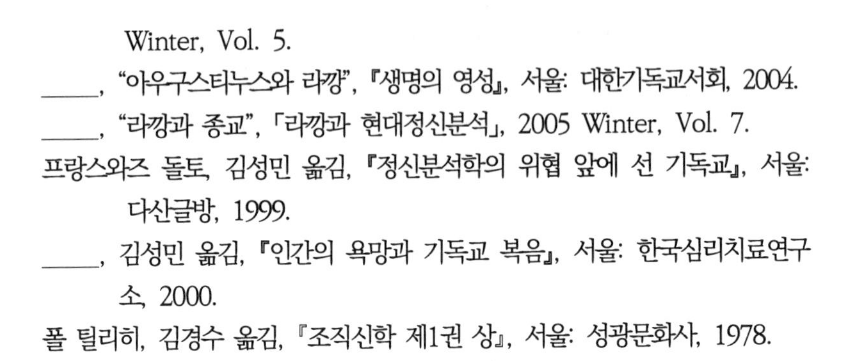

Winter, Vol. 5.

_____, “아우구스티누스와 라깡”, 『생명의 영성』, 서울: 대한기독교서회, 2004.

_____, “라깡과 종교”, 「라깡과 현대정신분석」, 2005 Winter, Vol. 7.

프랑스와즈 돌토, 김성민 옮김, 『정신분석학의 위협 앞에 선 기독교』, 서울: 다산글방, 1999.

_____, 김성민 옮김, 『인간의 욕망과 기독교 복음』, 서울: 한국심리치료연구소, 2000.

폴 틸리히, 김경수 옮김, 『조직신학 제1권 상』, 서울: 성광문화사, 1978.

힌두뜨바(Hindutva) – 종교와 정치가 나쁘게 결합된 좋은 사례

박 수 영

힌두뜨바(Hindutva) – 종교와 정치가 나쁘게 결합된 좋은 사례

박 수 영 박사

1. 머리말

최근의 각종 보도에 따르면, 인도는 조세·토지·노동의 3대 개혁과 2016년 전격적으로 시행된 화폐개혁 등 각종 개혁정책 및 모디노믹스(Modinomics)라 부르는 경제개발 정책을 통하여 새로운 신흥경제국(emerging country)으로 급부상하고 있다. 한때 해외원조를 받기 위해 가난과 영혼을 수출한다고 자조하던 인도가 이제는 "인도에서 만들어라"(Make in India)라는 구호 아래 제조업에 드라이브를 걸기 시작하였으며, 최근에는 구매력평가지수(PPP) 기준 GDP가 이미 그들의 과거 식민지배국인 영국을 추월하였고, 이어서 독일, 일본마저 추월하여 세계 3위권의 경제대국으로 부상하였다. 세계적 IT 기업 상당수의 CEO가 인도계로서 이 분야에서는 이미 세계를 선도하고 있다는 것은 모두가 아는 사실이다. 명목(nominal) 지수로는 아직도 1인당 GDP가 2천불에 불과한 인도가 조만간 현재의 중국 수준에 도달한다는 것을 예상한다면 미래에 미중과 더불어 이른바 빅3가 되는 것은 시간문제로 밖에 안 보인다.

인도 경제가 제조업을 정책적으로 육성하면서 제조업이 중심인 우리나라와의 협력가능성이 높아지는 가운데 최근에 있었던 고고도미사일방위체계, 일명 싸드(THAAD)를 둘러싼 중국과의 갈등은 우리에게 몇 가지를 시사한다. 첫째는 특정 경제권에 과도하게 의존할 경우에 발생할 수 있는 정치·경제적 취약성이고, 둘째는 다른 지역과의 갈등을 사전에 방지하거나 또는 사후에 해결하는데 도움을 줄 지역 전문가의 필요성이다. 그렇다면 중국경제에의 과도한 의존으로 몸살을 앓고 있는 우리나라로서는 중국 비중을 낮춰 정치적 변수에 대응할 수 있다는 장점과 더불어 그 자체로서 또 하나의 거대한 시장인 인도라는 새로운 파트너를 얻을 수 있는 기회가 될 것이다.

이를 위하여 우리에게는 기존의 불교 또는 "자아를 찾아 떠나는 여행"으로 알려진 인도와는 다른 시각에서 인도에 접근하여야 할 필요성이 제기된다. 즉 개인의 종교 또는 취향에 따라 필요한 사람만 선택적으로 알아야 하는 인도에서 우리의 생존을 위하여 모든 한국인이 필수적으로 알아야 하는 전략적 지역이라는 관점에서 인도를 알아야 한다. 그러기 위해서는 현대 인도의 정치·경제·사회·문화적 현실이라는 지역학에서 출발하여 그 문명의 기저에 자리잡은 사상의 뿌리까지 통찰하여야 할 것이다.

현대의 인도는 90년대 이후 경제가 급속하게 발전하면서 국가의 정체성과 관련하여 힌두뜨바(Hindutva, 인도는 힌두교만의 나라여야 한다는 정치이데올로기)와 세속주의(정치와 종교는 분리되어야 한다는 정교분리주의적 입장)의 갈등 및 각종 종교간의 갈등이 존재한다.[1] 본고는 현대 인도에서 세속주의와의 갈등 및 이슬람과의 갈등이라는 두 가지 주요 반목의 중심에 서있는 힌두뜨바에 대하여 소개하고자 한다.[2)]

2. 힌두뜨바 개요

영국 식민지 시대부터 시작된 인도의 사회문화적 정체성을 규정하고자 하는 문제는 힌두와 힌두이즘의 성격을 규정하는 문제와 더불어 전개되어왔다. 1990년대 이후 인도 경제가 급성장하면서 국제사회에서 인도의 정치적, 경제적 중요성이 커지는 것과 더불어, 소위 문화 민족주의(cultural nationalism)로 불리는 현상이 인도 국내뿐 아니라 해외의 인도 교민 사회에서도 뚜렷이 나타나고 있다.[3)] 문화 민족주의의 구체적인 내용은 지역과 나라에 따라 매우 다양하지만, 힌두(Hindu)와 힌두이즘(Hinduism)의 성격을 규정하는 문제와 직접적으로 연관된다는 공통점을 지닌다. 힌두-힌두이즘의 성격을 규정하는 문제는 영국 식민지 시대에 본격적으로 시작된 이래 독립운동 시기를 거쳐 현재까지 꾸준히 진행되고 있는데, 이것은 한편으로는 근대 국가로서 인도의 정체성을 규정하고 이해하는 문제일 뿐 아니라, 다른 한편으로는 서구를 비롯해 다른 사회들과 구별되는 인도의 사회

1) 이러한 갈등에서 항상 중심에 서있는 주류는 힌두이즘이며, 그 뿌리는 중세시대에 샹까라(Śaṅkara) 등에 의해 정립된 베단따 철학이다.
2) 본고는 새로운 사실을 발견하거나 재해석 하는 창조적 연구논문이 아니라 일반인들을 대상으로 하는 소개글이다. 이를 위해 정채성, 백좌흠 교수 등의 국내외 연구논문들을 참조하였다.
3) cf. Chandhoke 1999; Chatterjee 2001; Mayaram 2004.

문화적 정체성을 규정하고 인식하는 문제라고 할 수 있다.[4]

최근 인도의 문화 민족주의는 과거 식민 지배자였던 서구를 비롯해 이슬람 및 다른 사회들과 구별되는 인도의 사회문화적, 역사적 정체성을 힌두-힌두이즘에서 찾으며, 이를 통해 한편으로는 힌두를 중심으로 한 인도인의 문화적 자긍심을 높이고, 심지어 기독교-이슬람-서구문화 등의 한계를 극복할 수 있는 대안이 힌두이즘이라고 주장하는 경향까지 보인다.[5]

1980년대 이후 인도국민당(Bharatiya Janata Party, 이하 BJP)의 정치적 성장에 주목해서 쌍그 빠리바르(Sangh Parivar)의 정치적 이념과 전략에 초점을 맞춘 연구들이 많지만, 쌍그 빠리바르가 내세우는 힌두뜨바 이념이나 완전한 인본주의(Integral Humanism)에서는 정치 권력은 부차적인 수단에 불과할 뿐, 보다 근본적인 목표는 바로 힌두문화를 인도땅 전역에 퍼뜨려서 궁극적으로 힌두 민족국가(Hindu Rashtra)를 건설하는 것이라는 점을 명확히 강조하고 있다.[6]

그러나 이러한 현상이 일어나는 또는 만들어지는 이면에는 특정 집단의 정치적 이익을 위한다는 목적이 있으며, 거시적으로 볼 때 반드시 정치적 맥락 속에서 일어난다. 뒤에서 언급할 아요디야 사태 및 구자라뜨 사태도 모두 BJP라는 정당이 득표 전략으로 주민 선동 과

4) 정채성 2013: 41.
5) cf. Panikkar 2009.
6) cf. Jaffrelot 2007. 한편 정채성(2013: 42)은 1990년대 이후 급격하게 규모가 증가하고 있는 신중간계급에서 쌍그 빠리바르(Sangh Parivar)가 주도하는 힌두 극우파의 반(反) 이슬람적이고 전투적인 노선이 큰 지지를 못 받는 데 비해, 힌두 문화를 전면에 내세우는 부드러운(soft) 문화민족주의는 도시의 중간층뿐 아니라 해외의 인도 교민사회에서도 별다른 거부감 없이 광범위한 호응을 받는 현상이 나타난다고 평가한다.

정에서 일어났고, 실제로 그들의 승리라는 결과로 귀결되었다. 대중 선동의 논리가 종교적인 색채를 띨지라도 역시 정치 이데올로기에 의해 뒷받침된다. 최근에는 분쟁지역으로 선포되어 잠잠하던 아요디야의 바브리 마스지드에 2019년 총선을 앞두고 힌두 사원을 건립하는 문제로 힌두들이 결집하여 또다시 종교적 갈등을 예고한 바 있다. 그러므로 이러한 현상은 결국 정치적 현상, 또는 종교와 정치가 결합된 현상으로 보는 것이 타당할 것이다.[7]

힌두 민족주의의 대표 조직이자 쌍그 빠리바르의 중심인 국가 자원봉사단(Rashtriya Swayamsevak Sangh, 이하 RSS)은, 1925년 결성될 당시부터 현재에 이르기까지 마을 단위의 풀뿌리 조직인 샤카(shakha, 가지 혹은 수족)를 통해 힌두 문화를 대중의 일상생활에 널리 퍼뜨리는 운동을 일관되게 강조해왔다. 샤카에서의 단체생활을 통해 RSS의 이념과 문화를 내면화한 단원들을 중심으로 전체 힌두 사회를 샤카로 조직하고, 그럼으로써 힌두 문화를 인도 구석구석까지 퍼뜨려 "힌디, 힌두, 힌두스탄!"(Hindi, Hindu, Hindusthan)이라는 구호에 걸맞은 힌두 민족국가를 실현하는 것이 RSS의 궁극적인 목표이다. RSS는 결성 당시부터 활동의 초점을 샤카 조직망을 넓히는 데 맞추었을 뿐 아니라 샤카를 전담해서 조직하고 운영하는 쁘라차락(pracharak, 조직자)들을 조직적으로 양성함으로써, 특히 북인도를 중심으로 다른 어떤 정당이나 사회단체보다도 광범위하고 강력한 풀뿌리 조직을 갖추었다.[8]

---

7) 이지은 2019: 247.
8) 1925년에 발상지인 나그뿌르(Nagpur)와 마하라슈뜨라 지역에서 불과 수십 개의 샤카로 출발했으나 1939년에 약 500개의 샤카(4만 단원), 독립 직후인 1948년에는 60만 단원, 1979년에는 13,000개 샤카를 중심으로 드디어 100

RSS가 샤카 조직망을 통해 퍼뜨리려는 힌두 문화의 내용에서 핵심적인 개념이 바로 본고의 주제인 힌두뜨바이다. 힌두뜨바는 힌두를 힌두답게 만드는 본질적인 속성인 '힌두성(Hinduness)'이며 그러한 힌두성을 바탕으로 이루어지는 포괄적인 생활방식인 힌두 문화를 의미하기도 하고, 또는 힌두 문화가 온전히 실현된 세계(Hindudom)를 뜻하기도 한다. 힌두뜨바는 쌍그 빠리바르 이념의 토대를 제공했다고 평가되는 사바르까르(V. D. Savarkar)가 1923년에 팜플렛으로 출간한 『힌두뜨바 힌두란 누구인가?(Hindutva: Who Is a Hindu?)』에서 처음 만들어 사용했는데, 그는 힌두 민족국가 건설이라는 새로운 이념에 적합한 개념을 찾기 위한 여러 시도 끝에 힌두뜨바라는 용어를 만들었다고 밝힌다. 힌두뜨바는 종교적인 함의가 강한 힌두이즘과 명확히 구별되는 개념으로서, 힌두의 종교적 측면뿐 아니라 문화적, 역사적, 민족적 측면들을 총체적으로 포괄하기 위해 만들었다는 것이다.[9] 즉 힌두뜨바를 핵심 개념으로 삼는 쌍그 빠리바르의 이념은 힌두-힌두이즘의 정체성을 새롭게 규정하고 그에 따라 인도 사회 전반을 재편성하고 개조하려는 운동이라고 할 수 있으며, 따라서 일시적인 정치 권력의 획득을 넘어 장구한 시일에 걸쳐 일반대중에게 힌두 문화를 널리 퍼뜨림으로써 전 사회를 힌두화하는 데 초점을 맞추는 것이다.

만 단원을 돌파했으며, 1989년 25,000개 샤카(180만 단원), 1998년 66,000여 개 샤카, 2004년 82,000여 개 샤카(600만 단원)로 꾸준히 늘어났는데, 자프레롯의 평가처럼 80년 이상의 장구한 세월 동안 애초의 조직원칙을 이토록 일관되게 지켜온 조직은 찾아보기 어렵다(정채성 2013: 43-44).

9) Savarkar 1923: vi.

3. 힌두뜨바의 형성과정

힌두교가 각종 문화운동을 통하여 힌두 정체성을 강조하며 폭력적 양상을 띠기 시작한 것은 19세기 후반에 창립되어 현재까지도 활동을 계속하고 있는 아리아 사마즈(Arya Samaj)로부터 시작한다. 아리아 사마즈는 19세기 후반에 벵갈 지역을 중심으로 활발하게 일어났던 사회개혁·종교개혁 단체의 하나로 1875년 창립되었는데, 베다로 돌아가자는 복고적인 경향과 불가촉천민제를 비롯한 기존 힌두교의 악습을 철폐하고자 하는 개혁적 측면을 모두 가지고 있었다. 아리아 사마즈는 힌디어 공용어 지정 운동, 소 보호 운동, 힌두교도 재개종 운동이라는 구체적인 이슈를 제기하여 대중들의 반응을 얻었다. 힌두교가 외국에서 전래된 종교 특히 이슬람과 다르다는 점을 부각시켰고, 이를 통하여 힌두 정체성을 확립하는데 기여했다.

19세기 말에 힌두 민족주의는 띨락(Bal Gangadhar Tilak)의 활동으로 다른 국면을 맞이하게 된다. 띨락은 인도국민회의(Indian National Congress, 이하 INC) 소속의 강경파 정치인으로서 영국에 저항하여 이른 시기부터 자치(Swaraj)를 주장하였다. 그는 영국에 대항하기 위해서는 인도인들의 공통적인 정체성과 결집이 필요하다고 생각했고, 그 정체성의 핵심을 종교에서 찾고자 하였다. 마하라슈뜨라 출신인 띨락은 그 지역의 전통인 가네샤(Ganesh) 신앙을 이용하여 가네샤 축제를 보편화시키고 1893년에는 정치적 이벤트로 변화시키는데 성공했다. 더 나아가 1895년에는 마하라슈뜨라 지역의 왕국인 마라타의 쉬바지(Shivaji)를 역사에서 소환하여 외세의 침략으로부터 인도를 구한 영웅의 이미지를 구축하고 그를 기리는 행사를 만들었다. 띨락은 구체적인 종교·문화적 모티브를 정치적 자각과 결속 강화를 위해 이용하여 본격적인 종교의 정치화를 시작한 것이다.

1930년대 이후에는 세속적 민족주의(Secular Nationalism)를 주창하는 인도국민회의가 다수 힌두의 지지를 받았고, 이에 대항하는 무슬림 연맹(Muslim League)이 무슬림의 대표기구로 인정받으며 영국 식민정부의 대화 파트너로서 정치를 주도했다. 힌두 민족주의를 내세운 힌두대연합과 같은 정당들은 힌두 커뮤니티 내에서는 INC에게 주도권을 빼앗기며 대중적 지지를 얻기 어려웠고, 식민 정부로부터도 중요 정치세력으로 인정받지 못하였다. 따라서 힌두 민족주의 이데올로기는 인도가 참정권을 확보하고 민주화의 발판을 마련하던 1930년대와 국가형성의 논의가 활발하던 1940년대에는 주목할 만한 역할을 하지 못했다. 식민지 시대 말기의 여러 선거에서 힌두대연합이 괄목할 만한 성과를 올리지 못했던 점은 이러한 상황을 잘 보여준다. 1948년 사바르까르를 비롯한 힌두대연합의 주요 인사들이 간디 암살사건에 연루되면서 힌두대연합은 정치적으로 더욱 소외되었다. 따라서 사바르까르에 의해 정립된 힌두 민족주의의 이론은 식민지 시기 민족운동이 가장 활발하던 시기에는 큰 영향력을 발휘하지 못하였다. 오히려 힌두 민족주의 이론은 1990년대 이후의 힌두교 관련 단체·정당의 활동과 종교폭동 등에 사상적 기반을 제공해왔으며, 힌두 민족주의를 내세운 정당이 중앙과 각 주에서 선거에 승리하며 정치적 주도권을 갖게 되면서 현실적인 정치사상으로 의미를 갖기 시작했다. 아울러 학문의 영역에서 갑자기 관심이 집중된 것도 이때를 기해서였다.

민족주의 운동이 활발하던 식민지 시기 후반에 주목받지 못하던 힌두 민족주의 정당이 1990년대부터 급작스런 성장세를 탄 것은 람 탄생지 운동이라는 정치적이며 구체적인 사안과 관련된 캠페인에 기인한 바가 크다. 추상적인 개념을 개별적인 사안이나 인물로 구체화·실체화시키는 것은 대중화를 위하여 힌두 민족주의가 전통적으로 사용해오던 전략이기도 하다. 띨락은 가네샤 축제와 쉬바지라는 인도 문화와 역사의 구체적인 사례를 정치화에 이용했고, 아리아 사마즈 역시 소고기 섭취와 소 보호라는 구체적 행위를 대비시킴으로써 힌두민족주의에 대중적 지지를 모으는데 성공했던 것이다.

정치적 전략으로서의 구체성이 이와 같은 행동으로 나타났던 것과 마찬가지로, 대중화 전략에 이데올로기적 기반을 제공한 사상가들의 저술에서도 힌두 민족주의와 민족국가라는 추상적 개념은 대중들에게 쉽게 다가갈 수 있는 구체성을 제공하고 있었다. 힌두뜨바 이데올로기의 중심에서 힌두 정체성의 근간을 이루는 것이 힌두뜨바라면 국가 형성기에 민족국가의 형성과 보다 직접적으로 연관되는 개념이 힌두 라슈뜨라(Hindū Rāṣṭra)이다.[10] 힌두뜨바의 핵심을 사바르까르는 국가(rāṣṭra), 탄생(jāi), 문화(sanskṛti)라는 세 가지로 요약했는데, 이는 각각 지리적 통합성, 인종적 동일성, 공통의 문화라고 할 수 있다.

힌두뜨바 개념의 형성과정에서 주요한 인물들은 힌두뜨바 개념을 처음 제시한 사바르까르를 비롯해서, RSS 제 2대 총수(sarsanghcharak, 1940-1973)를 30년 넘게 역임하면서 힌두뜨바 이념을 정교화한 골왈까르(M. S. Golwalkar), BJP의 전신인 인도인민당(Bharatiya Jana Sangh, 이하 BJS) 총서기(1953-1967)로 BJS-BJP의 기본강령에 해당하는 완전

---

10) cf. 이지은 2019: 247-250.

한 인본주의를 제시한 우빠디야야(Deendayal Upadhyaya), BJS 창립 멤버로서 총재(1966-1967) 재임 때 힌두뜨바 이념에 따라 인도를 힌두화할 실천강령을 정립한 마독(Balraj Madhok) 등이다. 즉, 힌두뜨바 이데올로기는 사바르까르에서 골왈까르를 거쳐 우빠디야야에 이르러 확립되고, 마독의 실천강령을 통해 구체적인 행동지침이 마련되었으며, 1980년에 창당한 BJP를 포함해서 쌍그 빠리바르에 속한 수많은 조직들이 그 기본적인 노선을 수용하고 있다.[11] 이들의 주장은 크게 힌두뜨바, 힌두 민족국가, 실천강령이라는 세 가지의 주제로 요약할 수 있다.

첫째, 힌두뜨바, 즉 힌두성이 무엇인가라는 질문은 힌두를 힌두답게 만드는 본질적인 요소가 무엇인지를 규정하려는 시도인데, 그 규정에 따라 인도인을 힌두성을 갖춘 힌두와 그렇지 못한 비(非) 힌두로 구분하는 것이 질문의 요지이다. 사바르까르가 『힌두뜨바, 힌두란 누구인가?』를 쓴 것은 안다만제도(Andamans)에서 마하라슈뜨라의 라뜨나기리(Ratnagiri)로 이감된 뒤인데, 당시 활발하게 벌어지던 킬라팟 운동(Khilafat Movement)을 감옥에서 접한 그는 영국인이 아니라 무슬림이야말로 힌두의 진정한 적임을 깨닫고 이 사실을 널리 알리기 위해 이 책자를 집필했다.[12] 즉 사바르까르가 제시한 힌두뜨바는 '힌두란 누구인가?'를 규정하는 작업임과 동시에 '무슬림은 왜 힌두가 될 수 없는가?'를 밝히기 위한 작업인 것이다.

사바르까르는 힌두성을 구성하는 본질적 요소로 우선 지리적인 조건, 즉 "인더스강에서 벵갈만까지, 그리고 히말라야에서 깐야꾸마리까지"

---

11) Guha 2010: 370-373; Jaffrelot 2007: 14-19.
12) Jaffrelot 2007: 85-86.

펼쳐진 땅에 산다는 것이 힌두가 되기에 충분한 자격인지를 검토한다. 힌두(Hindu)의 어원이 인더스강을 가리키는 신두(Sindhu)라는 사실을 고려한다면 힌두란 원래 인도 땅에 사는 사람들을 통틀어 일컫는 이름이지만, "같은 인도 땅에 살고 있다는 사실만으로 무슬림(Mohammedan)을 힌두라고 불러야 한다면 이건 단어의 원래 의미를 왜곡하는 것이다." 가령 귀화해서 인도에 사는 미국인의 경우 같은 시민이자 이웃으로서 충분히 함께 어울려 살 수 있지만, "그가 우리와 같은 피(common blood)를 물려받지 않은 한, 그리고 우리 문화와 역사를 받아들이지 않는 한, 또한 이 땅을 단순히 사랑하는 데서 그치는 것이 아니라 숭배(worship)의 대상으로 삼지 않는 한, 그는 힌두로 받아들여질 수 없다. 왜냐하면 힌두뜨바의 첫째 조건이 힌두스탄(Hindusthan)에 사는 것임은 틀림없지만, 이 조건만으로는 충분하지 않기 때문이다."

힌두 혈통(Hindu blood)을 물려받고 인도땅에 살고 있는 사람이라면 "힌두뜨바의 가장 본질적인 두 요소를 갖췄다고 말할 수 있다. 하지만 단지 두 요소일 뿐이다! 잠깐만 생각해본다면 같은 땅과 같은 혈통만으로는 힌두뜨바라고 부르기에 충분하지 않다는 사실을 깨달을 수 있을 것이다." 가령 인도에 살고있는 무슬림들 중에는 이 땅을 진정으로 사랑하는 사람도 많고, 또한 개종자의 후손들은 분명히 힌두 혈통을 물려받았지만, "그렇다고 해서 그들을 힌두라고 인정할 수 있을까? 그럴 수는 없다!" 왜냐하면 우리 힌두들은 이 땅에 대한 사랑과 공동의 혈통으로 묶여 있을 뿐만 아니라, "산스끄리뜨(Sanskrit)라는 선택된 언어로 전승되고 보존되어 온 위대한 문명(Sanskriti, civilization), 즉 힌두 문화에 대한 공동의 경배심으로 묶여 있기 때문이다. 무슬림이나 기독교도 중 과거 강제로 개종당한 사람들의 후손은 같은 땅과 혈통, 그리고 비슷한 문화(언어, 법, 관습, 민요, 역사 등)를 물려받았지만, 이들은 힌두로 인정되지 않으며 인정될 수도 없다. 왜냐하면 다른 힌두들과 마찬가지로 그들에게도 힌두스탄은 조상대대로 살아온 땅(Pitribhumi, Fatherland)이지만, 힌두들과는 달리 그들에게 이 땅은 성스러운 땅(Punyabhumi, Holyland)이 아니기 때문이다. 그들의 성스러운 땅은 저 멀리 아라비아나 팔레스타인에 있다." 즉 힌두로 인정받기 위해서는 같은 땅과 같은 피라는 조건들뿐 아니라 같은 힌두 문화를 공유한다는 조건까지도 갖춰야만 하는 것이다.[13)]

둘째, 힌두 이데올로기에서 핵심 개념인 힌두 민족, 민족국가를 규정하는 문제에서 골왈까르와 사바르까르는 기본적으로 동일한 입장이지만, 양자의 강조점에는 뚜렷한 차이가 있다. 사바르까르가 힌두로 인정받을 자격이 무엇인지에 초점을 맞춰 힌두와 무슬림-기독교도의 본질적인 차이를 강조한 데 비해, 골왈까르는 유럽 여러 나라들과 비교해 볼 때 힌두들은 항상 하나의 민족으로 존재해왔으며, 무슬림-기독교도-공산주의자 등은 힌두가 아닐 뿐만 아니라 힌두 민족국가의 존속을 내부에서부터 위협하는 부정적인 존재라는 점을 강조한다. 골왈까르가 제시하는 힌두 민족국가는 "모든 개인이 이상적인 힌두

13) 골왈까르는 사바르까르가 제시한 힌두뜨바의 필수요소들 중 문화적 요소를 보다 세분해서 설명하는 한편, 다른 한편으로는 힌두뜨바 개념을 힌두 민족(Nation)과 연결시켜 힌두들이 오랜 옛날부터 하나의 민족을 이루고 살아왔다는 점을 강조한다(정체성 2013: 50). 종교에 대해 골왈까르는 사바르까르와 조금 다른 입장을 보인다. 즉 유럽의 기독교처럼 종교가 형식화되어 대중의 일상생활과 동떨어진 곳에서는 문화가 종교보다 훨씬 중요하지만, 힌두스탄에서처럼 종교가 삶의 모든 부분과 밀착되어 반석 같은 인생의 원리를 제공하는 곳에서는 문화는 모든 것을 포괄하는 종교의 한 부분에 불과하다는 것이다(Jaffrelot 2007: 102-103).

의 속성을 갖추고 사회라는 전체 집단의 손과 발이 되어 완벽하게 조화를 이룬 상태"로서 이것은 서구의 사회계약설에 의해 성립한 근대국가(State)와는 본질적으로 다른 개념으로 간주된다. 골왈까르의 힌두 민족국가가 일종의 유토피아적인 느낌을 주는 애매한 개념이라면, 이것을 이론적으로 다듬어서 힌두 민족주의 운동이 지향해야 할 방향을 명확하게 제시한 것이 우빠디야야의 『완전한 인본주의』이다. 우빠디야야는 우선 사회라는 것이 자유로운 개인들의 계약에 의해 성립된 것이라고 간주하는 서구의 사회계약설(Social Contract Theory)을 부정하는 것으로부터 국가와 개인, 민족 등에 대한 논의를 시작한다. 개인들이 단순히 같은 지역에서 오랜 기간 동안 모여 산다고 민족이나 사회가 자동적으로 생겨나는 것은 아니다. 민족이 성립하기 위해서는 "사람들 앞에 확실한 목표(goal)가 제시되어야 한다. 어떤 집단이 특정한 땅을 모국(motherland)으로 삼고 뚜렷한 목표와 이상(ideal), 사명(mission)을 달성하기 위해 살아갈 때, 이 집단은 민족이 되는 것이다. 만약 이 두 가지, 즉 이상과 모국 중 어느 하나라도 빠진다면 민족은 존재할 수 없다. 불멸의 영혼(soul)과 유한한 육체(body) 간의 관계처럼, 민족의 정체성을 유지시키는 것은 바로 이상이며 이것이 집단의 내적인 본질(innate nature of a group)인 치띠(Chiti)로서, 치띠는 바로 민족의 영혼이다." 그에 따르면 "한 민족의 영혼을 드러내고 유지하는 법칙들이 바로 그 민족의 다르마(Dharma)이며, 그렇기 때문에 국가가 아니라 다르마가 최상의(supreme) 가치이다. 다르마는 민족 영혼의 저수지이며, 다르마가 파괴되면 민족도 소멸한다." 종교적인 신앙은 다르마의 한 부분에 불과하며, 다르마는 종교보다 훨씬 포괄적인 개념이다. 이렇게 다르마가 최상의 가치이기 때문에, 힌두들이 이상으로 추구하는 힌두 민족국가는 바로 '다르마에 의해 다스려지는(Dharma Rajya) 국가이다. 또한 이러한 힌두 민족국가를 실현하기 위해서는 다르마를 내면화한 새로운 인간을 먼저 만들어내야 하는데, 이것은 정치권력을 장악하여 국가를 통치한다고 해서 달성될 수 있는 사업이 아니라, 샤카를 중심으로 장구한 세월에 걸쳐 꾸준히 힌두 문화를 퍼뜨림으로써 비로소 실현될 수 있다고 주장했는데, 이 목표를 달성할 구체적 방법이 바로 힌두뜨바의 세 번째 핵심 요소인 실천강령이다.

마독이 제시한 힌두뜨바 이념의 구체적 실천강령에 주목할 것은, 인도 문화의 대표적인 사례로 언급된 것들이 모두 힌두 문화이며 이슬람과 기독교 및 부족민들의 문화는 철저히 배제되었다는 사실이다. 우빠니샤드와 바가바드 기따 등의 경전, 홀리와 디왈리 등의 축제는 말할 것도 없거니와, 지방어를 널리 보급해야 한다는 주장에 바로 이어서 산스끄리뜨 교육을 의무화하고 다양한 문자들을 데바나가리로 통일해야 한다는 주장을 보면, BJS가 요구하는 인도화의 실상은 '힌두화'이며, 그중에서도 상층 카스트 중심의 소위 브라만 전통을 힌두뿐 아니라 무슬림, 기독교도, 부족민들에게까지 강요하는 전략이라는 점을 알 수 있다.

4. 아요디야 사태(Ayodhya Issue)

1990년대의 아요디야 사태는 현대 인도사회에서 가장 뚜렷한 대립과 갈등의 구도 중 하나인 힌두-무슬림의 대립이 집약적으로 표출된 사건이며, 동시에 힌두 근본주의 세력이 집권하는 데 결정적인 계기가 된 사건이다. 독립 후 인도 사회의 구조적인 변화는, '만달 대 만디르(Mandal vs Mandir)'라는 압축적인 표현에서도 알 수 있듯이, 카스트와 종교의 두 축을 중심으로 진행되어 왔다. 힌두와 무슬림을 양극으로 형성된 종교적 대립과 갈등의 축은, 상층 카스트와 여타 후진 계급(Other Backward Classes, 이하 OBC)을 양극으로 하는 카스트 대립과 더불어 현대 인도사회의 폭력화와 분열을 초래한 가장 중요한 요인이다. 중앙정부 차원에서 하층 카스트 성원들을 정책적으로 우대한다는 '만달 정책(Mandal Policy)'은, 인도 사회를 상층 카스트 집단들과 하층 카스트 집단들로 양분시켜 두 집단 간의 대립과 폭력 충돌을 심화시켰다. 이와 더불어, 아요디야(Ayodhya)의 바브리 이슬람 사원(Babri Masjid)을 허물고 그 자리에 람의 사원(Ram Mandir)을 짓겠다는 목표를 내건 '만디르 정책'은, 인도 사회를 힌두 대 무슬림의 대립 구도로 분열시키고 있다. 1992년 12월 6일, 힌두 성지인 아요디야에서 힌두 근본주의 세력이 바브리 사원을 강제로 파괴한 후 전국적으로 번진 힌두-무슬림간의 대규모 폭력 충돌이나, 2002년 2월 인도 서부의 구자라뜨주(Gujarat)에서 발생한 두 집단 간의 유혈 폭동 사태는 현대 인도에서 종교를 축으로 한 대립과 갈등이 얼마나 심각한지를 단적으로 드러낸 사건들이었다. 따라서 현대 인도 사회에서 진행되는 변화를 정확히 이해하기 위해서는, 카스트와 더불어 힌두와 무슬림이라는 상이한 종교 공동체를 축으로 형성된 대립의 구조적 성격과 경향을 밝히는 작업이 필요하다고 할 것이다.[14)]

14) 백좌흠 외 2003: 54-55.

18세기 전반의 인도는 무굴 제국(Mughal Empire)의 몰락과 그 후계자를 자처하는 세력들의 투쟁으로 어느 때보다도 어수선했다. 1720년대에 무굴 제국은 실질적으로 델리(Delhi)를 중심으로 한 북부 지역과 하이데라바드(Hyderabad) 이남의 두 지역으로 나뉘어졌고, 1750년대에 뻔잡(Punjab)이 아프간으로 넘어간 것을 기점으로 사실상 구심점을 잃고 붕괴되었다. 혼란기에 난립한 힌두 왕국들 중 가장 강력했던 시바지(Shivaji)의 마라타(Maratha) 왕국이 무굴 제국을 위협하였으나 그 목표는 마라타의 자치에 그쳤을 뿐이며, 18세기 말 란지뜨 씽(Ranjit Singh)을 중심으로 결집한 시크(Sikh) 세력의 영향력도 뻔잡 지역에 국한되었다. 이러한 상황은 당시 유럽에서 지배적이던 인종이나 혈통 기준의 민족주의의 바람이 적어도 영국의 식민지배 전까지는 인도에 존재하지 않았다는 사실을 드러낸다. 거의 유일하다고 할 수 있는 마라타 왕국의 예는 민족주의에 근접한 것이라고 할 수 있겠지만, 이는 독립 이후의 소위 "힌두 민족주의"나"무슬림 민족주의"에서 나타나는 제한적인 공동체적 민족주의의 형태를 보여주고 있다. 힌두뜨바 이데올로기는 1925년 국민자원봉사단(Rashtriya Swayamsevak Sangh)이 조직된 이후 꾸준히 성장하였는데, 1947년 독립과 함께 파키스탄이 분리된 이후 인도에 무슬림 인구가 급격히 감소하여 더 이상 정치적 위협이 되지 않자 그 화살은 힌두의 결집을 방해하는 세속주의로 향했다.

힌두뜨바는 현대 인도의 맥락에서 힌두뜨바라는 구호를 사용하는 공동체 조직이나 그들의 활동을 지칭하는 용어로 사용된다. 특히 1980년대 중반 이후 다수인 힌두의 문화가 인도의 문화이며, 지배적 문화라는 인식이 확산되었고, 힌두 중심의 국가 건설을 추구하는 정치세력들은 자신들의 목표를 "편협한 힌두이즘이 아니라 보다 광범위하고 어떠한 제한도 두지 않는 것"이라는 의미에서 힌두뜨바라는 용어를 사용하고 있다. 여기에는 "힌두 국가 건설(Hindu Rāṣtra kā nirmāṇa)", "도덕성, 진실, 선으로 통치하여 온 백성을 행복하게 한 람의 왕국(Ram Rajya)을 오늘에 되살리자"는 등의 구호가 동원된다. 종교와 정치가 결합되는 이 과정에서 람의 탄생지 아요디야가 힌두뜨바의 성지가 된 것이다.[15]

힌두 민족국가 이데올로기가 초기에는 제국주의 영국의 식민 지배에 대한 반감의 표출이었지만, 점차 영국보다 앞서서 인도를 침략하고 수백 년 동안 지배했던 무슬림에게 비판의 화살이 돌려지는 경향이 나타났다. 무슬림은 침략자였을 뿐 아니라, 인도의 유구한 전통과 문화, 역사를 공유하지 않는 이질적인 집단으로 간주되기 시작하였다.[16]

힌두 사회 내에서는 19세기 초부터 다양한 변화의 움직임이 활발하게 일어났다. 힌두 르네상스의 첫 주자로서 인도 근대화의 아버지로 평가되는 람 모한 로이(Ram Mohan Roy)는 무굴 제국의 영국주재 대사를 지낸 인물로서, 합리주의와 인권 존중 사상은 힌두 사상과 서구 사상의 밑바탕에 깔려있는 공통분모로서 양측이 상호작용할 수 있는 기초라고 생각하였다. 벵갈(Bengal) 지역에서 로이를 중심으로 퍼진 이러한 사상은 젊은 지식인층에게 큰 영향을 미쳤으며, 서구 사상과 언어 및 문화에 대한 지식이 미래를 위한 필수불가결한 도구라는 인식이 널리 퍼지고 이것이 새로운 계층을 형성하는 기준이 되었다.

15) 백좌흠 외 2003: 57-58.
16) 백좌흠 외 2003: 59.

또한 이는 브라흐모 사마즈(Brahmo Samaj)나 아리야 사마즈(Arya Samaj) 등 힌두이즘 내에서 일어난 혁신 운동에도 큰 영향을 미쳤다. 로이 이후 고칼레, 띨락, 타고르, 간디 등이 힌두이즘 내에서의 다양한 혁신 운동의 경향들을 대변하는 이념적 지도자로 대두하였는데, 이들의 노선은 각기 서로 달라도 인도가 하나의 국가(Eka Rāṣṭra)로서 힌두의 땅이며, 힌두는 유구한 전통과 문화를 이어온 훌륭한 민족이라는 데에는 의견이 일치하였다.17)

초기 민족주의 이념의 지도자이자 힌두뜨바 이념의 선구자로 간주되는 띨락은 청원, 권유 등의 온건한 방법으로는 영국으로부터 인도 국민이 기대하는 바를 얻을 수 없다면서, 필요하다면 폭력까지도 사용하는 적극적인 투쟁을 통해 자주와 자립을 획득해야 한다고 주장하였다. 그는 바가바드 기따에서 끄리슈나(Krishna)의 가르침의 핵심은 정당한 전쟁이 최고의 선이라는 점과, 이를 기피하는 것은 자신의 의무(dharma)와 명예를 포기하는 종교적 죄라는 것이라고 주장하면서, 독립을 추구하는 현실 정치에서 아힌사(ahiṁsa)는 실현 불가능한 이상이라고 강조하였다. 띨락은 아리야 사마즈의 지도자인 다야난다 사라스와띠(Dayananda Saraswati)가 강조한 스와라즈(Swaraj 自治) 개념을 도덕적, 정신적, 문화적 의미로 확대, 해석하여, 스와라즈는 단순한 정치적 독립에서 그치지 않고 개인이 우주와 일체가 되는 최고의 정신 상태, 모든 속박으로부터 자유를 얻고 세계 만물과 완전히 조화를 이루는 것이며, 이것이 인도 민족주의 운동의 궁극적 목표라고 하였다. 이처럼 그는 힌두들의 종교를 민족의식을 고취하는 데 적

17) 백좌흠 외 2003: 60.

극적으로 이용하였다.[18]

필락의 영향을 받은 사바르까르(V.D. Savarkar)는 힌두를 "인더스강에서 바다까지 뻗어나간 인도 땅을 조국(Pitṛbhūmi)으로 여길 뿐 아니라, 자신이 믿는 종교의 요람으로서 성스러운 땅(Punyabhūmi)으로 여기는 자"라고 정의하고(Savarkar 1923), 이 안에서의 모든 다양성을 넘어서 힌두라는 이름으로 모두가 결속하고 일치단결해야 한다고 주장하였다. 즉 다양한 신앙 체계와 신관, 생활 관습 등을 모두 힌두화(Hinduization)해야 한다는 것으로, 그 구체적인 내용은 비쉬누신의 화신인 람을 전면에 내세우는 힌두화된 정치, 군대화된 힌두이즘(Hinduize politics and militarize Hinduism)(Savarkar 1967)이었다.[19]

사바르까르의 이러한 힌두뜨바 이념은 헤드게와르(K.B. Hedgewar)에게 이어졌는데, 그는 힌두 민족주의를 힌두 문화운동으로 인식하고, 힌두 민족국가를 건설한다는 목표를 내세워 1925년 나그뿌르(Nagpur)에서 RSS를 창설한다. 이어서 헤드게와르를 계승한 골왈까르(M.S. Golwalkar)도 힌두 문화운동(Hindu Cultural Movement), 힌두 민족국가(Hindu Rāṣṭra)의 건설을 역설하였다(Golwalkar 1938). 힌두 민족의식을 강조한 그는 어머니 인도를 욕보인 무슬림을 힌두의 적이라고 규정하면서, 힌두는 종교적인 개념이 아니라 민족적인 개념이며 따라서 힌두 국가를 건설하는 것은 정치적 헤게모니를 쟁취하고자 하는 것이 아니라 순수하고 광범위한 문화운동이라고 강조하였다.[20]

---

18) 백좌흠 외 2003: 60-61.
19) 백좌흠 외 2003: 61-62.
20) 백좌흠 외 2003: 62.

한편 제국주의 영국으로 인해 한때 인도의 통치자에서 한낱 소수 집단으로 처지가 바뀌어버린 무슬림들은 힌두들의 민족주의 운동에 완전히 동화되지 않고, 사이에드 아흐메드 칸(Sayyid Ahmed Khan)이 지도자로 등장하자 영국의 식민지배에 협조하는 노선을 통해 나름대로의 운동을 전개하였다. 칸을 중심으로 한 무슬림 지도자들은 한편으로는 영어를 포함한 서구식 교육의 중요성을 강조하여 무슬림들의 사회적 지위 향상을 꾀하면서, 다른 한편으로는 영국 지배자와 정치적으로 제휴하고 충성함으로써 무슬림이 힌두에게 지배받는 집단으로 떨어지는 것을 막으려는 알리가르 운동(Aligarh Movement)을 전개하였다. 이 운동을 통해 알리가르 무슬림대학(Aligarh Muslim University)이 설립되어 교육에 대한 무슬림들의 관심을 일으켰으며, 보다 적극적으로는 반(反) 힌두 감정을 고취하고 무슬림 민족의식을 강조하였다.

알리가르 운동의 주역들은 인도 사회가 힌두와 무슬림이라는 두 개의 서로 다른 민족으로 구성되어 있다고 강조하였다. 즉 힌두와 무슬림은 서로 다른 문화와 종교, 그리고 상충되는 이해관계를 가진 두 개의 분리된 정치적 실체이기 때문에, 서구식 의회 민주주의 원칙에 근거한 대의제도를 수용하는 것은 소수 집단인 무슬림에게 불리하다는 것이었다. 대의제도는 문화적 동질성을 가진 사회에서나 가능하며 인도처럼 다양한 문화 전통을 지닌 사회에는 부적합할 뿐만 아니라, 대의제도를 도입하면 영국의 식민 지배보다 훨씬 나쁜 힌두의 지배에 무슬림이 예속되는 결과를 가져올 것이라고 주장하였다. 따라서 이들은 영국의 식민통치가 무슬림의 집단적 이익을 지키는 방어막이라고 간주하였으며, 무슬림은 식민정부에 저항하는 힌두의 정치적 선동에 휩쓸리지 말아야 한다는 생각을 가지고 있었다.[21] 이런 점에서 이들의 이념은 반힌두 무슬림 민족주의라고 볼 수 있다.

1906년 무슬림 교육협회 연례회의에서 전인도 무슬림 연맹(All Indian Muslim League)이 결성되었다. 무슬림 연맹은 한편으로는 영국 식민정부에 협조하고, 다른 한편으로는 힌두들이 주도하는 INC가 정치 활동을 독점하는 것을 견제하는 반 힌두주의를 표방하였다. 한편, 반영 운동을 벌일 때는 힌두 조직과 무슬림 조직이 연합하는 경우도 있었는데, 그 성과가 1916년의 러크나우 협정(Lucknow Pact)이다. 힌두와 협조할 것을 천명한 러크나우 협정에 의해 무슬림은 분리 선거제라는 특혜를 받았다. 러크나우 협정의 결의에 따라, 선거를 통해 선출하는 제국 입법참사회의 인도인 가운데 3분의 1을 무슬림 대표로 채울 수 있게 된 것이며, 지방의회의 경우에는 13내지 50퍼센트에 이르는 좌석을 확보한 것이었다. 그러나 분리선거제는 결국 인도 사회에 서로 다른 두 개의 공동체가 병존한다는 사실을 공식적으로 인정한 것이었고, 사실상 인도와 파키스탄이 분리 독립되는 시초가 되었다.[22)]

인도 사회에서 1980년대 중·후반부터 힌두 대 무슬림 종교공동체 간의 대립과 갈등이 증폭되어 결국 1992년 아요디야에 있는 바브리 이슬람 사원이 힌두 근본주의 세력에 의해서 파괴되는 사건이 일어났다. 이로 인해 전국 각지에서 양 집단 간의 대규모 폭력충돌이 발생하여 뭄바이를 비롯한 여러 도시를 중심으로 수많은 인명과 재산이 손실되었다. 이 사건의 여파는 오늘날까지 인도 정치, 사회에 지대한 영향을 미치고 있으며 최소한 가까운 장래에도 지속될 것으

21) Majumdar 1961: 427, 백좌흠 외 2003: 63에서 재인용.
22) 백좌흠 외 2003: 64.

로 보인다.

독립 후 인도에서 힌두 근본주의 집단은 1980년대 이전까지는 정치, 경제, 사회, 종교 그 어느 측면에서도 전국적인 영향력을 발휘하지 못했다. 왜냐하면 INC가 중심이 되어 기나긴 독립투쟁을 거치면서, 종교와 카스트, 계층과 지역, 언어, 인종 등을 초월하여 모든 인도인을 단합시킨 범민족주의 이념과 세속주의 원칙이 비교적 잘 지켜졌기 때문이다. 이 원칙은 국민들 사이에 상호 동료의식을 심어주었고 정치적인 장에서 협력과 합의를 도출해내는 정치문화를 조성하였다.[23]

그러나, 이러한 인도의 정치문화는 인디라 간디(Indira Gandhi)가 당권과 정권을 장악하고 권위주의적으로 통치하면서 점차 무너지기 시작하였다. 특히, 인도국민회의(I)(Indian National Congress(I), 이하 INC(I)) 조직이 계파 간의 갈등과 분열을 반복하고 인디라 간디에 의해서 사당화(私黨化)되면서 쇠퇴하자, 지방 분권을 요구하는 지역 군소 정당들의 점진적인 득세와 함께 INC(I)의 정치적 지지기반이 약화되면서 인도의 세속주의 정치문화도 급격히 쇠퇴하게 된다.

또한 이 시기에 인도의 전통적 카스트-계급(caste-class) 구조가 변화한 것도 세속주의 원칙이 약화된 중요한 배경 중 하나였다. 독립 이후 인도는 전통적 사회 지배계급이었던 상층 카스트들에 의해서 지배되었고, INC(I) 정권은 이들의 이해관계를 주로 대변하였다. 이들 상층 카스트들은 식민정부 하에서 서구식 교육을 받고 주요 관료 조직을 장악한 브라민(Brahmin), 라즈뿌트(Rajput), 카야스타 (Kayastha)

23) 김찬완 2001: 12.

등과 도시의 중소 상공인들이 주축이 된 바니아(Bania) 카스트들을 포함한다. 계급적인 측면에서 이들 상층 카스트의 대다수는 중산계급(middle classes)에 속했으며, 외국자본의 침투를 제한하면서 자신들의 이익을 증대시키기 위해 서로 상부상조하는 관계를 유지하였다. 상층 카스트들의 지배적인 위치와 전통적 카스트 계급 구조는, 1950-60년대의 토지개혁과 녹색혁명으로 혜택을 본 여타 후진 계급(이하 OBC)들이 자신들의 집단적인 경제력을 바탕으로 1970년대부터 강력한 정치 · 사회적 세력으로 등장하자 크게 위협을 받게 되었다. 특히 우따르 쁘라데쉬(Uttar Pradesh)나 비하르(Bihar) 지역에서 OBC들은 고등교육 기관 입학이나 주(state) 공무원 채용에서 자신들에게 직업 할당제(job reservations)를 적용해 줄 것을 강력히 요구하였으며, 이들의 집단적 압력에 밀린 주 정부는 1978년 이들의 요구를 부분적으로 수용하려고 시도하였는데, 이러한 상황 전개는 전통적으로 인도 사회의 지배층을 구성하고 있던 상층 카스트들에게는 큰 충격이었다.

인도 사회 전체에 걸친 일련의 정치적, 경제적, 사회적 변화로 말미암아 INC(I)의 정치적 지지기반이 약화되는 것을 감지한 인디라 간디는, 이를 극복하려는 한 방편으로 다수인 힌두들의 종교적 정서를 정치적으로 이용하려고 시도하였다. 힌두들의 공동체적 정서에 호소하기 위해 인디라 간디는 선거 유세장이나 공식석상에서 힌두 여성의 전통 복장인 사리(Sari)를 휘날리며 이마에 크나큰 빈디(Bindhi)를 붙이는 등 자신이 힌두라는 사실을 강조하였다. 이런 노골적인 친(親) 힌두 성향 덕분에 인디라 간디는 국민 자원봉사단(RSS)과 세계 힌두 협의회(Vishwa Hindu Parishad, 이하 VHP) 등 극우 힌두 단체들의 지지를 받았다. 그러나 1980년대에 인디라 간디가 노골적인 친 힌두 정치노선을 채택하고 힌두 대 시크의 대립 구도를 조성하여 RSS의 정치적 지지를 확보함으로써 당장의 정치적 이익을 얻었으나, 이것은 향후 힌두 근본주의 세력이 강력한 정치세력으로 득세할 수 있는 발판을 마련해준 계기로 작용하게 된다.24)

인디라 간디의 정치적 입지가 약화되고 INC(I)조직이 쇠퇴하면서 힌두들의 종교적 감정에 호소하여 정치적 지지기반을 확보하려는 움직임이 뚜렷해진 이후, 힌두 근본주의 정당이 점차 전국적인 정치세력으로 성장하는데, 그 대표적인 정당이 BJP이다. BJP는 1980년대 중·후반부터 본격적으로 힌두 근본주의 노선을 채택하였는데, 초창기에는 세속주의 노선을 추구했었다. 그런데 선거에서 잇달아 참패한 후, BJP는 선거에서 패배한 원인이 첫째, BJP 지도자들이 RSS 조직원들과 긴밀한 관계를 맺지 않았으며, 둘째, BJP의 기본 이념인 적극적 세속주의와 간디식 사회주의가 힌두 지지 세력들로부터 외면당하고 있기 때문이라고 분석한다. 이후 우파디아야(Deen Dayal Upadhyaya)가 제시했던 통합적 인본주의(integral humanism)를 당의 새로운 기본 이념으로 채택하게 된다. 신임 총재 아드바니가 공개적으로 강경한 힌두 근본주의 노선을 천명하자 RSS와 그 관련 단체들은 적극적으로 BJP를 지지하기 시작하였다.

한편 BJP와 RSS 등 힌두 근본주의 조직들이 정치적으로 밀접한 동맹관계를 맺게 된 이 시점을 전후하여 이들이 정치적으로 득세할 수 있는 중요한 두 가지 사건이 일어났다. 첫째, 1984년 6월 18일

24) 백좌흠 외 2003: 67-69.

VHP 주도로 람 탄생지 해방전선(Ramajanmabhoomi Muktiyajna Samiti, RMS)이 설립되고 이들은 바브리 이슬람 사원을 힌두들에게 개방할 것을 강력히 요구하였는데, 이를 지방 법원이 수용한다. 둘째, 바브리 사원을 힌두들에게 개방하라는 법원의 판결이 발표되자 무슬림들은 바브리 마스지드 행동위원회(Babri Masjid Action Committee, 이하 BMAC)를 만들어 조직적으로 이 판결에 저항하면서 정부의 친 힌두적인 태도에 강한 불만을 표시하였다. 이 두 사건 이후 힌두와 무슬림 두 종교공동체간의 갈등이 표면화된 상황에서 RSS, VHP 등 힌두 근본주의 단체들은 BJP를 전폭적으로 지지하였다. 힌두 근본주의 세력들은 힌두뜨바 이념의 실현을 위해 RSS를 축으로 종교-사회 분야의 행동단체인 VHP, 정치 분야의 BJP 등을 아우르는 체계적인 쌍그빠리와르를 구성하였다. 이들의 관계는 총선거를 앞두고 1989년 6월 BJP가 람 사원 건설 운동에 대한 지지를 당의 공식적인 정책으로 밝힘으로써 더욱 확고해진다. BJP는 1989년 말에 실시된 총선에서 RSS와 그 관련 단체들의 전폭적인 지지를 받아 연방하원 의석 91석을 차지함으로써 확실한 정치적 입지를 구축하는 데 성공한다. BJP의 이런 약진은 1984년 총선에서 불과 2석만을 차지했던 것과 비교할 때 가히 괄목할 만한 성공이라 할 수 있다.[25)]

쌍그 빠리와르는 힌두 국가 건설이란 최종 목표 달성을 위해 BJP를 전면에 내세우고 아요디야 이슈를 이용하여 정치 세력을 확장하려는 의도를 1990년대에 들어와서 더욱 극명하게 드러내었다. 이들은 BJP의 정치적 상승을 위해 보다 더 적극적이고 체계적으로 BJP

---

25) 백좌흠 외 2003: 71-73.

를 지지하였으며, 그 결과 1991년 총선에서 BJP는 119석을 확보하여 연방 하원에서 당당한 제2당으로 성장하였다. BJP가 이 시기에 한층 더 약진할 수 있었던 또 다른 요인으로 중산층과 상층 카스트들의 적극적 지지를 들 수 있다. 1989년 선거에서 승리하여 탄생한 씽 정권은 1990년 8월 7일 만달 위원회(Mandal Commission)의 건의를 받아들여 여타 후진 계급(OBC)에게도 27%의 직업할당제를 적용하겠다고 발표하였다. 이미 지정 카스트(Scheduled Castes) 및 지정 부족민(Scheduled Tribes)들에게 15%와 7.5%의 직업할당제가 적용되고 있는 상황에서, 추가로 OBC들에게 27%를 할당하겠다는 것은 힌두 상층 카스트들이 쉽게 받아들일 수 없는 내용이었다.

BJP는 씽 총리의 만달 정책을 비판하면서, 카스트와 계급으로 분열된 힌두 사회를 단합시킬 수 있는 방법은 힌두 종교밖에 없다고 판단하였다. BJP는 분열된 힌두들을 결집시키고 동원하는 수단으로, 모든 힌두들이 힘을 합쳐 아요디야의 바브리 이슬람 사원 자리에 람 사원을 건설하자는 이슈를 이용한다. 이러한 BJP의 '만달 대 만디르' 대립 구도 형성 전략은 북인도를 중심으로 힌두 상층 카스트들의 지지를 받음은 물론 종교 감정에 휩쓸린 일부 힌두 하층민들의 지지도 동시에 얻는 데 성공하였다. 아요디야 이슈를 전면에 내세운 힌두 근본주의 세력들의 적극적인 선거 캠페인 덕분에 BJP는 1991년 총선거 결과 연방하원에서 확고히 정치적 입지를 구축하였으며, 우따르 쁘라데쉬주 의회 선거에서도 승리하여 깔얀 씽(Kalyan Singh) 정권을 구성하였다. 깔얀 씽 주정부의 비호아래 VHP를 중심으로 한 힌두 근본주의 세력들은 람 사원 건설 공사를 시작하였다. 이를 저지하기 위해 중앙정부는 보안군을 아요디야로 파견하였지만 결국 전국 각지에서 아요디야로 몰려든 수십만 명의 힌두 근본주의자들에 의해서 바브리 이슬람 사원은 파괴되었다. 인도 사회의 세속주의 원칙을 송두리째 파괴한 이 사건은 1991년 총선거와 우따르 쁘라데쉬주 의회 선거에서 힌두 근본주의 세력들이 정치적으로 정착할 수 있도록 도와준 지지 세력들에 대한 보답의 일환이었다. 즉 힌두 근본주의 세력이 정치적으로 정착한 그 중심에는 종교와 정치가 교묘하게 계획적으로 결합된 아요디야 사태가 있었던 것이다.[26]

5. 맺음말

힌두 민족주의는 인도가 영국의 식민 지배를 통해 서구식 근대화를 경험하면서 인도의 사회문화적, 역사적, 민족적 정체성을 찾으려 노력하는 과정에서 발생했으며, 유럽이나 이슬람 사회와 구별되는 인도의 정체성을 힌두-힌두이즘이라는 문화적, 종교적 측면에서 찾는 입장이다. 영국 식민지 시대에 서구식 교육을 통해 보급된 서구의 근대 사상들, 그리고 선교사들의 조직적 활동에 힘입어 몇몇 지역에 퍼진 기독교가 힌두-힌두이즘에 대한 전반적인 성찰을 촉발한 직접적인 자극이었다면, 새로운 교통-통신기술과 인쇄술의 도입으로 여러 지역 간의 교류가 활발해진 것은 이러한 논쟁을 가능케 한 물질적 조건이었다. 이런 관점에서 볼 때 힌두 민족주의는 어디까지나 근대성의 산물로 볼 수 있다.[27]

26) 백좌흠 외 2003: 73-76.
27) Devare 2009, 정채성 2013: 70에서 재인용.

그러나 힌두뜨바의 문화 민족주의가 이슬람과 기독교를 비롯한 인도 문화의 역사적 다양성을 고려하지 않고 인도를 힌두와 동일시하는 편협한 관점이며, 힌두 문화에서조차 신앙과 언어, 관습과 지역에 따라 다채롭게 나타나는 문화적인 다양성을 인정하지 않고 상층 카스트의 브라만적 전통을 일률적으로 강요하는 운동이라는 점은 장기적으로 인도의 미래에 부정적 영향을 미칠 것으로 보인다. 특히 종교와 문화를 전면에 내세운 듯하지만 실제로는 정치적 이익을 얻고자 하는 배후세력이 있는 한 가까운 장래에 해결될 문제로 보이지도 않는다.

참고문헌

김찬완 2001. 「인도의 정치 문화」, 『인도연구』 제6권: 1-27.

백좌흠 외 2003. 「힌두-무슬림 갈등의 구조적 성격과 동태 분석 - 아요디야 사태를 중심으로」, 『인도연구』 제8권 2호: 53-94.

이지은 2019. 「힌두민족국가 개념의 구체화 - 사바르까르(V. D. Savarkar)의 '힌두 라슈뜨라'를 중심으로」, 『인도철학』 제55집, 인도철학회: 245-275.

정채성 2013. 「'힌두성(Hindutva)'의 개념 규정과 문화민족주의 간의 상관관계 연구」, 『인도연구』 제18권 1호: 39-81.

Chandhoke, Neera 1999. "A Nation Searching for a Narrative in Times of Globalisation", Economic and Political Weekly 34(18): 1040-47.

Chatterjee, Partha 2001. "The Nation in Heterogeneous Time", Indian Economic and Social History Review 38(4): 399-418.

Devare, Aparna 2009. "Secularizing Religion: Hindu Extremism as a Modernist Discourse", International Political Sociology 3: 156-175.

Guha, Ramachandra, ed., 2010. Makers of Modern India. New Delhi: Viking, Penguin Books of India.

Jaffrelot, Christophe, ed. 2007. Hindu Nationalism: A Reader. New Delhi: Permanent Black.

Majumdar, R.C. 1961. *Three Phases of India's Struggle for Freedom*. Bombay.

Mayaram, Shail 2004. "Hindu and Islamic Transnational Religious Movements", Economic and Political Weekly 39(1): 80-88.

Panikkar, K. N. 2009. "Culture as a Site of Struggle", Economic and Political Weekly 44(7): 34-41.

Savarkar, B. D. 1966. Hindutva: *Who is a Hindu?*. New Delhi: Hindi Sahitya Sadan.

정치는 꿈꾸고, 종교는 해몽(解夢)한다

박 종 식

정치는 꿈꾸고, 종교는 해몽(解夢)한다

박 종 식 卍宗空日

머리말 ; 종교가 질병이라고?

종교는 언젠가는 치료되어야 할 하나의 질병이다. 그 질병이 치료될 때, 사람들은 자신에게 존엄을 부여하기 위해 더 이상 다른 세계를 꿈꾸지 않아도 된다. 그 대신 실제 역사에 존재하는 사회 속에서 인간 존엄성의 조건들을 수립할 수 있게 될 것이다.[1] 종교라는 질병이 치료되고 더 이상 꿈꾸지 않아도 되는 그 세계는 변혁을 통해서 실재할 수 있다. 스스로 나비가 되는 호접몽을 꾸었던 장자(莊周, 莊子, BC 369~289)는 당대의 권력자들인 제후들에게 그들이 꾸는 꿈이 그저 그러한 꿈일 뿐이라고 설파하였다. 종교철학적 분위기를 물씬 풍기는 장자다운 접근이었다. 종교철학이 본격적으로 가동하기 위해서는 몇 가지 장치가 필수적이다. 초현실적 비전을 토대로 철학적 의의를 찾아야 한다. 그 후 샤먼의 신화를 상징적 우화로 변화시켜 거기에

1) 윌리엄 페이든, 이민용 역(2005), 『성스러움의 해석』, 청년사, p46. 참조

존재론적 형이상학적 사상을 투영시키는 것이다. 이 과정은 제3단계의 샤먼 의식을 한 단계 뛰어넘는 철학적 지성의 2차적 조작이 필요하다. 고대 중국사상계에서 장자는 자신의 철학을 샤머니즘의 기반에서 출발하여 그 샤머니즘을 뛰어넘었던 사람이다.[2] 장자는 나비가 되었다는 자신의 꿈을 통하여 종교철학이 정치와 관계를 맺는 방식을 비판하였다. 장자의 설법은 샤먼스러운 우화로서, 아주 성공적으로 논지를 교묘하게 설파한 것이다.

정치에 적극 개입하여 호되게 시련을 겪은 종교의 구체적 실례들로는 다음 같은 사건들을 예로 들 수 있다. 제정 러시아를 뒤흔든 그리고리 예피모비치 라스푸틴(Grigory Yefimovich Rasputin, 1872~1916)은 치유능력과 예언에 능통한 종교인이었으나 지나치게 정치현실에 뛰어들었기에 나락으로 떨어진 불행한 사람이었다. 신돈(辛旽, ?~1371)은 공민왕의 개혁정치의 꿈을 이루려다 요승의 낙인이 찍힌 사람이다. 또한 종교적 본분에서 멀어지며 정치적 현실에서 추락을 맛본 인물이다. 또한 태평천국을 건설하려던 홍수전(洪秀全, 1814~1864)의 경우도 종교와 정치 사이의 거리를 실증하는 사례에 속한다. 이 사건들은 현실에 대하여 이상적 꿈을 바탕으로 변혁시키고자 하는 정치의 영역과 거리를 두어야만 하는 종교의 영역이 서로 다른 길임을 보여주는 것이다. 여호와의 것은 여호와에게, 카이사르의 것은 카이사르에게! 라고 설파한 청년 예수의 경우가 그러하고, 자신의 고국인 카필라의 석가족이 침략당하는 것을 결국에는 묵인하며 참상을 목도하

---

2) 井筒俊彦, 박석 역(2013), 『의식과 본질』, 고양: 위즈덤하우스, p252. 참조

였던 석가모니의 경우에서도 확연한 것이다. 그래서 원효(元曉, 617~686)는 『발심수행장』(發心修行章)에서 밝히기를, 세속의 일들에 대하여 그리워하거나 개입하지 않는 것을 출가[不戀世俗 是名出家]라고 명확히 하고 있다. 이 출가라는 말은 불교의 고유용어이기는 하지만, 청렴하게 사는 것을 의무로 하는 종교인을 지칭하는 것이라고 해도 무방하다. 그렇다. 청빈한 삶을 통해 마음의 밭을 갈아야 하는 것이 종교인의 주요한 덕목이다. 종교인으로서 현실의 패역과 무도함을 들여다보는 것은 견디기 힘든 일이다. 현실은 가혹하여 세속인들에게도 현기증이 나게 하기도 하고 구역질이 나도록 몰아친다. 그래서 많은 이들이 산으로 들어가 머리 깎고 살고 싶다고들 한다. 그러나 그 바램은 한낮의 꿈처럼 한가롭고 낭만적이어서 현실로 되기에는 어려운 일이다.

1. 패역한 현실! 들여다보기조차 싫어질 때

곤혹스러운 일들을 대하는 것은 정말로 어렵다. 쓰기 싫은 글 또한 마찬가지이다. 이럴 때 글의 주제로부터 한참 비켜있는 글을 읽고 나면 한결 가벼워지곤 한다. 당말의 문장가인 사공도(司空圖, 837~908)가 펼쳐낸 〈시품〉(詩品)은 난처한 일상을 벗어나고자 할 때 또는 무기력해져 있을 때 좋은 차 한잔을 마시며 읊조리기에 제격이다. 〈이십사시품〉(二十四詩品) 가운데 아홉 번째 글 「기려」(綺麗)는 문장에는 다양한 표현법이 들어 있는 것이 좋으며, 그럴 때 그 글이 곱고 아름다움이 뛰어나다 하여 붙인 제목이다. 「기려」는 읽어볼수록 문장의 기려

함이 추구하는 것은 무엇인지, 그 자체에서도 고운 문채의 결을 느낄 수 있다.

정신에 부귀함을 지녀야,
비로소 황금을 가벼이 여길 수 있도다.
짙은 것 다하면 반드시 메마르나,
담담한 것은 자꾸 깊어만 진다네.
물가에 짙은 안개 끼어 있는데,
붉은 살구나무는 수풀 속에 있도다.
화려한 저택에 달은 밝디 밝고,
그림 그려진 다리에 푸른 그늘이 진다네.
아름다운 술잔에 술이 가득한데,
객이 주인을 위해 거문고를 탄다네.
이를 듣고 난 객은 만족하나니,
진실로 마음속이 아름다워진다네.[3]

그러나 황금을 돌같이 볼 줄 아는 힘이 없어, 그저 한 푼이 아쉽고 삶은 고달프다. 아마도 정신이 허물어진 탓이다. 그리고 주위에는 그윽하게 거문고 줄을 튕겨 음률 들려줄 사람도 없다. 그저 마음에는 쓰디 쓴 바람만이 황량하게 몰아치고 있다. 몸 담고 있는 종교의 현장이 그렇고, 현실 정치의 흐름은 더더욱 희망을 두기 어렵다. 이 모든 것은 나이가 든 탓인지도 모른다. 초로의 무기력과 서글픔이 어느덧 그림자처럼 다가와 있다. 한때 종교적 열정이 있었고 현실에 대하여 기대감이 있었다. 그렇다고 아주 없어졌다는 것은 아니지만, 힘겹

3) 〈二十四詩品〉 제 9「綺麗」: 神存富貴 始輕黃金 濃盡必枯 澹者屢深 霧餘水畔 紅杏在林 月明華屋 畵橋碧陰 金樽酒滿 其客彈琴 取之自足 良殫美襟.

고 그저 골방에 앉아 숨쉬기에나 적합한 시절이 되었다는 느낌이다. 어쩌면 저 청동기 시대가 몹시 그리워져서 이 시대를 살아가기가 어색해진 까닭이다. 청동기 시대의 두근거림은 다분히 심혼을 울렸었다. 그리고 하늘의 소리가 들려오는 듯 했다. 사제들은 그 소리들을 두려워했다. 우리 시대의 종교와 정치는 그 시절의 모습과는 아주 다르다. 아주 세련되어 있고 지나치게 기능적이 되었다. 또한 그 거리가 아주 멀어져 있다. 아니면 아주 밀착되어 있기도 하다.

방금 얘기한 것들은 낯선 것들이거나 개념적 혼란으로 읽혀질 수 있다. 하나의 수수께끼는 언제나 해답을 요구하지만, 어둑한 공간에서 탐구하는 철학은 또 다른 가능성을 제시하며 낯선 수수께끼로 변형된다. 타자를 친숙한 것으로 만들지 않고 그리하여 더 이상 타자가 아닌 것으로 만들지도 않으면서 타자의 본질적 낯섬을 유지하는 타자에 대한 논의가 가능하기 위해 '어둠의 철학'이 탄생하는 것이다. 이 수수께끼의 철학은 충분히 보여지고 알려지거나 소유될 수 없는 타자 안에서 어둠의 철학으로 발전한다. 지식이나 조명은 그 탐구 대상을 파괴시킬 수 있기에 우리에게 제공되는 지식과 조명을 거부하는 철학적 실천의 위상은 독특하다.[4] 명료한 정의를 바탕으로 전개되는 지식도 없고 밝은 조명도 주어지지 않는 '어둠의 철학'은 상존하기 어려운 것들을 한 자리에 초청하여 그들을 싸우게 한다. 그 결과 정작 논자는 절망스럽고 독자는 혼란스러울 뿐이다.

---

4) 콜린 데이비스, 주완식 역(2014), 『처음 읽는 레비나스』, 동녘, p53. 참조

2. 종교와 정치 사이의 거리

타자의 문제를 담론의 중심으로 끌어들인 엠마누엘 레비나스에 의하면, 종교와 철학은 '두 개의 구별된 순간이지만, 그 둘은 초월에 대한 접근으로서 동일한 영적 과정의 일부'라고 제안한다. 그래서 철학은 종교적 과제들을 필수적으로 수반하는 영적 과정의 일부가 된다. 이때 신에 관한 합리적인 담화가 수반하는 난제들은 타자성에 의해 제기된 어려움과 동일하다[5]고 파악한다. 한마디로 철학이나 종교는 동일선상에서 타자의 문제를 중심으로 끌고 들어가야 한다는 것이다. 철학과 종교가 한 바구니에 담겨질 때 남는 문제는 영적 과정 이외의 것으로서 정치와 현실에 대한 문제들이 될 것이다. 성스런 세계[聖]의 정점에 종교가 있으며, 속화된 세계[俗]의 정점에 정치가 있다. 종교는 절대적 가르침을 지향한다는 의미에서 진리세계의 으뜸이고, 정치는 세속적 인간관계를 조절하는 최고의 권위를 갖고 있다는 의미에서 현실세계의 으뜸이라고 할 수 있다.[6] 그러므로 종교와 정치는 성(聖)과 속(俗)의 관계이다. 물론 그 영역의 주체는 인간이다. 그렇기에 그 관계가 더러는 밀착되기도 하고 더러는 소원하게 되기도 하는 것이다. 종교가 제 역할을 하지 못하고 있다는 비판을 받게 되는 이유는, 성(聖)과 속(俗)의 관계에서 특히 밀착 관계에 있을 경우이다. 종교가 정치현실을 철저히 외면하고, 오직 내세와 개인의 구원과 해탈에만 관심을 보인다면, 종교는 사회적 기능을 상실하게 된다. 그런

---

5) 콜린 데이비스, 주완식 역(2014), 앞의 책, p147, 참조

6) 윤종갑(2011), 「불교와 정치권력-정교분리에 관한 붓다의 관점을 중심으로」, 『동아시아불교문화』 8권, 동아시아불교문화학회, p250. ; 멜치아 엘리아데, 이동하 역(1995), 『聖과 俗-종교의 본질』, 서울: 학민사, pp183-184. 참조

현상이 더욱 강해지면, 종교는 이제 스스로 종교로서의 자정(自淨) 기능을 상실하게 된다. 그렇게 되면 종교는 타락하게 되고, 결국에는 종교권력은 거룩함(聖)을 빙자한 세속(俗)의 세계와 결탁하게 된다. 결론적으로 바람직한 종교와 정치는 '비판적 긴장관계'를 유지하는 것이 가장 바람직하다.[7] 이러한 입장은 서구의 종교에서 통용되는 입장에 해당한다.

동양 종교들, 특히 동아시아 불교에서 이러한 입장이 동일하게 적용이 되는 것은 아니다. 붓다의 비정치적인 성향으로 인하여 불교는 기본적으로 정치권력을 등지며 무소의 뿔처럼 초세간적 깨달음의 세계로 나아가고자 하였다.[8] 붓다는 여러 군소국가가 이합집산하며 명멸하는 정치적 격동기를 눈앞에서 지켜보며 전쟁의 참상과 국가의 흥망성쇠에 대한 무상감을 뼈저리게 느꼈다. 특히 약소 국가에 태어나 강대국의 침범과 약탈에 대한 아픔과 울분을 유년시절부터 몸소 체험함으로써 자연스레 평화와 자비를 갈망하게 되었으며, 상생과 공생을 위한 정의로운 군주상을 모색하여 결국에는 전륜성왕(轉輪聖王)의 국왕관을 제시할 수 있었다.[9] 이 전륜성왕은 세속정치의 정점에서 발견되는 것이 아니다. 종교에서의 붓다와 정치에서의 전륜성왕으로 거론되어야 하는 것이라기보다는 붓다가 정치현실에 권고하는 것이다.

---

7) 신응철(2011), 「신화 · 종교 · 정치, 그 뒤얽힘에 대하여」, 『철학논총』 제63집, 새한철학회, pp321,322.
8) 윤종갑(2011), 앞의 논문, p251.
9) 윤종갑(2011), 앞의 논문, p261. 참조

3. 불교에서 말하는 국가 권력의 탄생

전륜성왕의 등장은 적어도 국가 개념을 전제로 하는 것이다. 이점에서 국가 탄생에 대한 불교의 입장을 검토할 필요가 있다. 국가의 기원에 대한 불교적 관점은 일반적으로 사회계약론에 비견된다. 『디가 니까야』(長阿含經)의 「악간나숫타」(世起經)에서는 우주의 생성과 인간의 기원, 남녀의 탄생, 인간의 이기심과 탐욕, 사유재산의 성립, 사회악의 발생, 국왕의 등장 등 사회학적 주제들과 정치적 담론의 대상들을 인도의 뿌라나 문헌에 의존하여 설명하고 있다. 그러므로 설명방식은 신화적 패턴으로 전개되고 있다. 『디가 니까야』 이외에 「소연경」(小緣經)과 「세기경」(世起經)에도 국가의 기원을 설명하는 문맥이 나타난다. 사람들 간에 서로 다투고 훔치고 부정(不淨)하게 되는 다양한 사회적 갈등들은 근본적으로 '사유재산' 때문에 발생한다. 즉 사유재산과 관련된 사회제도로 인하여 타락한 인간들이 등장한다고 여기는 것이다.[10] 이 때 사회적 대립과 갈등을 해결하기 위해 등장하는 왕은 누구인가? 법도를 펼치며 정의를 실현하는 전륜성왕으로서 그의 역할은 무엇인가? 「전륜성왕수행경」(轉輪聖王修行經)에 의하면, 인간들은 '빈곤' 때문에 서로 뺏고 싸우며 살상하고 탐욕이나 사음(邪淫), 거짓말로 인해 수명이 단축되었다고 한다. '사유재산'과 함께 부의 불평등한 분배로 야기된 '빈곤'이 온갖 종류의 사회 문제를 일으켰다고 한다. 사람들은 사회문제를 조정하고 감독하는 역할을 할 사람을 선출하였는데 그가 바로 왕이다.[11] 왕권과 국가는 갈등조정자

10) 윤종갑(2011), 앞의 논문, p270. 참조
11) 윤종갑(2011), 앞의 논문, p270. 참조

로서 백성들의 필요에 의해 요청된다. 백성들의 어려움과 요구 사항을 잘 해결하는 것이 전륜성왕의 근본 역할이다. 이러한 필요성에 따라 요청되는 인간이 불교정치학에서 제시하는 이상적인 통치자이며 전륜성왕으로 규정된다. 공화제 방식의 통치체제에서 거대권력인 군주제로 이행되는 시대적 상황 속에서 불교적 이념이 현실이라는 타자화된 사회구성체 속에서 제시하는 정치이론인 셈이다. 불교적 이념이 백성을 통치하는 정의로운 군주상과 통치 이론을 제공해 주고 있는 것으로 이해할 수 있다. 전륜성왕은 불교의 종교적 이념을 현실 속에서 구현하고자 하는 지도자인 것이다.[12] 질서 없는 세계, 즉 선이 승리할 수 없는 세계에서의 희생자의 위치를 수난이라 부른다. 이 수난은 어떤 형태로든 구세주의 현현을 거부한다. 이때 지상의 오욕을 일신으로 책임지고자 하는 인간은 최종적으로 인간의 완전한 성숙을 요구한다.[13] 붓다는 현실의 수난들을 해결하기 위한 모델로서 전륜성왕을 보여준 것이다. 어쩌면 스스로 전륜성왕이고자 한 것인지도 모른다.

전륜성왕 개념에 대한 근원은 마하삼마따 개념일 것이다. 이 마하삼마따가 제시되고 있는 문헌들은 「악가안냐 숫따」(Aggañña Sutta; DN III), 「소연경」(小緣經, T1 no.1), 「백의금당이바라문연기경」(白衣金幢二婆羅門緣起經, T1 no.10), 「바라바당경」(婆羅婆堂經, T1 no.26), 「칠일품」(七日品, T2 no.125) 등이 있다. 석존의 활동 시기를 배경으로 제시된 초기불교의 종교적 정치이상은 적어도 기원전 5세기 이후 급변하는 사회 속에서 일정부분 현실에 타협하며 변화를 거듭했다. 이러한 시

12) 윤종갑(2011), 앞의 논문, p273. 참조
13) 우치다 다츠루, 이수정 역(2013), 『레비나스와 사랑의 현상학』, 갈라파고스, p87.

대상을 반영하고 있는 복합어 '마하삼마따(mahāsammata)'는 군주제 속에서 초기불교가 제시한 통치자의 이상향이었다.14) 이상과 현실 간의 불일치 속에서 붓다는 최초의 통치자, 혹은 이상적 통치자로서 질서유지를 위해 선택된 자를 지칭하는 개념 마하삼마따를 언급한 것이다. 마하삼마따의 개념은 서서히 전륜성왕의 이미지로 전용된다. 전륜성왕이라! 여기에 붓다의 이미지가 덧붙여진다. 종교로서의 불교는 이처럼 기존의 것들에 대한 전복을 토대로 하고 있다. 율법의 준수를 외면한다. 적어도 종교가 요구하는 것, 그것은 과잉과 희생과 축제이며, 그 절정에는 황홀경이 있다.15) 이러한 열정과 황홀경의 과정에서 인도대륙 특유의 사회계약설이 등장하게 된다. 인도 유럽 사회의 왕권 개념과 관련지어 라틴어 rex는 정치적 의미보다는 종교적 의미이다. 그의 임무는 권력을 지배하고 행사하는 것이 아니라 고유한 의미에서 규율을 정하고, '똑바로 곧은 것'을 확정하는 일이다. 이처럼 정의된 rex는 통치자라기보다 사제개념에 가깝다. 정치권력이 종교권력으로부터 독립하면서 종교권력은 사제들만의 고유한 권한이 된 것이다.16) rex 개념과 관련지어 살펴볼 때, 불교를 숭앙했던 대표적 왕은 아소카 왕이다. 이 아소카를 통하여 구현된 전륜성왕의 이미지는 살생을 피하려 사냥을 포기하고 채식주의자가 되었고, 동물 복지와 관련된 법률을 제정하기도 하였다. 그는 이처럼 개인적으로는 불교를 깊이 신앙하며 불법에 따라 국가를 경영하였지만, 불교를 국가종교로 삼지 않았고 다양한 종교적 가르침을 인정하고 종교

---

14) 김경래(2013), 앞의 논문, p207.
15) 죠르주 바따이유, 유기환 역(2002), 『에로스의 눈물』, 문학과 의식, p70.
16) 에밀 뱅베니스트, 김현권 역(2014), 『인도유럽사회의 제도·문화 어휘 연구 2』, 그린비, p18.

상호 간의 관용과 존중을 강조하였다. 즉 그는 불교 승려 뿐만 아니라 일찌기 불교를 탄압하였던 바라문 사제를 비롯한 자이나 승려, 다른 종파의 수행자도 높이 받들며 후원하였다. 아소카가 보여준 전륜성왕의 이미지는 정치적 권력에 의한 전쟁의 승리가 아닌 진리를 따르는 '정의의 승리(dhamma-vijaya)'를 기조로 국가를 경영하는 '정의로운 법왕(dhammiko dhammarājā)'인 것이다.[17] 이러한 기조에는 붓다의 정치에 대한 입장이 자리잡고 있다. 붓다는 불교 교단이 정치권력과 유착하는 것을 허용하지 않았다. 즉 출가자가 왕을 비롯한 정치 엘리트들과 교류하는 것을 원천적으로 금하고 있다. 이는 출가자가 정치권력에 빌붙어 권세를 행사하거나 아니면 출가자가 정치권력에 이용될 수 있는 소지를 미연에 방지하기 위해서이다.[18] 붓다는 세속적 차원에서의 정치권력과 제도를 인정하고 있다. 단지 바라문교에서처럼 왕권신수설과 카스트제도가 신적으로 주어진 것이 아니라 인간에 의해 만들어진 변화가능한 관습적인 것으로 간주하였다.[19] 이 점에서 불교적 입장은 지상에 윤리를 있게 하는 것은 법리적 공정이 아니라 인간적 공정임을 드러내고 있다. 나아가 구제적 신을 상정하여 그 신이 인간의 평등을 명령한다 하더라도 그런 법리를 넘어서야 한다. 유책성을 인수하는 우선권만은 양보하지 않는다는 불평등에의 고집, 그것이 인간적 공정을 확정하는 것이다. 도덕성은 평등성 안에 생겨나는 것은 아니다.[20] 전륜성왕에 대한 요청은 평등성에서 출발하는 것이 아니다. 탁월한 인격에 의하여 설정되는 정치도덕의 결과

---

17) 윤종갑(2011), 앞의 논문, p274.
18) 윤종갑(2011), 앞의 논문, p275.
19) 윤종갑(2011), 앞의 논문, p275
20) 우치다 다츠루, 이수정 역(2013), 앞의 책, p256.

물인 것이다. 초기불전에서 유추되는 대중들의 마하삼마따에 대한 선택과 열광에는 그가 다른 사람들에 비해 잘생기고(abhirūpatara), 아름답고(dassanīyatara), 호감가고(pāsādikatara), 강한 힘을 지닌(mahesakkhatara) 자였기 때문이다. 이로 인해 '마하삼마따'는 '다수에 의해 인정된 자(acclaimed by the many)'이면서, 동시에 '선택된 위대한 자(the great elect)'로 규정되어 왔다. 전자는 '선거로 뽑힌 자(elective)'로서 그 중심이 대중에게 있었던 반면, 후자는 '선택될 수밖에 없는 자(elect)' 즉, 일종의 타고난 자로서 그 중심이 '선택된 자'로 이동하게 된다.[21] 그리하여 마하삼마따 또는 전륜성왕에 의하여 제시되는 윤리는 종교성을 띠게 된다. 종교성이라는 것은 질서와 자유, 전통과 혁신, 향수와 저항, 재가와 출가 등 양극성의 끝에 모두 관계된다. 혼돈에 둘러싸인 사람들에게 종교성은 질서와 영토의 보수적이고 구심적인 힘이 될 수 있다. 사회에 의해 유폐된 사람들에게 종교성은 초월과 해방이라는 풀어주는 힘과 연관된다.[22] 단언컨대, 정치권력에 대한 붓다의 기본적 인식은 정교분리에 기초한 것으로 정치권력과 불교가 서로 분리되어야 한다는 것이다. 즉 붓다는 카스트 제도를 비롯한 당시의 잘못된 정치권력과 제도를 비판하였지만, 모든 사회적 구분을 철폐하려는 사회적 혁명가는 아니었다.[23] 붓다의 가르침과 실천들이 변혁적 내용으로 가득했으나 그는 정치적 혁명을 도모하지는 않았다.

---

21) 김경래(2013), 앞의 논문, p225, ; S.L. Tambiah(1989), *King Mahāsammata: The First King in the Buddhist Story of Creation, and His Persisting Relevance*, Journal of the Anthropological Society of Oxford 20, p102.
22) 윌리엄 페이든, 이민용 역(2005), 앞의 책, p215.
23) 피터하비, 허남결 역(2010), 『불교윤리학입문』, 서울, 도서출판 CIR, p213.

4. 열정은 꿈으로 재생되는 것인가?

프로이트의 꿈 이야기를 해야 할 차례가 되었다. 신화란 꾸며낸 허구의 이야기가 아니라 유한한 실존적 인간이 현실을 극복하고자 하는 열망으로 엮어낸 지혜 뭉치[24]이다. 그리고 신화들은 개개인의 꿈에서 재현되어 다양한 모습으로 반복된다. 의식의 영역만을 중시하고 무의식의 영역을 학문적 논의의 장에서 배제하고자 했던 서구의 공식 철학에 대항하여 거꾸로 무의식이 의식을 지배한다고 본 프로이트의 인식은 현대 사상의 중요한 전환점이 되었다. 서구우월주의의 몰락과 이른바 비합리적 사유의 복권을 통해 인간은 신화적 사유의 풍요로움을 다시 만나게 된다. 합리 철학의 관점에서 보자면 신화적 사고는 모순으로 가득 찬 황당한 이야기로 이루어져 있다. 그런데 그러한 모순되고 비논리적인 성격을 통해 신화의 세계는 더욱 견고하게 구축된다. 인간 자체가 모순덩어리이기 때문이다.[25] 피어나지 못한 열정의 측면으로 받아들여야 하는 꿈은 신화적 속성을 내포하고 있다. 인간은 본래 추상적인 이성에 복종하는 것이 아니라 욕망과 열정에 복종한다. 욕망과 열정이야말로 최초의 종교적 관념들의 원천이기도 하다.[26] 욕망과 열정들은 꿈으로 치환되어 우리들에게 나타난다. 꿈의 의미는 그러므로 이성보다 강하게 일상을 움직이는 근본 동기이며, 사람들로 하여금 이 욕망을 추구하도록 한다. 욕망은 알 수 없는 열정으로 우리를 이끈다. 또한 종교적 신앙은 열정으로

---

24) 이태하(2015), 『종교의 미래-반종교와 무신론을 넘어서』, 아카넷, p20.
25) 김종우(2018), 『반항, 위반, 탈출의 신화』, 서울: 한국문화사, p6.
26) 신응철(2011), 앞의 논문, p306.

표현될 때 그 신앙은 확장되고 꽃으로 피어난다. 정신을 흐릿하게 하는 저 뒤범벅되어 있는 욕망들과 열정의 덩어리들인 꿈들에 대하여 불교는 한 마디 일러준다. 일체의 유위한 법들은 꿈같은 것이라고! 불교적 문맥에서 선은 아주 이질적인 속성을 지니기도 한다. 동양 정신의 한 축을 표현하는 선어록에서는 새로운 기조로 다음과 같이 설파하고 있다.

> 꿈 모르는 어리석은 사람 앞에서
> 꿈을 깬 뒤 꿈 이야기를 해서는 안되니
> 달마 스님에게 수염이 없다 말하는 것은
> 깨어 있는 사람 앞에서 벌이는 어리석은 짓[27]

선에서는 어떤 이야기라도 '깨어 있는 사람 앞에서 벌이는 어리석은 짓'이므로 성성첨몽(惺惺添懵)!에 해당한다. 그렇다. 세상에서 유행하는 온갖 스토리들은 '밝은 것에 흐린 것을 덧씌우는 꼴'[28]이고 '맑은 정신을 흐릿하게 만드는'[29] 것들일 뿐이다. 오랑캐에게는 수염이 없다는 말 한마디!, 호자무수(胡子無鬚)!는 한낮의 꿈같은 사건이다. 청천벽력이거나 백일몽이다. 선종의 개창자인 달마를 만나지 못했기 때문에 그에게 수염이 있다더라, 없다더라 하는 중요하지 않지만 그 의문이 끝없이 샘솟는 것인가? 이들은 공허한 열정이 일으킨 헛된 바람들이다. 그야말로 광풍이 불러일으킨 사건일 뿐이다. 이를 잠재

---

27) 『無門關』(T48, p.293b27-29), "癡人面前 不可說夢 胡子無鬚 惺惺添懵."; 원순 역해(2016), 『무문관』, 법공양, p43. 참조.
28) 조오현 역해(2007), 『무문관』, 불교시대사, p29.
29) 김태완 역주(2015), 『무문관』, 침묵의 향기, p54.

워야만 한다. 호자무수의 사건에 대하여 그래서 이렇게 확언한다.

> 진실한 참구로 깨달아서
> 달마 스님을 직접 봐야
> 비로소 만났다 할 수 있겠지만
> 이것도 벌써 시비분별에 떨어졌다.30)

봄바람에 나부끼는 것은 마음속의 깃발뿐만이 아니다. 봄바람이 스쳐 지나가야 봄꽃들조차 미친 듯이 피어나지 않던가? 우리들도 봄바람이 불 때마다 수없이 많던 꿈들을 꾸는 것이다. 우리는 기꺼이 시비분별이라는 열정에 떨어지고자 한다. 온갖 이미지들은 달마의 수염처럼 피어난다. 일상적 의식이 한창 활약하고 있을 때 문득 현실적 사물과의 결합을 벗어나 실재성으로부터 유리된 이미지가 어디에서인지 모르게 나타나서 의식의 한 면을 기묘한 색으로 물들이는 경우가 있다. 무엇인가의 자극으로 의식이 흥분하거나 혹은 역으로 이완된 때에 사람들은 가끔 그것을 경험한다. 당연하게도 그러한 경우, 현실적 사태와의 연관성이 끊어진 이미지는 이미지로서의 자신을 막무가내로 표면에 내세운다. 현실에는 나무가 없는데 나무가 보인다. 쓸쓸한 겨울 한가운데 봄의 꽃이 핀다. 현실적 사태의 뒷받침이 없는 그러한 이미지는 인간의 의식을 이른바 몽상의 상태로 끌고 들어간다. 그리고 이 상태가 더욱더 나가면 나무와 꽃의 종류와는 달리 지금 여기에 존재하지 않을 뿐만 아니라 일상적 경험의 현실에는 절대

---

30) 『無門關』(T48, p.293b25-26), "參須實參 悟須實悟 者箇胡子 直須親見 一回始得 說親見 早成兩箇." ; 원순 역해(2016),앞의 책, p43. 참조.

로 존재하지 않는 이상한 사물들의 모습이 나타나기조차 한다. 상서러운 구름이 깔려 있는 하늘에 아름다운 천녀들이 날아다니거나 혹은 지상에 온갖 잡귀가 꿈틀거리는 풍경들을 환상과 망상으로 간단히 정리해 버리면 그뿐이지만 만약 인간의식의 신비를 생각해본다면 그렇게 간단히 정리할 수 없는 부분도 있다. 그리고 사실 동양사상의 정신적 전통에는 이런 종류의 이미지가 종종 매우 중요한 역할을 담당해왔다.[31] 선종 또한 달마를 초청하여 온갖 이미지를 만들어낸 것이다.

5. 요셉과 그의 꿈 이야기

신화적 낙원은 자궁 속의 유토피아를 반복하는 것이다. 종교 속에서 우리는 집으로 돌아오는 것이다. 또한 종교적 실천이 강박관념에 사로잡힌 것같이 행해지는 이유는 정신의 억압된 부분의 감정적인 힘 때문이다. 그것은 그 기능을 갖추고 있는 상징들을 통해서만 우리의 의식에 영향을 준다. 종교적인 생활이란 일상 사회적인 역할이 금기시하는 감정적인 만족을 위한 위장된 암호이다. 그러므로 자아가 만들어낸 성적인 표현의 무의식적 대용물들이 종교 체험에서 자주 발견된다. 프로이트에게 종교란 궁극적으로 우리가 미래와 교섭하는 방식이라기보다는 과거를 다시 체험하는 방식이다.[32] 젖과 꿀이 흐르는 땅을 꿈꾸는 서사적 이야기는 구약성서의 창세기 37장 6-10절

31) 井筒俊彦, 박석 역(2013), 앞의 책, p240.
32) 윌리엄 페이든, 이민용 역(2005), 앞의 책, p48,49.

에 나타난다. 이 이야기는 영웅 요셉의 꿈과 관련되는 내용이다.

> 요셉이 그들에게 이르되 청하건대 내가 꾼 꿈을 들으시오. 우리가 밭에서 곡식 단을 묶더니 내 단은 일어서고 당신들의 단은 내 단을 둘러서서 절하더이다. 그의 형들이 그에게 이르되 네가 참으로 우리의 왕이 되겠느냐 ....중략...... 아버지가 그를 꾸짖고 그에게 이르되 네가 꾼 꿈이 무엇이냐 나와 네 어머니와 네 형들이 참으로 가서 땅에 엎드려 네게 절하겠느냐?33)

구약성경이 제시하는 독특한 성격의 영웅 요셉은 고집스럽게 자신의 꿈을 꾸며, 이를 발설한다. 스스로 인간들에게 그것도 부모형제들로부터 미움받기를 자처한 인간이다. 그는 솔직한 성격이라기보다 시쳇말로 눈치 없는 인간이다. 창세기 40장 9-19절에 나오는 요셉의 생애는 고대 사회의 사제적 지위를 확보하는 내용으로 역시 꿈과 관련이 있다.

> 술을 맡아 관리하는 관원장이 그의 꿈을 요셉에게 말하여 이르되 내가 꿈에 보니 내 앞에 포도나무가 있는데 그 나무에 세 가지가 있고 싹이 나서 꽃이 피고 포도송이가 익었고 내 손에 바로의 잔이 있기로 내가 포도를 따서 그 즙을 바로의 잔에 짜서 그 잔을 바로의 손에 드렸노라. 요셉이 그에게 이르되 그 해석이 이러하니 ....중략..........새들이 내 머리의 광주리에서 그것을 먹더라. 지금부터 사흘 안에 바로가 당신의 머리를 들고 당신을 아무에 달리니 새들이 당신의 고기를 뜯어 먹으리이다.34)

---

33) 『구약성서』, 「창세기」, 37장 6-10절.

여기에서 요셉은 스스로 꿈꾸는 소년으로부터 변화되어 꿈을 해몽하는 자로 새로운 가면을 쓴 사나이로 등장한다. 급기야 요셉은 당시 이집트의 절대군주 앞으로 인도를 받는다. 창세기 41장 1~7절에 이르는 바로의 꿈이 그 중심에 있다.

(고대 이집트의 통치자인) 바로가 꿈을 꾼즉 자기가 나일 강 가에 서 있는데, 보니 아름답고 살진 일곱 암소가 강가에서 올라와 갈밭에서 뜯어먹고 그 뒤에는 또 흉하고 파리한 다른 일곱 암소가 나일 강 가에서 올라와 그 소와 함께 나일 강 가에 서 있더니 그 흉하고 파리한 소가 그 아름답고 살진 일곱 소를 먹은지라. 바로가 곧 깨었다가 다시 잠이 들어 꿈을 꾸니 한 줄기에 무성하고 충실한 일곱 이삭이 나오고 그 후에 또 가늘고 동풍에 마른 일곱 이삭이 나오더니 그 가는 일곱 이삭이 무성하고 충실한 일곱 이삭을 삼킨지라. 바로가 깬 즉 꿈이라. 아침에 그의 마음이 번민하여 사람을 보내어 애굽의 점술가와 현인들을 모두 불러 그들에게 그의 꿈을 말하였으나 그것을 바로에게 해석하는 자가 없었더라.[35]

바로의 해괴한 꿈은 바로의 통치 체제가 확보하고 있던 기존의 질서 내에서 해석되지 않았다. 해석되지 않음은 질서의 부재를 의미한다. 부재라는 그 없음의 공포스런 공간을 헤집고 요셉은 등장한다. 이 점에서 철학은 세계를 전체화할 수 없는 분야이다. 철학은 세계의 일부이기 때문이다. 철학적 텍스트는 타자에 의한 해석의 개방성 아래에서 그 '말해진 것 밑에 숨어 있는 말함'을 되찾는[36] 것이다. 바로의 꿈은 설명되지만, 그 꿈이 의미로 등장하지 못할 때, 다시 말해 완벽

34) 『구약성서』, 「창세기」, 40장 9-19절.
35) 『구약성서』, 「창세기」, 41장 1~7절.
36) 콜린 데이비스, 주완식 역(2014), 앞의 책, p138.

한 타자의 등장 앞에서 바로를 위시한 국가 전체가 공포와 혼란에 빠진다.

> 요셉이 바로에게 아뢰되 바로의 꿈은 하나라 하나님이 그가 하실 일을 바로에게 보이심이니이다. 일곱 좋은 암소는 일곱 해요 일곱 좋은 이삭은 일곱 해니 그 꿈은 하나라. 그 후에 올라온 파리하고 흉한 일곱 소는 칠 년이요 동풍에 말라 속이 빈 일곱 이삭도 일곱 해 흉년이니 내가 바로에게 이르기를 하나님이 그가 하실 일을 바로에게 보이신다 함이 이것이라. 온 애굽 땅에 일곱 해 큰 풍년이 있겠고, ...중략....... 에게 세마포 옷을 입히고 금 사슬을 목에 걸고 자기에게 있는 버금 수레에 그를 태우매 무리가 그의 앞에서 소리 지르기를 엎드리라 하더라 바로가 그에게 애굽 전국을 총리로 다스리게 하였더라.[37]

요셉의 삶은 영웅의 등장이라는 점에서 감동적이다. 요셉은 부족국가의 종교를 제국의 꿈으로 성취한 것이다. 레비나스는 이를 일컬어 말하기를 자아를 인식의 주체가 아닌 실천과 윤리의 주체로 일깨움으로써 세계와 타자에 대한 윤리적 실천을 명령하는 '에토스의 종교'를 만들었다[38]고 하였다. 요셉의 삶이 환기하는 것은 우리를 울컥하게 만든다는 점에서 '코를 찌르는 향'(撲鼻香)을 닮아 있다. 요셉은 어린 시절 꿈을 꾸고 그 꿈을 통하여 시련을 겪는다. 그는 나이가 들어 다른 사람의 꿈을 풀어 주었다. 바로의 꿈에 내재된 정치적 메타포를 읽고 재난을 대비하도록 조언을 하였다. 바로의 꿈을 해석하여 정치적 성공을 거둔다. 요셉의 삶은 꿈꾸는 소년이 꿈을 이루었다는

---

37) 『구약성서』, 「창세기」, 41장 25-43절
38) 이태하(2015), 앞의 책, p168. 참조.

것을 넘어서는 서사적 긴장감이 있다. 족장 야곱을 중심으로 움직이던 사막의 유목 부족을 고대 이집트의 국제무대 중심으로 등장시켜 정치적 성공을 거둔 것이다.

6. 아난의 일곱 가지 꿈

영감과 의미의 과잉은 모든 언어에 고유한 것이다. 그러므로 모든 언어 안에서 말해지는 낯선 '타자의 목소리'는 화자가 생산하는 의미들의 충분한 명령 안에 있지 않기 때문에 의식의 우위성을 붕괴시키고 타자성과 무한과의 만남에 참여하게 한다. 또한 이 웅성거림은 윤리적 관계에서 중요한 역할을 수행하게 된다.[39] 그 윤리성이야말로 매화의 짙은 향이라는 것이다. 추위를 이겨내고 폐부를 찌르는 향은 어쩌면 아주 낯선 것이다. 이전 겨울의 기억만 없다면 말이다. 때로 우리는 박비향을 모르면서도 글귀를 통해 익숙한 것으로 이해하곤 한다. 그래서 황벽선사(黃蘗禪師)의 박비향(撲鼻香) 게송은 많은 사람이 좋아하는 절창으로 자리 잡는다. 하나의 유행처럼 말이다.

번뇌를 벗어나는 일은 예삿일이 아니니
고삐를 단단히 잡고 한바탕 공부를 할지어다
추위가 한번 뼛속 깊이 사무치지 않으면
어찌 코를 찌르는 매화 향을 맡을 수 있으랴[40]

39) 콜린 데이비스, 주완식 역(2014), 앞의 책, p179. 참조.
40) 『緇門警訓』(T48, p.1075b8-9), "塵勞迥脫事非常, 謹把繩頭做一場, 不是一番寒徹骨, 爭得梅花撲鼻香."

사실 박비향을 거론하는 것은 무리이다. 꿈꾸는 자의 꿈이 여전히 꿈으로 남으면 밤하늘의 별로 남아 영롱히 빛나지만, 현실 정치의 중심으로 들어오게 된다면 그것은 타락이기 때문이다. 그래서 엘리아데가 지칭하는 '신화의 타락'은 결국 신화가 변형을 일으키며, 재생산되는 것을 일컫는다고 해석한다. 하지만 신화는 원전 상태에서 탈출하여 삶 속에서 구현되어야 한다. 그러므로 의미 있는 신화는 원전 속에 박제되어 있는 것이 아니라 타락하여 인간 생활 속으로 들어온 것이다.[41] 천상의 별로 남아야 할 것들이 인간계로 들어온다? 불교는 이 꿈들을 어떻게 경전에 삽입하고 있는가? 불교 텍스트에도 상당한 꿈 이야기들이 내재되어 있다. 먼저 『아난칠몽경』(阿難七夢經)을 거론 할 수 있다. 부처님께서 사위국의 보회강당(普會講堂)에서 바사닉왕(波斯匿王)에게 4제(諦)를 설하고 계실 때 아난이 일곱 가지 꿈을 꾸고 부처님을 찾아와 꿈의 내용을 풀이해 달라고 청하자, 부처님께서 아난의 꿈을 차례로 설명하는 것이다.

> 첫째 물 고인 땅에서 불꽃이 하늘에 치솟는 꿈은, 곧 다가오는 세상에 비구들이 착한 마음은 점점 적어지고 악함이 치성하여 서로 살해함이 헤아릴 수 없는 것을 나타냄이다.[42]

못에 화염이 충천하는 꿈은 장래의 비구가 포악하여 서로 살해할 것을 뜻한다. 비구의 포악함은 현실적인 차원에서 수행자는 물론 성직자들의 타락상을 예측하고 이에 대한 경고를 하고 있는 것이다. 자기

41) 김종우(2018), 앞의 책, p132. 참조
42) 『阿難七夢經』(T14, p758a15-17), "第一夢 : 陂池火炎滔天者, 當來比丘善心轉少, 惡逆熾盛, 共相殺害, 不可稱計."

희생 없는 종교는 초심을 잃어버리고 현실과 타협하며 타락한다.

둘째 해와 달이 없어지고 별 또한 없어지는 꿈은, 부처가 열반한 뒤에 모든 성문(聲聞)들이 부처님을 따라 열반하고 세상에 있지 않으니 중생의 눈이 없어짐을 나타냄이다.[43]

해와 달이 지고 별까지도 빛을 잃는 꿈은 부처님과 모든 성문(聲聞)이 멸(滅)하여 중생의 눈이 없어짐을 가리킨다. 해와 달, 별들이 빛을 잃고 급기야는 중생들의 눈이 멀게 된다는 것은 한 마디로 사회의 올바른 가치기준이 사라지고 절제를 잃어버리게 된다는 것에 대한 경고이다.

셋째 출가한 비구가 굴러서 깨끗하지 못한 구덩이에 빠졌는데 재가한 속인이 머리에 올라 나오는 꿈은, 곧 다가올 세상에서 비구들이 독한 질투를 품고 서로 살해하여 도사(道士)의 머리를 베게 되는 지경까지 이르게 되면 속인은 이것을 보고 간(諫)하고 꾸짖지만 듣지 아니하고 결국엔 죽어서 지옥에 들어가며, 반면 속인은 정진하여 죽어서 천상에 나는 것을 나타냄이다.[44]

출가한 비구가 더러운 웅덩이 안에 굴러 떨어져 재가(在家) 비구의

---

43) 『阿難七夢經』(T14, p758a17-19), "第二夢者 : 日月沒星宿亦沒, 佛泥洹後, 一切聲聞隨佛泥洹不在世, 眾生眼滅."

44) 『阿難七夢經』(T14, p758a19-23), "第三夢 : 出家比丘轉在於不淨坑塹之中, 在家白衣登頭出者, 當來比丘懷毒嫉妬, 至相殺害道士斬頭, 白衣視之諫訶不從, 死入地獄, 白衣精進死生天上」."

머리 위에 올라서 있는 꿈은, 장차 비구가 서로 해치며 도사(道士)가 머리를 깎고 흰옷을 입기를 간청하나 듣지 않으면 지옥에 떨어질 것을 가리킨다. 그리고 흰옷은 정진을 의미하며, 천상(天上)에 태어날 것을 의미한다. 이 역시 종교인들의 타락상에 대한 경고라고 할 수 있다.

> 넷째 돼지 떼들이 와서 전단향 숲을 치받고 괴이하게 여기는 꿈은, 곧 오는 세상에서 속인이 절에 들어와서 비구들을 비방하고 좋은 점과 나쁜 점을 찾으며 탑을 헐고 비구를 해칠 것을 나타냄이다.45)

멧돼지가 무리져 와서 전단(栴檀) 숲을 파헤치는 꿈은 장차 속인(俗人)이 사원에 뛰어들어 승려를 해칠 것을 예언한 것이다. 이는 승속의 구분이 사라지고 나아가 승속이 뒤바뀌는 현상을 예단하고 있으며, 한발 더 나아가 세속적 가치관이 수행 공간에까지 침범하게 됨을 경고하고 있다.

> 다섯째 머리에 수미산을 이었는데도 무겁게 느끼지 않은 꿈은, 곧 부처가 멸도한 뒤에 아난이 1천 아라한을 위해서 경전을 내는 스승이 되는데 한 구절도 잊어버리지 않으며, 깨달은 것이 또한 많지마는 무겁다고 여기지 아니함을 나타냄이다.46)

수미산(須彌山)을 머리에 이고도 무겁지 않은 꿈은 부처가 열반한

---

45) 『阿難七夢經』(T14, p758a23-25), "第四夢者 : 群猪來觝揬栴檀林怪之者, 當來白衣來入塔寺, 誹謗衆僧求其長短, 破塔害僧."

46) 『阿難七夢經』(T14, p758a25-27), "第五夢者 : 頭戴須彌山不以為重者, 佛泥洹後阿難當為千阿羅漢出經之師, 一句不忘受悟亦多, 不以為重."

뒤 경을 결집하는 스승이 된 아난이 경의 한 구절도 잊지 않을 것을 뜻한다. 이는 아난으로 대표되는 수행자들이 감당해야 하는 의무에 대한 것이라 할 수 있다. 어지러운 현실에 대하여 기꺼이 경전의 가르침을 펼쳐 나가야 한다는 것이다. 그만큼 우리시대의 패역상은 심각한 위기에 도달하고 있다.

> 여섯째 큰 코끼리가 작은 코끼리를 버리는 꿈은 앞으로 삿된 견해가 치성해서 나의 불법이 무너지면 덕 있는 이들은 다들 숨어 나타나지 아니함을 나타냄이다.47)

큰 코끼리가 작은 코끼리를 버리는 꿈은, 장차 삿된 소견이 치성하여 덕이 있는 사람이 숨어서 나오지 않음을 가리킨다. 세상의 법도가 이그러지고 급기야는 올바른 생각을 가진 사람들이 살 곳이 없어지는 정치 현실을 지적하고 있다고 할 수 있다.

> 일곱째 사자가 죽은 꿈은 부처가 열반하고 1,470년 후에 나의 제자들이 덕 있는 마음을 닦아서 일체의 악마가 어지럽히지 못함이니, 일곱 개의 털은 7백 년 뒤의 일이라는 것을 나타냄이다.48)

사자왕(師子王)의 죽음은 부처가 열반한 뒤 1,470년이 되면 모든 제자는 덕을 닦고 쌓은 마음으로 해서 일체의 악마가 불법(佛法)으로 해치지 못할 것임을 예언한 꿈이다. 이는 현실의 타락이 심각하다고 하

---

47) 『阿難七夢經』(T14, p758a27-29), "第六夢者 : 大象棄小象, 將來邪見熾盛壞我佛法, 有德之人皆隱不現."
48) 『阿難七夢經』(T14, p758a29-b3), "第七夢 : 師子死者, 佛泥洹後一千四百七十歲, 我諸弟子修德之心, 一切惡魔不得嬈亂, 七毫者, 七百歲後事."

여도 결국은 올바름이 승리하리라는 믿음을 잃지 말라는 의미가 내포된 것이다.

7. 왕의 꿈, 두려운 꿈 열 가지

아난의 꿈과 이를 해몽해준 부처님의 이야기는 대체로 불교 교단 내의 이야기이다. 그러므로 요셉 꿈의 전반부와 규모가 닮아있다. 철저히 개인적 꿈일 뿐이다. 다르다면 요셉의 곡식단과 해와 달에 대한 꿈은 그의 가족들이 해몽하고 있다면, 아난의 꿈은 부처님이 해몽해준다는 것이다. 꿈에 담긴 정치적 갈등이나 사회적 요청들에 내용으로는 『국왕불리선니십몽경』(國王不梨先泥十夢經), 『사위국왕몽견십사경』(舍衛國王夢見十事經), 『대애도반열반품』(大愛道般涅槃品)의 「제 9경」[49]으로 유사한 내용이 다른 이름으로 전해지고 있는 것이다. 이 서사적 스토리의 발단은 사위국(舍衛國) 국왕 불리선니(不梨先泥) 또는 바사닉(波斯匿)이 꾼 열 가지 꿈이다. 해괴망측한 꿈을 꾸고 국왕은 어전회의를 소집하여 꿈에 대한 이야기를 하고는 해몽할 사람을 찾는다.

> 이튿날 왕은 공 · 경 · 대신과 해몽에 밝은 여러 도인을 불러서 물었다. "어제 밤에 열 가지 꿈을 꾸었는데 꿈을 깨고 나서는 두렵고 불안하며 마음이 개운치 않다. 누가 해몽할 수 있겠는가?" 여러 도인 중에 한 바라문이 말했다. "제가 왕을 위하여 해몽할 수는 있으나, 왕께서 들으시고 근

---

49) 『國王不梨先泥十夢經』 (T2, pp.873a7-874a20)
『舍衛國王夢見十事經』 (T2, pp.870c21-872a2)
『增一阿含經』 『大愛道般涅槃品』 「제9경」, (T2, pp.829b11-830b24.)

> 심하고 불안해 하실까 염려됩니다.” 왕은 말했다. “경이 아는 대로 숨기지 말고 말하라.”[50]

대체 왕이 두려워한 꿈은 무엇인가? 꿈이 지닌 낭만적 속성은 종교적 영성으로 쉽사리 연결되곤 한다. 그리고 종교적 열정이 처절할수록 영웅의 행로에 대한 낭만은 더욱 부풀려진다. 그리고 그 과정이 신성의 두려움으로 감싸일 때 더욱 빛나기도 한다. 심지어 철학조차도 이러한 낭만으로 포장되기도 하였다. 어찌되었든 생로병사라는 네 가지 고통으로부터의 해방을 갈망했던 석가의 욕망, 원죄로 고통당하는 인간을 최초의 낙원으로 인도하고자 하는 예수의 욕망 등은 낭만주의적 탈출과 귀환의 전형적인 예에 해당한다. 나아가 헤겔 철학의 변증법 역시 낭만주의적 도식에 바탕을 둔 것이다.[51] 결국 왕의 두려움은 하나의 장치이다. 왕으로 상징되는 정치권력이 종교의 도움을 청할 수 밖에 없다는 것을 강조하기 위한 정교한 설정이다. 이제 그 꿈에 대한 해몽에 대하여 불교적 도식은 어떻게 나타나고 있는지 살펴보자.

> 첫째는 세 개의 병이 나란히 있는데 양쪽 가에 있는 병은 가득 차 있고 가운데 있는 병은 비어 있었다. 가득 찬 두 병에서는 끓는 수증기가 서로 왕래하는데 빈 병으로는 들어가지 않는 것이었다. 둘째는 말이 입으로도 먹고 꽁무니로도 먹는 것이었다. 셋째는 작은 나무에 꽃이 핀 것

---

50) 『國王不梨先泥十夢經』,(T2, p.873a18-22), “王明日即召公卿大臣及諸道人曉解夢者, 問言 : 昨夜臥夢, 見十事如是, 夢即寤, 恐怖意中不樂, 誰能解夢者? 諸道人中有一婆羅門言 : 我能為王解之, 恐王聞者愁憂不樂, 王言 : 如卿所覩便說之, 勿有所諱.”

51) 김종우(2018), 앞의 책, p258. 참조

> 이었다. 넷째는 작은 나무에 열매가 맺힌 것이었다. 다섯째는 어떤 사람이 노끈을 끊으면 뒤에 따르는 양이 주인의 노끈을 먹는 것이었다. 여섯째는 여우가 좋은 평상에 앉아서 금 그릇으로 밥을 먹는 것이었다. 일곱째는 큰 소가 도리어 작은 송아지의 젖을 먹는 것이었다. 여덟째는 소 네 마리가 사방에서 울부짖으며 달려와 서로 싸우려고 하다가 싸움이 붙을 듯하더니 싸우지 않고 소도 간 곳이 없는 것이었다. 아홉째는 큰 방죽 물이 중앙은 흐리고 네 귀퉁이는 맑은 것이었다. 열째는 시냇물이 새빨간 것이었다.[52]

이 꿈을 풀이한 바라문은 왕의 두려움을 더욱 증폭시키고 있다. 그리고 왕의 가족들을 희생시켜야 한다는 해결책을 제시한다. 즉 인신공희의 제사지내기를 권면하고 있다.

> 바라문이 말하였다. "장차 왕과 왕태자와 왕후(王后)가 죽게 될 것입니다." 왕이 물었다. "어떤가? 여러분, 그것을 물리칠 방법은 있는가?" 바라문이 말하였다. "그것을 물리치는 일은 가능합니다. 지금 태자를 죽이시고 또 왕께서 소중하게 여기는 대부인(大夫人)과 곁에서 모시는 시자(侍者) 하인[僕從] 노비(奴婢)와 중히 여기는 대신을 죽여 천왕(天王)께 제사를 올리고, 왕께서 가지고 계신 침구와 진기한 보물을 모두 불에 살라서 하늘에 제사를 올리소서. 그렇게 하면 왕과 나라는 모두 무사할 것입니다." 왕은 바라문의 말을 듣고 매우 근심하고 걱정하면서 불쾌하게 여겼다. 그리고 재실(齋室)에 들어가 그 일만 생각하였다.[53]

---

52) 『舍衛國王夢見十事經』(T2, pp. 870c22-871a1), "一者見三瓶併, 兩邊滿中央空, 兩瓶滿沸氣交往來, 不入空瓶中, 二者見馬口亦食, 尻亦食, 三者見小樹生華, 四者見小樹生實, 五者見一人切繩, 人後有羊主食繩, 六者見狐坐於好床, 食以金器, 七者見大牛還從小犢子乳, 八者見四牛從四面鳴來相趣欲鬪, 當合未合不知牛處, 九者見大陂水, 中央濁四邊清, 十者見溪水流正赤."

53) 『增壹阿含經』, (T2, p.829b17-24), "婆羅門言 : 當亡國王及王太子王妻, 王言 : 云何, 諸人! 寧可禳厭不耶? 婆羅門言 : 斯事可禳厭之, 當殺太子及王所重大夫人,

왕의 두려움은 근심과 걱정 그리고 불쾌함으로 나타나고 재실로 들어가 골몰하게 하였다. 그때 왕비는 왕에게 조언하기를 부처님을 찾아가 열 가지 꿈에 대하여 상담하라고 하였다. 결국 왕은 부처님을 찾아가 자신이 처한 상황과 꿈의 내용에 대하여 상담을 하게 된다. 부처님은 다음과 같은 이야기를 왕에게 한다.

> "왕께서는 근심하지 마십시오. 왕의 꿈은 아무 일도 없습니다. 왕께서 꾼 꿈은 모두 후세에 다가올 일이고, 지금 세상 일이 아닙니다. 후세에는 사람들이 법과 금하는 것을 두려워하지 않고 음탕하고 이익을 탐하고 질투하며, 만족할 줄을 모르고 의리가 적고 자비심도 없으며, 함부로 기뻐하고 노하며 부끄러움을 모를 것입니다."[54]

그리고 열 가지 꿈에 대한 해몽을 들려 준다. 열 가지 꿈에 대한 해몽으로 첫째, 후세 사람이 부유하고 귀한 자끼리만 서로 따르고 가난한 사람은 돌보지 않는 것, 둘째, 후세 사람이 제왕과 대신은 창고에 쌓인 것을 먹고, 고을 관리는 봉록을 먹으면서 다시 백성의 것을 빼앗아 먹으며 만족할 줄을 모르는 것, 셋째, 후세 사람이 나이 30도 못 되어 머리에 백발이 나는 것으로 그 이유로는 탐욕스럽고 음란하고 욕심이 많아서 나이는 젊어도 빨리 늙는 것, 넷째, 여인이 나이 15세가 채 못 되어 시집가 아이를 안고 돌아와서도 부끄러움을 알지 못하는 것, 다섯째, 남편이 장사하러 나가며 아내를 뒤에 남겨 두면

邊傍侍者僕從奴婢并所貴大臣, 以用祠天王 ; 所有臥具, 珍琦寶物, 皆當火燒, 以祠於天, 如是, 王身及國可盡無他, 王聞婆羅門言, 大用愁憂不樂, 却入齋室思念此事."

54) 『國王不梨先泥十夢經』(T2, p.873b26-29), "王莫愁! 王夢者皆無他, 王所夢迺為後世當來之事, 非今世, 佛言 : 後世人當不畏法禁, 婬妷貪利嫉妬不知厭足, 少義理無慈心, 喜怒不知慚愧."

아내는 곧 다른 집 남자와 정을 통하고 남편의 재물을 먹는 것, 여섯째, 낮고 천한 자가 도리어 존귀해지고 재산이 있어 여러 사람들이 공경하고 두려워하며, 공(公), 후(侯)의 자손은 도리어 빈천해져 아랫자리에 앉아 뒤에서 음식을 먹는 것, 일곱째, 사람들이 예의가 없어 어미가 도리어 딸의 매파 노릇을 하며 다른 집 남자를 꾀어다가 딸과 정을 통하게 하고는 딸을 팔아 얻은 재물로 생활을 하면서도 부끄러움을 모르는 것, 여덟째, 제왕과 장로와 인민이 모두 진실한 마음이 없고 속이고 거짓되며 어리석고 미련하며 성내고 노하여 천지를 공경하지 않아서 발생하는 재앙으로 기후가 극심하게 변화되고 사회 지도층과 일반 백성의 마음에 충성스럽고 정직하며 사랑하고 어진 마음이 없어진 것, 아홉째, 중앙의 나라는 어지럽고 순탄치 않은 정치로 인민들이 부모에게 불효하고 어른과 늙은이를 공경하지 않으나, 변방 나라는 맑고 화평하여 인민이 화목하고 부모에게 효도하고 순종하는 것, 열째, 여러 나라가 서로 다투어 군사를 일으키고 무리를 모아 서로 공격하며 거병 · 보병 · 기병을 만들어 서로 싸워 살상하는 것이 이루 헤아릴 수 없을 것이라고 해몽해 준다. 즉 대체적인 꿈의 내용은 후대에 발생하는 일이라며 국왕을 안심시킨다.

> 그것은 모두 후세 사람들의 일을 미리 보인 것입니다. 그러므로 후세 사람들이 만약 능히 마음에 부처님의 도를 가지고 경전에 밝은 도인(道人)을 받들어 섬긴다면, 죽어서 모두 천상에 태어날 것입니다. 그러나 만일 어리석은 행을 지어 서로 해친다면 죽어서 세 갈래 나쁜 세계에 들어갈 것은 다시 말할 필요도 없는 일입니다.[55]

---

55) 『增壹阿含經』(T2, p.830b15-18), "盡皆為後世人之事耳, 後世人若能心存佛道, 奉事明經道人者, 死皆生天上, 若作愚行, 更共相殘者, 死入三惡道, 不可復陳."

위에서 살펴본 꿈들은 대부분 현실 정치에 대한 내용들과 직접적 관련이 있는 내용들이다. 타락한 현실에 대한 질책이라는 의미로 가득하기 때문이다. 후세 사람들이 그러 그러하다는 말에는 꿈을 꾼 왕은 그런 일을 사전에 예방하여야 한다는 정치적 메시지가 들어 있다고 할 수 있다.

8. 몽유도원, 그 꿈결의 감동과 결말

레비나스는 정치가 왜 종교적이어야 하는지 다음과 같이 설파하였다. 신은 왜 가난한 이들에게 음식을 주지 않는가 물었을 때, 랍비 아키바는 그래서 우리는 천벌을 모면할 수 있다고 답한다. 사회정의는 인류가 자신의 구원을 얻기 위한 수단이며, 따라서 올바른 사회를 위해 일하는 것은 상위의 종교 행위가 된다.[56] 인간성에 대한 최소한의 자리를 마련하여야 하는 사회정의에 대한 정치적 아젠다는 고차원의 종교가 되어야 한다는 것이다. 정말 그런가? 정치적 현실을 감내하기 어려운 정신은 현실 속에서 좌절하고 급기야는 꿈속으로 도피하곤 한다. 현실을 살아가려면 영악하고 잔혹함을 기꺼이 감내할 줄 알아야 한다. 그렇지 못하거든 좌절을 맛보기 전에 꿈속으로 도피하거나 세속을 등지고 산속으로 가야만 한다. 그래서 산속 생활은 적당한 서러움과 슬픔이 아로새겨져 있는 것이다. 현실의 문제와 직결되어 이상향에 대한 꿈이 정치적이었기에 현실과 부딪치며 좌절되어

56) 콜린 데이비스, 주완식 역(2014), 앞의 책, p161. 참조

피비린내를 가득 남긴 사례가 있다. 곧 안평대군의 꿈 이야기이다. 〈몽유도원도〉(夢遊桃源圖)는 현실 정치와 이상향 사이에서 벌어지는 이야기이다. 피비린내 물씬 풍기는 정쟁의 한 가운데서 29세의 청년 안평대군(安平大君)은 덕망있는 학자들에게 꿈 속 이야기를 들려준다. 그 이야기를 들으며 안평대군의 꿈을 현실로 꽃 피우고자 정치를 기획한 이들은 다름 아닌 집현전의 학사들이었다. 조선 초기의 집현전은 그야말로 수재들의 집회장소였다. 집현전 출신 학사인 박팽년과 성삼문을 위시한 수재들에게 안평대군은 자신의 꿈 이야기를 들려주었다. 그리고 안견으로 하여금 그 꿈을 그리게 하였다. 일종의 꿈에서 현실로 구체화하는 작업이었다. 1447년(세종 29) 도원에서 소요하는 꿈이 그림으로 완성되어 몽유도원도로 전해진다. 안평의 꿈을 함께 꾸고자 한 20여명의 수재들과 한 명의 스님은 그림 한 모퉁이에 자신의 이름을 적기도 하고 시 구절들로 장식하곤 하였다. 정치 기획의 꿈으로 가득찬 가슴은 정치 개혁을 위한 결사체로 거듭난다. 몽유도원도에 기입된 안평대군의 발문의 일부는 다음과 같다.

> 정묘년(丁卯年) 4월(月) 20일(日) 내가 막 잠에 들어서 정신이 거허[57] 하였다. 잠이 깊어질 때, 꿈도 깊어졌다. 문득 인수(仁叟, 醉琴軒 朴彭年)와 함께 봉우리가 우뚝한 산(山) 아래에 이르게 되었는데 겹겹의 산은 높고 험악하고 깊은 골짜기는 그윽하고 깊었는데, 수십(數十) 그루의 복숭아나무가 꽃을 피우고 있었고, 작은 길이 숲으로 나 있고 그 사이로 오솔길이 나있었다. 이리저리 왔다 갔다 하다가 문득 서서 보니 마땅히 갈 곳이 없었다.[58]

57) 蘧栩, 장자의 '호접몽' 허허거거에서 유래된 말, 나비의 날개짓하는 것을 꿈꾸는 것으로 은유.

안평대군은 잠이 깊어져 꿈도 그윽하게 꾸었다고 한다. 위의 발문 일부는 그 유려하고 신이한 꿈 속의 정경을 도도하게 그려내고 있다. 꿈을 이야기하고 그 이야기를 토대로 그림이 그려지고 거기에 글들이 붙여진다. 게다가 뛰어난 화가 안견은 이 그림을 3일 만에 완성하였다. 안평대군은 그림 한켠에 스스로 제서와 시 1수를 가필하였다. 또한 당대의 고고한 선비(高士)들이 쓴 20여 편의 찬문이 들어 있다. 이들 시문과 찬문은 친필로 되어 있기에 그 내용의 인문적 성격은 큰 가치를 지니고 있다.

〈몽유도원도〉

꿈 속의 정경 묘사는 다음처럼 이어진다.

> 이 길을 따라 북쪽으로 가면 골짜기로 들어가게 되는 데 곧 도원이다. 나와 인수가 말을 채찍질하여 가보니 바위로 이루어진 비탈은 높고, 숲은 우거졌으며, 개울은 돌고 길은 굽어져, 그 길이 끝없는 것 같았다. 그 골짜기 안으로 들어가니 광활하여 가히 2,3리는 되는 것 같고, 사방에 산이 벽처럼 섰고, 구름과 안개에 가려 흐릿하였다. 여기저기 복숭아 나

58) 歲丁卯四月二十日夜 余方就枕 精神 遽栩 睡之熟也 夢亦至焉 忽與仁叟至一山下 層巒深壑 嶒崒窈窅 有桃花數十株 微徑柢林表而分歧 徊徨竚立 莫適所之

무 숲인데 꽃이 피어 일렁이는 노을을 보는 것 같았다.[59]

안평대군은 3일 만에 완성된 그림이 마음에 들어 몽유도원도라는 제목을 직접 썼다. 또한 기문에 제작과정을 적어 넣었다. 성삼문 박팽년 신숙주 서거정 정인지 등의 학사들과 박연 김종서 등 다재다능한 인물들이 찬시와 찬문을 지었다. 3년 뒤인 1450년 안평대군은 이 그림을 감상하고 시 한편을 찬문으로 지었다.

이 세상 어느 곳을 도원으로 꿈꾸었는가?
은자들의 옷차림새 여전히 눈에 선하여
그림으로 그려놓고 보니 참으로 좋다.
천년을 이대로 전하여 둘 만한 것 아닌가[60]

안평대군의 고매한 자부심은 허망하게 되어 꿈 같은 해악이 된다. 안평대군을 둘러싸고 벌어지는 일들이 수양대군(1417-1468)의 눈에는 아주 고약한 일로 보인 것이다. 당대 세상의 뛰어난 문인들이 안평대군의 품에 갔다는 것은 야심으로 가득찬 수양대군에게는 불편한 일이된 것이다. 이는 수양대군의 책사인 한명회의 말을 통해 검토할 수 있다. 세종 이후 태평성대를 구가하자 문장을 잘하고 절의에 찬 선비들이 조정에 깔렸다. 이때 여러 왕자들이 다투어 문객들을 맞았는데 온 문인(文人)과 재사(才士)들이 안평대군의 휘하로 모여들었다. 이에 한명회는 인재가 모여들지 않던 수양대군을 찾아가 은밀하게

59) 從此徑以北 入谷則桃源也 余與仁叟.策馬尋之 崖磴卓犖 林莽薈鬱 溪回路轉 盖百折而欲迷 入其谷則洞中曠豁 可二三里 四山壁立 雲霧掩靄 遠近桃林 照暎蒸霞
60) 世間何處夢桃源 野服山冠尙宛然 着畵看來定好事 自多千載擬相傳

말했다.

> '세상이 어지러워지면 문인들은 필요없습니다. 나으리는 문인보다는 무사들과 결탁해서 세력을 쌓으십시오.

이러한 한명회의 계책을 들은 수양대군은 안평대군을 모함하여 계유정난(癸酉靖難, 1453년, 단종 1년)을 일으켰다. 안평대군이 황보인, 김종서 등과 결탁해 단종을 몰아내고 집권하려는 음모를 저지하려고 거사할 수밖에 없다는 명분을 내세웠다. 안평대군은 그 날짜로 강화도로 유배되었다가 8일 후, 36세의 젊은 나이에 사약을 받게 된다. 정치를 도의적(道義的)으로 받아들이거나 정치적 교훈을 토대로 이루어진다고 판단한 자들은 고통을 받게 된다. 종교의 본질은 정치와 달리 어느 정도 교훈적인 것이 도사리고 있기 때문이다. 심리적으로도 '탈출'은 고통스러운 현실을 벗어나서 행복의 땅으로 나아가려는 근원적인 욕망에서 비롯된 행위를 의미한다. 인간은 태어나서 죽을 때까지 여행을 계속한다. 인간의 삶은 사실 탄생에서 죽음으로 이어지는 여행이라고 할 수 있다. 여행은 현실의 실존에 불만을 품고 새로운 존재양식으로 나아가기 위한 욕망의 결과이다. 여행은 불행한 이승에서의 삶에서 벗어나 행복이 보장된 사후의 낙원으로 나아가는 것을 궁극적인 목적으로 하는 종교의 핵심축이다.[61] 이러한 종교적 속성은 다소 낭만적이거나 꿈결처럼 다가오기 쉽다. 그래서 정치와 종교가 정면충돌하게 되면 대체로 종교는 신성을 획득할 수 있지만, 그의 현실은 처참하다.

---

61) 김종우(2018), 앞의 책, p31. 참조

9. 새로운 영역의 질서, 낙원과 정토에 대한 요청

현상학적, 해석학적 방법을 통해서 발견된 종교철학의 과제는 세 가지가 있다. 첫째는 '구제의 문제'이고, 둘째는 '절대자의 문제'이며, 셋째는 '신앙과 행위의 문제'이다. 이 세 가지 가운데 종교의 최대 관심사는 구제이다. 만약 인간적 삶에서 그 구제를 필요로 하지 않는다고 한다면 종교도 필요하지 않을 것이다. 그러니 종교는 그 속성상 구제의 종교 또는 해탈의 종교인 것이다.[62] 그러나 현대라고 하는 시대는 종교에 관해서도 역사적으로 특별한 시대이다. 이 특별함이란, 현대가 무신론과 니힐리즘의 시대라고 하는 점이다. 현대는 종교비판의 철학을 반박하면서 적극적으로 새로운 종교철학을 구축하고자 노력하고 있다. 우리 시대의 정신은 타자를 배제하며 욕망에 대하여 노골적이다. 자본화의 물결로 인하여 계량화의 길로 치닫는다. 정치적으로는 현실에 대하여 더욱더 대담해지고 있다. 이제 무신론과 니힐리즘의 활극이 벌어지는 이 시점에서 진정한 종교의 가능성은 무신앙의 신앙일 것이다. 무신앙이란 신이 없는 것이고, 신앙이란 신이 존재하는 것이다. 우리는 어떻게 신이 없는 시대에 신과 함께 존재할 수 있을 것인가? 자기반성을 우선시하지 않는 윤리적 외침은 쉽사리 타인에 대한 비난과 폭력으로 이어진다. 우리 시대의 윤리는 오히려 타인의 자리를 내쫓으며 자아의 위치를 강화시키는 도구가 되어가는 듯하다.[63] 아우슈비츠를 보라. 히로시마와 나가사키를 보

62) 하카리 요시하루, 김청균 역(2009), 『묻는 철학, 답하는 종교』, 서울: 어문학사, p21. 참조
63) 콜린 데이비스, 주완식 역(2014), 앞의 책, p241. 참조

라. 무슨 말인가 싶거든 최근의 우크라이나를 보라. 거기에 법도라든가 신은 있었는가? 세계 전체가 점점 혼미해져 가는 오늘날, 신이나 정의가 우리와 함께 하는가?[64] 기존의 권위들을 황폐화시키며 포스트 모더니즘이 설립되었다면, 포스트코로나 시대는 기존의 것들을 전복시키면서 황폐 그 자체를 드러내 보여주고 있다. 무신론과 니힐리즘의 시대인 포스트코로나 시대는 무신앙의 시대이다. 이는 정치 영역에서 무원칙한 질서, 즉 세계 질서의 가치관이 실종된 아노미 상태를 의미하기도 한다. 불교에서는 이러한 현실의 아노미를 극복하고자 정토라는 개념을 제시하고 있다. 정토와 관련있는 구원의 드라마는 모두 궁극의 이상향을 설정한 다음 인간의 삶을 부단히 그곳으로 나아가는 여정으로 묘사한다. 힌두교들에게 있어서의 갠지스강, 티벳 사람들에게 있어서의 라사, 이슬람교도들에게 있어서의 메카란 궁극의 이상향으로 향하고자 하는 동일한 욕망이 문화적 맥락에 따라 서로 다른 방식으로 표현된 것들일 뿐이다. 이방인으로서의 느낌은 자신들이 떠나올 수밖에 없었던 낙원에 대한 기억에서 유래한다. 태초부터 전해져오는 낙원에 대한 기억을 가지고 인간은 미래에 궁극적으로 도달해야 할 새로운 낙원을 설정한다.[65] 불교에서 정토란 청정국토(淸淨國土)를 줄인 말이다. 청정국토란 깨끗한 청복 또는 정복(淨福)으로 가득한 영원(永遠)의 세계이다. 현실의 세계는 예토(穢土)이다. 예토는 범부(凡夫), 즉 불도의 법도와 진리를 이해하지 못한 자의 세계이다. 정토에서 부처님을 대면할 수 있다는 의미는 범부가 아닌 자들의 거주가 가능하기에 그러하다. 정토는 임시적이거나 일의

---

64) 하카리 요시하루, 김청균 역(2009), 앞의 책, p25. 참조
65) 김종우(2018), 앞의 책, p260. 참조

적인 것이 아니며, 세 종류의 정토가 있다고 여겨진다. 내세정토(來世淨土)와 정불국토(淨佛國土), 상적광토(常寂光土)가 있다. 이 정토들의 성격을 살펴보면, 내세정토(來世淨土)는 사후에 세계로서, 이곳을 의미하는 차안(此岸)에 대응하는 피안의 세계이다. 이러한 내세정토는 아미타불의 서방정토가 잘 알려져 있다. 정불국토(淨佛國土)란 정화되어 부처님이 나투시어 법도를 일깨워 주는 부처님의 나라로서 불국토(佛國土)가 된 현실세계이다. 피안(彼岸)의 정토가 차안화(此岸化)된 것이다. 상적광토(常寂光土)는 신앙에 의해 예토가 예토 그대로 정토가 되는 세계이다. 그러므로 상적광토는 차안과 피안, 예토와 정토의 상대적 이원성의 관계를 초월한 절대적 차원의 정토이다. 세 종류의 정토가 제시하는 정토의 성격을 조금 더 설명한다면, 다음처럼 제시할 수 있다. 내세정토는 신화적인 성격을 지님에 비하여 정불국토는 관념적이고 이상주의적인 속성을 보여준다. 그리고 상적광토는 실존적이고 신앙적이다. 내세정토 신앙과 정불국토 신앙의 근저에 있는 종교적 세계관은 정토와 예토라는 이원론적 입장을 기반으로 설정된 것이다. 이에 비하여 상적광토 신앙은 이원론적 세계관을 초극한 아주 새로운 성격의 세상으로, 절대 일원론의 세계관을 토대로 건립된 것이다. 한마디로 상적광토 신앙은 내세정토 신앙의 비신화화이며 정불국토 신앙의 실존화에 해당한다.[66] 이 점에서 종교적 세계관이 제시하는 꿈의 세계는 현실 정치가 이루고자 하는 유토피아적 이상향에 대한 비신화화, 그리고 내재적 실존화라고 할 수 있다.

---

66) 하카리 요시하루, 김청균 역(2009), 앞의 책, pp187,188. 참조

말후의 일구 : 더욱 희미해져 이미 그것 아니네.

몽유도원의 꿈이 실패로 끝난 듯하지만, 그 꿈은 명작 몽유도원도로 남아 여전히 설레임과 탐구의 대상이 된다. 또한 많은 이들이 여전히 새로운 몽유도원의 꿈들을 꾸고 있다. 이 꿈들은 혼령을 불러들이는 초혼(招魂)의 형식으로 소환된다.

> 풍란화 매운 향내 당신에야 견줄 손가,
> 이 날에 님 계시면 별도 아니 더 빛날까
> 불국토가 이외 없으니 혼(魂)아! 돌아오소서.[67]

불국정토가 따로 없으니 법계를 떠도는 혼령들은 돌아옴이 마땅하다. 되돌아온 혼들은 경전의 글귀를 읽어야 한다. 그래서 소환된 혼령들이 꾸는 꿈들은 시론의 일부로 활성화되어 나타난다. 종교가 그러하였듯이 문학에서도 마찬가지 현상이 대두되고 있다는 것이다. 현실 정치에 대한 문학적 대안 제시는 현실과 일정한 대립각을 세운다. 종교와 정치 사이의 거리만큼이나 문학 또한 정치에 대하여 현실 너머 어딘가에 새로운 영토를 가지려고 하였기에 비신화화 또는 실존화의 맹아를 떨치면서 광휘의 불꽃을 드러내곤 하였다. 대표적인 예로서 사공도의 〈이십사시품〉을 거론할 수 있다. 사공도에게 있어 시란 마음속의 경계를 묘사하는 것이었다. 그러므로 의경(意境)을 펼쳐 놓아야 하는데, 이때 시심(詩心)을 묘사하는 것으로 작품의 수준이 결정된다고 할 수 있다. 사공도는 작품들의 의경에 대한 품격을 상징

---

67) 위당 정인보가 만해 스님을 추모한 구절.

적이며 동시에 해설적으로 표현하고 있다. 그의 시론은 특히 고결한 기품이 있다고 알려져 오고 있다. 〈이십사시품〉 가운데 스물한 번째(제 이십일품) 시론의 제목은 「초예」(超詣, 작품이 매우 뛰어남)로서 다음과 같은 경계를 풀어 놓고 있다.

> 정신의 영묘함이 아니고, 심기의 미묘함도 아니니라.
> 흰구름을 거느린다면, 맑은 바람과 함께 돌아간다네.
> 멀리 당겨 그곳에 이른 것 같으나, 가보면 이미 그것이 아니니라.
> 어려서 도와 합치함이 있어, 끝내 세속과는 맞지 않는도다.
> 어지러이 많은 산에 높이 솟은 나무, 푸른 이끼에 꽃다운 봄빛이로다.
> 그것을 외우고, 그것을 생각하니, 그 소리 더욱 희미해지는도다.[68]

「초예」는 몽유도원과 같은 유형의 신선한 꿈을 요청하는 듯하다. 그리고 종교적 꿈들은 단순히 막연한 정토를 꿈꾸지 않는다. 정토에 대한 꿈이나 낙원에 대한 갈망은 본래의 의도와는 다르게 변혁에 대한 기폭제가 된다. 사회를 변혁시킨다는 의미에서 정치란 사회의 정치적 역량을 극대화하는 것이다. 그러므로 정치란 인간관계의 소산인 신뢰를 중심으로 한 역량의 결집이라고 할 수 있다.[69] 이 점에서 정치적 종교 또는 종교적 정치라는 기묘하고도 혼합된 형태로서 무신앙의 신앙이 나타난다고 할 수 있다. 이러한 현상은 아주 바람직한 모습이기도 하다. 이제 「초예」의 한 구절을 차용하여 다음과 같이 말후의 일구를 뱉어내야 겠다.

---

68) 〈二十四詩品〉 중 21 「超詣」: 匪神之靈 匪幾之微 如將白雲 淸風與歸 遠引若至 臨之已非 少有道契 終與俗違 亂山喬木 碧苔芳暉 誦之思之 其聲愈稀.
69) 신영복(2010), 『강의』, 돌베개, p172 참조

이 모든 것들을 생각해 보니,
더욱 희미해진다.[思之 其聲愈稀]
종교와 정치에 대하여 말하려 했으나,
이미 그것이 아니다.[若至 臨之已非]

참고문헌

『구약성서』「창세기」
『國王不梨先泥十夢經』(T2)
『無門關』(T48)
『舍衛國王夢見十事經』(T2)
『阿難七夢經』(T14)
『增壹阿含經』(T2)
『緇門警訓』(T48)

김경래(2013), 「초기불교의 종교적 정치이상과 Mahāsammata의 개념 -Aggañña Sutta를 중심으로」『한국불교학』, 65 한국불교학회
김종우(2018), 『반항, 위반, 탈출의 신화』, 서울: 한국문화사
김태완 역주(2015), 『무문관』, 침묵의 향기
멜치아 엘리아데, 이동하 역(1995), 『聖과 俗-종교의 본질』, 서울: 학민사
신영복(2010), 『강의』, 돌베개
신응철(2011), 「신화·종교·정치, 그 뒤얽힘에 대하여」, 『철학논총』 제63집, 새한철학회
에밀 뱅베니스트, 김현권 역(2014), 『인도유럽사회의 제도·문화 어휘 연구 2』, 그린비
우치다 다츠루, 이수정 역(2013), 『레비나스와 사랑의 현상학』, 갈라파고스
원순 역해(2016), 『무문관』, 법공양
윌리엄 페이든, 이민용 역(2005), 『성스러움의 해석』, 청년사
윤종갑(2011), 「불교와 정치권력-정교분리에 관한 붓다의 관점을 중심으로」, 『동아시아불교문화』 8권, 동아시아불교문화학회
이태하(2015), 『종교의 미래-반종교와 무신론을 넘어서』, 아카넷
井筒俊彦, 박석 역(2013), 『의식과 본질』, 고양: 위즈덤하우스
조오현 역해(2007), 『무문관』, 불교시대사

죠르주 바따이유, 유기환 역(2002), 『에로스의 눈물』, 문학과 의식
콜린 데이비스, 주완식 역(2014), 『처음 읽는 레비나스』, 동녘
피터하비, 허남결 역(2010), 『불교윤리학입문』, 서울, 도서출판 CIR
하카리 요시하루, 김청균 역(2009), 『묻는 철학, 답하는 종교』, 서울: 어문학사

S.L. Tambiah(1989), *King Mahāsammata: The First King in the Buddhist Story of Creation, and His Persisting Relevance*, Journal of the Anthropological Society of Oxford 20.

근대 일본불교와 민족주의

원 영 상

근대 일본불교와 민족주의

-스즈키 다이세츠(鈴木大拙)를 중심으로-

원 영 상 원광대학교 교수

Ⅰ. 시작하는 말

근대불교학이 정립되던 20세기 초엽부터 중반에 걸쳐 선불교 연구의 선두주자를 들자면 스즈키 다이세츠(鈴木大拙, 1870~1966)[1)]를 빼놓을 수 없다. 그의 업적은 동서양 불교계나 불교학계에 널리 알려져 있으며, 특히 근대 禪學 연구의 최고봉이라고 할 수 있다. 하지만 호주 출신 승려 겸 불교학자 브라이언 빅토리아(B. Victoria)에 의해 1980년『Zen War Stories』가 출간[2)]된 후 스즈키에 대한 비판, 특히 근대일본의 군국주의와 관련한 비판이 서구에서 일기 시작하여

1) 鈴木大拙는 10여 년 동안 미국에 체류하고 1909년에 귀국, 學習院 대학, 1921년에는 大谷 대학의 교수가 되었다. 그는 1946년 鎌倉市에 마츠가오카(松ヶ岡) 文庫를 설치하였으며, 미국 각 대학에서 불교철학을 강의하는 등 서구에 불교사상, 특히 禪思想을 전한 공적이 높게 평가되고 있다. 저작은『鈴木大拙全集』전40권(東京, 岩波書店, 1968~2003)에 수록되어 있다.

2) Brian Daizen A. Victoria, *Zen War Stories*, Rondon and New York: Routledge Curzon, 2002(First Edition 1980).

이제는 일본의 학자들도 가세해 뜨거운 학문적 공방이 벌어지고 있다.

『Zen War Stories』는 근대일본의 군국주의 과정에서 선이 전쟁의 도구로써 이용된 점을 부각시키면서 일본의 대외 전쟁에 대한 선사들 내지는 선학자들의 책임을 강하게 물었다.[3] 브라이언의 연이은 저작『Zen at War』는 천황주의로부터 발양된 일본군부의 대외 정복 과정에서 보인 선의 역할을 그 근거를 들어가며 더욱 상세히 논하고 있다.[4] 이러한 연구와 더불어 로버트 샤프(R. Sharf)는 「The Zen of Japanese Nationalism」을 통해 서양의 근대적 사조에 힘입은 스즈키를 비롯한 불교인들에 의한 선의 해석이 근대국가의 확립 및 천황주의와 군국주의 이데올로기 확장에 적극적으로 활용되었음을 폭넓게 연구하였다.[5] 베르나르 포(B. Faure) 또한 여기에 가세하여 특히, 스즈키의 경우 서양종교의 외피를 입은 채 선을 해석하고, 이에 바탕하여 일본인론 내지는 일본정신의 우월성을 강조하는 선 오리엔탈리즘(zen-orientalism)을 창안해 냈음을 밝혔다. 그는「Chan Insights and Oversights : An Epistemological Critique of the Chan Tradition」가운데 이러한 서구적 시각의 선불교에 대한 해석을 전도된 오리엔탈리즘(reverse orientalism)이라고까지 지적하였다.[6] 이러한 과정에서 제기된 스즈키의 선사상 비판에 대해 일본의 학자

3) 이러한 여파로 臨濟宗 妙心寺派에서는 2001년 9월 27일 제100차 정기총회에서 근대 군국주의 시기 自宗의 전쟁협력 책임문제에 대한 종단 차원의 참회의 내용을 포함한 선언문을 채택했다.

4) Brian Daizen A. Victoria, *Zen at War*, Rowman and Littlefield Publishers, Inc, 2006(First Edition 1997).

5) Robert Sharf. The Zen of Japanese Nationalism, *History of Religions* 33:1, The University of Chicago Press, 1993.

6) Bernard Faure, *Chan Insights and Oversights : An Epistemological Critique of the Chan Tradition*, Princeton University Press, 1996.

들이 옹호하거나 중립적인 입장을 취하는 상황을 빚게 되었다.

일본에서는 2000년대에 들어와 이시이 코세이(石井公成), 키리타 키요히데(桐田清秀), 스에키 후미히코(末木文美士)가 서구학자들의 문제점을 지적하면서도 중립적인 자세를 견지하고 있으며, 야마사키 미츠하루(山崎光治), 사토 타이라켄묘(佐藤平顕明)가 적극적인 방어를 하고 있다. 예를 들어 스에키 후미히코는 스즈키의 글과 언설을 통해 그 애매모호성을 근거로 다분히 일본군국주의 체제에 대한 동조로 비칠 수 있는 부분이 있음을 지적하였다.[7] 여기에 대해 사토 타이라켄묘는, 스즈키의 서간문에 나타난 군국주의에 대한 비난의 글을 제시하는 등 강한 반론을 제기하면서 그를 옹호하였다.[8] 일본학계에서는 수많은 스즈키 관련 연구 성과 등이 나오고 있지만 이러한 논란에 대해 여전히 관망하는 자세만을 취하고 있는 것이 현재의 실정이다.

이제 서양과 일본의 스즈키에 대한 민족주의나 군국주의와의 관련 혹은 전쟁지원에 대한 책임론 공방을 한국의 학자들도 당연히 심각하게 받아들이지 않을 수 없다. 그 이유로서는 첫째, 그가 서술한 수많은 선 해석의 텍스트들이 여전히 무비판적으로 선에 관한 수업과 수행에 활용되고 있기 때문이다. 물론 그의 선 연구나 저술의 선구적인 업적이 모두 무의미하다는 것은 아니다. 하지만 저자의 역사적 상황성(context)이 결여된 선 해석을 무비판적으로 받아들인다는 것은

---

7) 末木文美士의 「大拙の戦争批判と霊性論」(松ケ岡文庫編集, 『鈴木大拙没後四〇年』, 河出書房新社, 2006)을 참조할 것.

8) 佐藤平顕明「鈴木大拙のまこと-その一貫した戦争否認を通して」, 「財団法人松ケ岡文庫研究年報」21호, 松ケ岡文庫, 2007, 참조. 佐藤平顕明는 본 논문에서 末木文美士 외 다른 학자들의 鈴木大拙에 대한 비판을 전방위적으로 옹호하고 있다.

선불교를 포함한 불교사상의 이해를 몰역사성으로 몰아갈 위험이 있기 때문이기도 하다. 둘째, 현재 진행되고 있는 서구와 일본 학자들의 진실공방에는 일본군국주의에 의해 직접적으로 피해를 입은 한국을 비롯한 아시아 여러 나라들의 시각이 결여되어 있다. 이는 스즈키를 둘러싼 논의를 서구와 일본의 논쟁만으로 보기에는 일본불교학 및 스즈키 선학의 영향권에 있는 일본은 물론 여타 아시아권 불교학자들의 책임의 放棄가 아닌가 하는 것이다. 셋째, 스즈키의 경우처럼 그와 동시대의 일본불교학자들에 의해 소개된 동아시아 불교의 선이 여전히 일본의 해석을 중심으로 전개될 우려가 있기 때문이다. 특히 한국 불교는 일본과 같이 보편성과 특수성이 공존하고 있음에도 불구하고 서구에서는 일본불교연구의 그늘에 가려져 있다. 스즈키에 대한 논의는 근대일본의 불교학에 대한 비판을 통해 21세기 아시아 전체를 통한 지역불교학의 소통과 화합을 위해서도 한 번쯤 짚고 넘어가야할 과제이기 때문이다. 이러한 입장에서 먼저 스즈키의 선사상이 일본 근대에서 갖는 의미를 짚어보기로 한다.

II. 근대 일본불교의 동향과 鈴木大拙

1868년의 메이지(明治) 혁명은 근세에서 근대 일본으로 나아가는 분기점이 되었다. 상징적인 존재였던 천황의 실질적인 권력의 부활과 이에 따른 국가제도의 변화는 문호의 개방과 더불어 근대 서양의 문물을 급속히 받아들일 수밖에 없었다. 특히 불교계는 국가신도의 확립을 위해 혁명과 동시에 廢佛毁釋이라고 하는 전대미문의 법난에

직면했으며, 이에 따라 불교의 자립을 모색하지 않을 수 없는 상황에 처해 있었다.

사원경제를 근세체제에 의존해 있던 교단의 입장에서는 사활을 건 노력이 傾注되었다. 교단불교계는 특히 근대국가와의 관계를 새롭게 설정하고자 하는 한편, 근대사회에 걸맞는 교학수립을 위해 서구에 유학생을 파견하는 등, 교단체제를 시대에 맞게 정비하기 시작하였다.

더불어 불교의 본질을 회복하기 위한 계율부흥을 비롯한 종교정신의 확립을 외치며, 근본적인 개혁을 주장하는 宗門의 사람들도 나타났다. 이들은 근대적 계몽의 영향을 받은 사람들로 소위 居士의 일군이었다. 대표적으로는 교단 내적인 입장에서는 다이도 쵸안(大道長安, 1843~1908), 오우치 세이란(大内青巒, 1845~1918) 등이, 교단 외적인 입장에서는 스즈키를 비롯하여 이노우에 엔료(井上円了, 1858~1919), 타나카 치가쿠(田中智学, 1861~1939), 세노오 기로(妹尾義郎, 1889~1961) 등이 있었다. 전자는 근본적인 입장에서 종조의 정신 부활과 교단의 근대화를 외쳤으며, 후자는 근세 국가권력의 강화에 의해 형성된 檀家制를 부정하는 한편, 이에 기반한 구태의연한 교단불교를 외곽으로부터 해체하고자 하는 일면을 지니고 있었다. 스즈키야말로 탈교단주의의 입장에서 일본불교의 변혁을 위해서는 居士가 중심이 될 필요가 있다고 하였다.

한편, 급격한 근대화는 불교의 전통을 재인식하도록 하는데 이르렀다. 국민의 심리적 상황에 불교의 유용성이 확인된 것이다. 서양의 근대적 사조는 민권운동 등의 계몽활동을 통한 個我의 확립을 확산시켰다. 동아시아에서 근대정신의 확립에 불교가 참여한 것은 중국과 한국의 경우도 마찬가지였다.[9] 해탈을 목적으로 하는 불교, 특히 선불교의 정신이 근대인들에게 환영받았던 것은 이처럼 전통사회의 붕괴와 이에 따른 개인의 심리적 분열에 연유한다고 볼 수 있다. 청년 스즈키의 통종교적인 입장이 미국사회의 경험을 기점으로 선의 세계로 전환된 것은 이러한 일본의 사상계를 반영한 것이라고 할 수 있다. 이후 전개된 그의 선논리인 卽非論, 무분별의 분별론, 不生禪, 영성론 등은 혼란한 근대 일본인들의 정신세계는 물론, 동서양의 자본주의적 세계관을 보완하는 새로운 출구로서 크게 기능하기도 하였다.

한편, 스즈키의 초기 불교사상은 계몽기 서구, 특히 미국에 체류하면서 얻은 과학적 종교의 일단을 수용한 합리주의 및 공리주의를 배경으로 한 것이었다.[10] 로버트 샤프가 언급하듯이 과학과 종교의 一元性의 추구는 근대일본이 천황을 중심으로 추구하고자 했던 국가의 정신적 구심점, 혹은 대외침탈의 명분과 일치하는 면이 있었다.[11] 천황제의 형성과 국민국가의 확립에 불교의 국가주의가 더욱 경도되는 시점이기도 했기 때문이다. 사실 근대 일본불교의 한계는 여기에서부터 드러나고 있다고 보아야 한다.

동경제국대학을 비롯한 국립대학에서 불교학을 탈종교적 관점에서 인도철학의 이름으로 개강한 의도에는 근대국가체제 내 불교의 복무를 의도하고 있음을 알 수 있다. 난죠 분유(南條文雄), 타카쿠스 쥰지로(高楠順次郎), 무라카미 센쇼(村上專精), 이노우에 테츠지로(井上哲次郎)

---

9) 중국의 경우, 서양과학에 대해 유식을 비롯한 불교이론을 통한 대응을 모색했으며, 한국의 경우 근대불교의 개혁운동에서 찾아볼 수 있다.

10) 이러한 견해는 초기 저작인 『新宗教論』(1896)에 잘 드러나고 있다.

11) Robert Sharf는 앞의 논문에서 초기 스즈키에 의한 정신적 세계와 과학적 진리의 세계의 통일은, 더욱이 일본인에 의한 인류의 통일이라는 관념은 "신성한 천황에 의한 정신적 교화라고 하는 이름의 지배하에 동아시아의 통합을 목표로 진행하는 군사적 계획을 옹호함을 의미하고 있다"라고 한다.

등으로 대표되는 소위 강단불교학은 줄곧 아시아에서의 '일본불교학'의 주도적 역할을 근대국가의 확립과 함께 주장하고 있었던 것이다. 메이지 후기와 타이쇼기(大正期, 1912~1925)의 불교경전의 편찬사업은 이러한 일본 불교학의 대내외적인 우월감이 반영된 것으로 평가되고 있다.[12]그러나 불교학의 성과는 이 사업을 주도한 학자들이 근대 초기 서양에서 학습한 종교학과 동양 불교학의 유입에 의한 것이다. 서양학문의 합리주의적 해석이 전통의 정리를 이끌어 내었고, 이에 바탕해 근대 일본불교학의 성과를 과시하게 된 것은 서구에서 학습한 근대 오리엔탈리즘의 일본화라고 할 수 있을 것이다.

이러한 근대불교의 자국중심의 해석은 결국, 불교계 교단의 국가주의와 맞물려 군국주의의 사상적 기반형성은 물론 제국주의적 전쟁의 이념에 동조하지 않으면 안 되는 운명이었다. 소위 전시교학이나 황도불교는 國主法從의 입장에서 불교가 군국주의와 파시즘의 하부조직으로써 기능하였음을 여실히 보여주고 있다.[13] 이러한 일본불교의 파행은 근대국가의 정신적 구심점을 확보하기 위해 서둘렀던 천황제 중심 국가를 확립한 근대 초기로부터 연원되었다고 할 수 있다. 즉 각 종파가 근대국가체제를 내면화한 國體論 佛教를 형성, 비판적 기능을 상실한 결과였던 것이다. 불교와 함께 역사적으로 神佛習合의 과정을 걸어온 신도의 국가종교적 위상의 점유로 인한 제정일치 국가의 이념적 후미에(踏み絵)[14]에 결국 불교도 굴복하고 말았

12) 윤기엽, 「다이쇼 시대 일본 불교계의 대장경(大藏經) 편찬사업」, 불교문화연구원 편, 『근대 동아시아의 불교학』, 동국대학교 출판국, 2008.8.
13) 원영상의 「근대일본의 군국주의 정책과 불교계의 수용」(『韓國禪學』24호, 한국선학회, 2009)을 참조할 것.
14) 근세 기독교의 탄압을 위해 기독교인을 식별하기 위한 방법으로 앞에 聖物

던 것이다. 이러한 점을 고야스 노부쿠니(子安宣邦)는 서양의 경험에 비추어 지적하고 있다.

> "근대 유럽에서 성립된 세속적 국민국가는 정교분리 원칙에 따라 종교와 서로 간섭하지 않고, 국가는 세속적 권력으로부터 자립하게 되었다. 종교와 국가는 유화관계를 맺어, 교회는 국가체제 내에 있으면서 국가에 의해 활동의 자유를 보장받는다. 종교권력의 개입을 배제한 세속국가는 국민의 궁극적 충성, 즉 기꺼이 목숨을 바칠 수 있는 순교적 충성을 기대할 수 있게 되었다. 다시 말해 국가가 마치 신앙공동체와 비슷한 종교성을 갖게 된 것이다. 국가의 종교성은 종교가 세속화할수록 더욱 강해졌다."15)

이처럼 서구의 政教分離 과정에서 파생된 국가의 神聖化를 담당한 것은 일본에서는 직접적으로 국가신도였던 것이다. 종교 간의 위계질서가 확립됨에 따라 불교 또한 국가와 국민 간에 개입할 수 있는 상황이 철저히 배제된 것이다. 메이지 초기에 일어났던 근세체제에 대한 불교의 개혁 이념이나 교단 내 변혁 에너지가 거대한 국가종교의 권력 앞에 무기력해지고, 19세기 말 청일전쟁(1894)으로부터 태평양 전쟁의 패전(1945)에 이르기까지 거의 10년 단위의 대외 전쟁에 자신의 檀家들을 제공하는 한편, 국가권력에 의해 희생된 死者의 구제만을 담당하는 葬祭佛教의 역할에 머물렀던 것이다.

을 놓고, 시험하고 판단한 幕府의 비종교적 방식을 말한다. 당시에는 테라우케(寺請け)제도를 통해 사찰에 단가로서 소속되어 있는지 여부를 증명하는 것으로 판단했다. 이제 불교계가 기독교와 같은 입장에 처하게 된 것이다.

15) 子安宣邦 지음, 김석근 옮김,『야스쿠니의 일본 일본의 야스쿠니』, 서울: 산해, 2005, 153쪽.

근대 일본의 불교학이 거둔 성과는 만만치 않지만, 역사적 현실을 도외시하기에는 무의미한 희생이 너무 컸다는 점에 불교인, 특히 교단의 지도자들과 불교학자들의 반성이 요구되는 이유가 여기에 있는 것이다. 스즈키도 이 점에서 뿐만이 아니라 근대불교학의 냉정한 평가를 위해서도 예외일 수 없는 것이다.

Ⅲ. 鈴木大拙의 禪의 논리와 민족주의

1. 卽非論理와 관념적 국가인식

스즈키의 국가에 대한 인식은 세 가지 흐름을 가지고 있다고 볼 수 있다. 첫째는 젊은 시절『新宗教論』[16]에 투영된 국가와 종교와의 관계, 둘째는 장기간의 미국체류를 마치고 학습원 및 오오타니(大谷)대학의 강단에서 활동하던 패전 전까지의 국가에 대한 인식, 셋째는 전후의 국가에 대한 인식의 전환이다. 여기서 눈여겨 볼 수 있는 것은 두 번째 대학교수로서 국내외에 다양한 강의활동을 하던 시기로 국가의 동향에 대한 관념적 인식이다. 국가에 대한 비판은 초기의 단계에 머물고, 국내를 거점으로 활동하던 시기로부터 패전의 시기까지는 단지 소극적인 언급에 그쳤다. 그러나 패전 직후부터는 초기 국가론의 연장이라고 할 수 있는 정도로 일본 군국주의를 비롯, 국가신도와 천황제에 대한 모순과 파행에 대해 격렬한 비판을 개시하였다.

16) 『新宗教論』, 『鈴木大拙全集』제23권, 東京: 岩波書店, 1969.

스즈키는 『新宗教論』에서 종교와 국가의 관계를 평등과 차별, 목적과 수단으로 놓고 양자가 원융화합하여 국가가 인류의 진보를 담보하기 위해서는 종교의 자리이타의 정신이 필요하다고 한다.17) 이는 새의 兩翼이라든가 마차의 兩輪으로 비유한 전통적인 王法佛法論18)의 근대적 관점이라고 할 수 있다. 한편, 근대 국가가 권력을 독점하고, 종교가 국가에 종속된 상황에서 더욱이 불교의 理想이 국가에 유입되도록 한다는 것은 하나의 관념적 주장이라고 할 수 있을 것이다. 스즈키의 이 논리는 卽非論에서 확인할 수 있다.

즉비론은 空의 논리에 바탕하여 대승교설을 세운 『金剛般若波羅蜜經』에서 채용한 것이다. 이 경에서 "부처님께서 般若波羅蜜이라고 하는 것은 즉, 반야바라밀이 아니다. 그러므로 般若波羅蜜이라고 이름지은 것이다"19)고 하는 가르침을 통해 스즈키는 "A는 A이다 라고 하는 것은, A는 A가 아닌 까닭에 A는 A인 것이다"20)라는 선의 논리를 펼쳤다. 이는 무분별의 분별이나 超個의 個我 등의 논리에도 적용하고 있다. 현실에 적용할 때는 현실 부정, 즉 空性에 바탕한 현실의 無差別性을 인식하고 여기에 기반하여 다시 현실의 差別相으로 환원, 긍정하는 논리로 나타내고 있다.21) 이 점에 비추어 궁극적으로는 양

---

17) 鈴木大拙, 『新宗教論』, 『鈴木大拙全集』제23권, 東京: 岩波書店, 1969.140쪽.

18) 메이지 유신 이후, 불교의 세력 약화에 대해 王法佛法의 相依相資를 주장하며, 국가와의 관계를 복원하고자 한 것은 근대불교계의 흐름이었다. 柏原祐泉 저, 원영상·윤기엽·조승미 공역, 『일본불교사 : 근대』, 동국대학교 출판국, 2008. 40쪽.

19) 『金剛般若波羅蜜經』권1(『大正新脩大藏經』8권, p.236, a10~11). "世尊說般若波羅蜜, 即非般若波羅蜜, 故說般若波羅蜜."

20) 「『金剛般』の禪」, 『鈴木大拙全集』제5권, 東京: 岩波書店, 1969, 380~381쪽.

21) 사실 이 점은 스즈키의 독특한 논리라고 하기보다는 중국 선종의 전통적인 논리를 해석한 것이다. 緣起와 空을 통한 인식의 전환을 禪師들은 체험에 바

자의 일치를, 상대적인 입장에서는 종교와 국가의 존재를 그대로 인정, 수용하고 있다고 볼 수 있다. 스에키 후미히코는,

> "종교의 우월성은 방편으로서의 '상대적 진리'인 국가를 부정하지 않는다. 그것만이 아니라 차별과 평등의 상즉이라고 하는 논리의 魔法은 종교와 국가의 동등성으로부터 나아가 국가를 그대로 인정하는 결론에 도달하게 된다. 한편으로 전환하면 무정부주의, 다른 한편으로 전환하면 완고한 국가주의와 전쟁찬미-그것과 동등하고, 어느 쪽으로 향하는 것도 충분히 가능하다."[22]

고 하며 이를 "낙관주의적 조화론"[23]이라고 부르고 있다. 바로 즉비 논리의 연장선에 있음을 의미한다. 선불교에 대한 본격적인 연구가 진행되면서부터 스즈키의 국가론은 거의 언급되지 않고 있다. 민중의 삶에 결정적인 영향력을 행사하는 실체로서의 국가권력에 대한 불교의 학문적 거리를 둔 것이다. 비록 사적인 서신을 통해 국가와 천황제에 대한 비판을 하지만 공적인 언어로서의 표명은 거의 드러나지 않는 것에서도 알 수 있다.

이 시기 이미 국가의 대내외 폭력주의가 청일전쟁(1894) 및 러일전쟁(1904)을 통해 확인되고 있다. 여기에 교세확장을 위한 불교교단의 국가지향성이 분명해지고 있다. 대만과 한반도의 식민지화에 불교계가 깊이 관여하고, 자파의 사원을 설립하는데 동분서주하고 있었던 것이다. 전후에 스즈키는 "나는 어느 의미에서는 무정부주의자이

탕해 설파했던 것이다. 따라서 그 표현양식은 달라도 논리는 이를 크게 벗어나지 않는다.

22) 末木文美士, 『明治国家論』, 東京: トランスビュー, 2004, 189쪽.
23) 같은 책,

다."[24]고까지 단언한다. 이러한 언급은 국가를 부정하는 무정부주의자들의 인식과는 다른 의미라고 보여진다. 군국주의 시기에 국가에 대한 외적인 무관심의 의도가 불교의 현실참여를 배제했던 자신의 언설과 그에 따른 입장을 변호하고 있다고 보이기 때문이다.[25] 더욱이 시점을 1930년대로 넘기면 군국주의 및 파시즘에 저항한 불교인들에 대한 탄압[26]이 전국적으로 일어나며, 감옥에 수용된 사람들에 대해 국가주의 교단과 불교인들이 전향 작업을 벌이고 있기 때문이다.[27] 스즈키는 1889년 불교의 개혁을 놓고 결성된 佛教清徒 同志會(1903년 신불교도 동지회로 개칭)의 회원이자 기관지「新佛教」의 필진으로 활약했던 시기, 국가에 대한 비판은 물론 도미 이후 국가나 사회에 대한 견해는 더욱 분명했다. 더욱이 사회주의자와는 거리를 두고 있었지만 사회주의에 대한 공부도 하고 있었던 것으로 보인다.[28]

당시 불교인들의 국가에 대한 인식은 두 가지로 볼 수 있다. 하나는 키요자와 만시(清沢満之, 1863~1903)[29]에게서 보듯 신앙과 수행의

---

24) 「書翰 500」, 『鈴木大拙全集』제31권, 527쪽.

25) 山崎光治는 "아시아의 제 민족을 大拙가 어떻게 인식했는가를 묻는 것이 大拙의 전쟁책임을 묻는 것"이 될 것이라고 한다. (山崎 光治, 「鈴木大拙の戦争責任について-Brian Victoria, Zen at Warの所説をめぐって」, 『武蔵大学人文学会雑誌』37(2) (通号 145), 武蔵大学人文学会, 2005, 232쪽). 물론 山崎光治를 비롯 아직 이에 대한 연구는 거의 없다.

26) 이에 대해서는 원영상의 「전시체제의 종교탄압과 불교계의 저항」(『韓國禪學』 16호, 한국선학회, 2007)에서 상세히 논하고 있다.

27) 전시체제하의 불교인의 탄압과 전향에 대해서는 市川白弦의 『日本ファシズム下の宗教』(東京: エヌエス出版会, 1975)와 中濃教篤 編 『講座 日本近代と仏教６ー戦時下の仏教』(東京: 国書刊行会, 1977)를 참고할 것.

28) Edited by James W. Heisig and John Maraldo, *Rude Awakenings : Zen, the Kyoto School, and the Question of Nationalism*, University of Hawai'i Press, 1994, pp.54~56.

29) 정신주의를 전개하기 위해 그는 1900년 東京에 浩浩洞을 세워 문하생을 배

입장에서 국가를 초월하는 것이었다. 또 하나는 불교와 국가의 일치를 주장하는 이노우에 엔료의 國家補益論이다. 키요자와 만시는 근대 정토진종의 개혁가로서 스즈키를 교수로 초빙한 오오타니(大谷)대학의 초대 총장이었다. 그의 종교사상은 정신주의로 요약할 수 있는데, 그는 종문을 혁신하고, 진종교학을 무한 절대자의 종교학적인 체계로 확대하고자 하였다. 이러한 종교적 신념을 위해서는 종교 이외의 것, 즉 가족, 재산, 그리고 국가마저도 버려야만 한다고 하였다. 이러한 정신주의는 현실에 대한 종교적 관념의 벽을 넘어서지 못하고 그의 제자들은 군국주의를 추인하는 결과를 낳고 말았다.30)

정토진종의 교학을 선학에 못지않게 강조하고 있으며, 종조 신란(親鸞, 1173~1262)을 일본적 영성의 최고봉으로 보는 스즈키 또한 이런 면에서 영향을 받고 있다. 그는 활동초기 국가 간 전쟁에 대해 단호한 입장을 취한다. "전쟁은 애초에 어쩔 수 없이 일어나는 것 같이 보지만 그 진상을 살펴보면 얼마나 추태인가. 단지 자국의 사리를 증

출해냈다. 그의 제자들로는 佐佐木月樵, 暁烏敏 등이 그의 정신을 계승했다. 잡지『精神界』가 그의 논지를 밝히는 장이 되었다. 저서는『清沢満之全集』으로 출판되었다.

30) 『清沢満之全集』제6권, 東京: 岩波書店, 2003.4, 67쪽. "종교적 천지에 들어가고자 하는 사람은 형이하의 효행심도 애국심도 버리지 않으면 안 된다. 그 외 인의도, 도덕도, 과학도, 철학도, 일체 눈에 띄지 않게 하고, 이로부터 시작해 종교적 신념의 광대한 천지가 열리게 된다. (중략) 이에 이르면 도덕을 지켜도 좋고, 지식을 구해도 좋고, 정치에 관계해도 좋고, 수렵을 해도 좋고, 나라에 일이 있을 때는 총을 어깨에 메고 전쟁에 나가도 좋고, 효행도 좋고, 애국도 좋고, 공업도 좋고, 농업도 좋다." 이는 전시교학의 핵심을 이루는 정토진종의 교학인 眞俗2諦에 바탕해 있음을 알 수 있다. 즉, 佛法王法의 이중 논리로써 세속의 법을 하나의 윤리로써 따를 것을 가르치고 있다. 또한 여기에는 보다 근본적인 정토진종의 초월적인 교학에도 문제가 있음을 알 수 있다. 특히 키요자와는 선악의 구분을 현세에서는 내릴 수 없는 내세에 전가하는 신앙의 절대화를 강조하고 있는 것이다.

대시켜 타국의 세력을 죽이려고 하는 것뿐이다."[31] 그는 국가가 인류의 진보가 되지 않을 시는 종교의 개입이 필요하다고 한다.[32] 그러나 전쟁 말기에는 彌陀인 절대자와 신란 1인의 관계를 체득하는 것이 절대적 本願力의 활동이라고 하며, 이는 "절대자의 大悲는 善惡是非를 초월하는 것이기 때문에 이쪽으로부터의 작은 사량, 작은 선악의 행위 등은 그것에 도달할 길이 없다"고 한다.[33] 이는 결국 죽음 앞 현실의 선악과 시비는 인간의 판단을 넘어서고 있다는 해석이 가능함을 알 수 있다.

종교와 국가의 일치를 주장한 불교철학자 이노우에 엔료[34]는 스즈키와 함께 앞에서 언급한「新佛教」의 필자로서 활약했다. 이노우에는 메이지 국가의 불교에 대한 탄압을 벗어나 불교의 자립을 추구하고자 護國愛理를 기반으로 불교학의 체계를 확립하고자 하였다.[35] 그는 국가를 사랑하는 것이 철학적 愛理라고 보고 다음과 같이 언급하였다.

> "우리나라를 돌아보면, 오늘날 같은 풍운의 때에 연전연승하며 위의를 안팎으로 휘날렸다. 앞으로도 동양의 중심에 서서 국가의 위세를 세계에 선양하고 동양의 평화를 유지하려면, 이후 여러 차례의 전쟁이 있을 것

---

31) 鈴木大拙, 『新宗教論』, 앞의 책 제23권, 134쪽. 이 『新宗教論』의 출판은 1896이다. 이전 해인 1895년의 상황은 청일전쟁이 끝나고, 민비암살 사건이 일어났다. 이 언급은 시대에 대한 비판으로도 볼 수 있다.

32) 같은 책, 140쪽.

33) 『日本的靈性』, 『鈴木大拙全集』제8권, 106쪽.

34) 진화론에 바탕한 이노우에의 논리는 김제란의 「일본 근대불교의 사회진화론에 대한 두 시각-이노우에 엔료와 키오자와 만시-」(『韓國禪學』25호, 한국선학회, 2010)에 잘 드러나 있다.

35) 그는 기독교 비판과 사회진화론의 수용을 통해 불교적 배타성에 바탕하여 국가의 발전을 지원하고자 하였다.

> 을 각오하지 않으면 안 된다. 어찌 오늘날 一新의 전쟁에만 그치겠는가? 그러므로 우리는 국민으로서 더욱 전쟁에 주목하고, 전 국민이 모두 군인의 기개를 정신으로 삼고, 국가의 독립을 목적으로 하여, 죽음으로써 전력을 다해야 하는 것이 임무이다."[36]

이처럼 그는 일본을 아시아의 맹주로 하는 아시아주의에 바탕하여 청일 및 러일전쟁을 적극적으로 지지한다. 스즈키는 군국주의시기에 대동아전쟁이야말로 사상전이라고 하며, 최종전쟁은 사상전으로 귀결된다고 보고 있다. 여기서 사상전은 힘으로 하는 전쟁을 말하지는 않는다.[37] 그러나 일본의 침략으로 시작된 전쟁을 부정하기보다 타자를 상정한 사상전으로 전환시킴으로써 문화제국주의적인 사고의 면모를 보이고 있다. 패전이 가까워 올 무렵에는 업의 논리를 내세우며 현실을 그대로 수용하기를 주장한다. 그의 즉비 논리는 이처럼 정토진종의 초월의 논리와 더불어 현실 긍정의 면을 보여주고 있다.

같은 시대인 1932년 라인홀드 니버(R. Niebuhr)는 종교와 국가의 관계에 대해 "주장하는 종교는 위기의 시기에 국가의 목적이 보편적으로 유효하다고 주장한다"[38]고 한다. 또한,

---

36) 井上円了, 『戰爭哲學一斑』, 哲學書院, 1894년, 26~27쪽.
37) 「書翰 180」, 『鈴木大拙全集』제31권, 320쪽. "어찌되든 思想戰이 最後이다. 힘의 투쟁은 일시적이다." 이와는 다르게 스즈키는 체제저항을 표현한 서신을 통해 자신의 당시 군국주의에 대한 비판을 가하기도 하였다. 그러나 수많은 저작이 이루어지는 이 시기 그의 선의 논리는 이러한 비판이 현실화되기에는 무리가 따른다. 국가 지향성이 근대불교인의 한계라고 하는 일본 학자들의 지적처럼 스즈키가 군국주의에 대한 적극적인 반대를 지향하고 있다고 말할 수는 없을 것이다.
38) Reinhold Niebuhr 지음, 이한우 옮김, 『도덕적 인간과 비도덕적 사회』, 文藝出版社, 1992. 72쪽.

> "정치인의 현실감각이 도덕적 선지자의 어리석음의 도움을 빌리지 않는다면 정말로 어리석게 될 것이다. 역으로 도덕적 선지자의 이상주의가 인간의 현실적인 집단생활과 교류하지 않으면, 정치적으로 아무런 가치도 없을뿐더러 도덕적 혼란만을 불러일으킬 것이다."[39]

고 하여 종교적인 언설의 사회적 책임을 묻고 있다. 스즈키야말로 당시 정치사회적인 현실을 그대로 인정한 것으로밖에 볼 수 없다. 수백만 명의 목숨이 사라진 전쟁의 현실은 스즈키 언설에서 논외가 되었다. 불살생을 출·재가의 최고의 덕목으로 삼는 불교적 지식인으로서 사회 및 국가의 윤리를 논하기 이전의 문제인 것이다.

스즈키는 1945년 패전을 앞두고 한 출판인에게 거사를 중심으로 종단에 의지하지 않는 독립된 불교적 운동, 불교적 정치결사, 또는 정계혁신 운동을 하길 바라는 서신[40]을 보낸다. 이는 결국 스즈키가 국가에 대한 의식이 끊임없이 지속되었다는 것을 의미한다. 중국의 간화선이 정치에 대한 견제를 유지하고 있었다는 역사를 알고 있었다는 점에서 스즈키의 선의 논리는 그가 살아온 동시대의 현실에서 어떠한 의미를 지니고 있었는가를 되묻지 않을 수 없다. 전후에 미국의 법학자 알렉산더 비클(A. Bickel)은 『The Least Dangerous Branch』에서 성직자, 교수, 법관이 안전한 사회적 지위를 부여하는 것은 위기의 상황에서 냉철한 재고를 담당하기 때문이라는 논지를 펴고 있다.[41] 특히 국가와의 관계에서 이들 안전한 위치의 종교인이자

---

39) 같은 책, 12쪽.
40) 「書翰 263」, 『鈴木大拙全集』제31권, 365쪽.
41) Alexander M. Bickel, *The Least Dangerous Branch*, Indianapolis: Bobs-Merrill Educational Publishing, 1962.

불교학자들이 할 수 있는 역할이 제대로 이루어지지 않는다면 당대 대중을 향한 언설의 진위를 다시 묻지 않을 수 없을 것이다.

2. 日本的 靈性과 민족중심주의

스즈키의 동양에 대한 이해는 물질문명의 관점에서 일본이 서양과 대척점에 서 있는 것으로 언급되고 있다. 전후에 "전쟁에 지는 것은 처음부터 다 알고 있었다. 手工式과 機械式과의 항쟁에는 전자가 이길 이유가 없는 것이다. 지금부터 國體에 관한 사고도 종래처럼은 안 된다. 일본을 망하게 한 것은 國學者의 神道觀과 天皇中心觀이다"[42] 라고 그가 언급한 것처럼 전쟁에서 패배한 것을 서양과 같은 과학의 발달이 늦어진 것에 있다고 한다. 전쟁을 국가 간의 경쟁의 입장에서 보고 있는 것이다. 이는 사회진화론적인 관념과 종래 주장되던 동양문명의 대리자로서의 역할이 일본에 주어져 있다고 하는 주장을 떠올리게 된다. 물론 국가신도와 천황제에 대한 비판은 당연한 것이다. 그러나 이러한 天皇制의 모순은 戰前에는 한 번도 제기되지 않았다. 이러한 일본중심의 사고를 불교와 일본의 관계에 대한 스즈키의 입장에서 보기로 한다.

> "佛教는 지금 일본만이 남아 있다. 저번 동서철학자 회의에서 봐도 불교사상의 대표라고 한다면 우리들뿐이었다. 인도의 학자도 중국의 학자도 그들 자국 고유의 사상-예를 들면 중국이라면 유교, 인도라면 베단타

---

42) 「書翰 262」, 『鈴木大拙全集』제31권, 364쪽.

라고 하듯 그것을 說述하는 것 외에는 없다. 불교에 이르러 그들은 너무 나도 모른다. 일본만이 불교사상과 그 발달이 기대되고 있다고 말할 수 있다."[43]

불교가 오직 동양, 그 가운데에서도 일본에서만이 꽃을 피우고 그 정수를 유지하고 있다고 한다. 물론 당시의 중국이나 한국의 상황은 불교학이 거의 대등한 입지를 확보하지 못하고 있었다. 그렇다고 일본만이 불교사상을 독점하고 발달시킬 수 있다고 보는 것은 타자를 고려하지 않은 것이자, 특히 한국에 있어서는 식민지기 강제된 皇道佛教化 과정의 역사를 외면하는 것이나 다름이 없다. 브라이언을 비롯한 많은 불교학자들이, 패전후 한국을 포함한 동아시아의 일본 사찰들이 하나도 남지 않고 철수한 것을 그 증거로 본 것은 타당한 것이다.[44]

일본 중심의 사고는 일본 근대 제국주의자들의 보편적인 사고이기도 했다. 특히 아시아주의의 사고는 이러한 측면을 잘 드러내고 있다. 아시아주의에 대한 정의는 국제적 정세에 따라 일률적이지 않지만 메이지 유신 후, 아시아의 신질서를 주장하는 興亞會의 興亞論이 대표적이다. 러일전쟁(1904) 직후 흥아회는 아시아의 맹주로써 아시

---

43) 「書翰 455」, 같은 책, 473쪽.

44) 당시 조선총독부의 자료에 의하면, 정토진종만 하더라도 1935년에는 本願寺派가 124, 大谷派가 71, 도합 195개의 사원으로 일본 종파 중 최고의 숫자를 보이고 있다.(朝鮮総督府 学務局社会課, 『朝鮮に於ける宗教及亨祀一覧』 朝鮮総督府学務局, 1937) 조선 총독부의 종교정책과 그 영향에 관한 연구는 川瀬貴也의 「植民地朝鮮における日本仏教と宗教政策-浄土真宗を中心に」(『国學院大學日本文化研究所紀要』89, 国學院大學日本文化研究所, 2002.3)와 韓相吉 著, 川瀬貴也 訳의「近代韓国仏教への日本仏教の影響」(日本思想史懇話会 編, 『季刊日本思想史』75, ぺりかん社, 2009)을 참고할 것.

아의 국가에 혁명을 지원하는 것이 목표가 되었다. 한국에 있어서는 1910년 圓宗과 일본 조동종과의 연합을 지원했던 타케다 한시(武田範之)는 바로 흥아주의자였다.45) 이후 쇼와 연구회(昭和硏究會)에 의한 동아협력체론과 신체제협력론은 1941년 대동아 공영권 구상으로 이어진다.46) 이러한 사상이 일본을 아시아 국가에 대한 전쟁으로 내몰았던 것이다.

이러한 전쟁에 대해 사토 타이라켄묘는 여러 논거를 통해 "鈴木大拙는 그 전 존재를 걸고 일관된 전쟁부정의 태도가 있었다고 하지 않을 수 없다"고 하며, 특히 만년의『일본적 영성』을 통해 "大拙가 靈性이라고 하는 말을 사용한 것은 당시 국가주의적 사상가에 의해 쓰였던 '日本情神'이라고 하는 말에 대한 강한 반발 때문일 것이다"고 한다.47) 스에키 후미히코는, 이러한 스즈키의 영성문제를 변론한 키리타 키요히데의 논48)에 대해『영성적 일본의 건설』49)를 분석하여 대중들이

> "'동참하는 것으로 보이면서 그 사조를 비판했다'고까지 읽을 수 없고, '시대사조에 동참하는 것으로 보였'다 라는 것만을 읽는다면 그 메시지는 또한 완전히 반대의 입장을 취해버리는 위험성은 없는 것일까."50)

---

45) 圓宗과 관련 李晦光과 武田範之의 맹약은 치밀한 계획 아래 이루어진 것이었다.(金光植,「1910년대 불교계의 曹洞宗 盟約과 臨濟宗 運動」,『韓國近代佛教史硏究』, 民族社, 2996.8)

46) 이에 대한 자료로는 竹内好 편,『現代日本思想大系 : アジア主義』(東京: 筑摩書房, 1963)를 참고할 것.

47) 佐藤平顕明, 앞의 논문, 39쪽.

48) 桐田 清秀,「戦時中の鈴木大拙」, 日本哲学史フォーラム 編,『日本の哲学』10, 昭和堂, 2009.12, 참고.

49) 이 부분은『日本的靈性の建設』의 武人의 禪에 대한 군벌이나 관료들의 이용방식에 대한 鈴木大拙의 비판에 대한 일면을 다룬 글이다.(『鈴木大拙全集』제9권, 6쪽)

라고 비판하고 있다. 이러한 문제는 스즈키가 주장하는 불교로 대표되는 일본적 영성의 문제가 민족주의적인 사고와 연관이 있다고 본다.

스즈키는 인도와 중국을 거친 불교가 일본에 들어와 일본적으로 영성화한 것으로 "일본불교는 모두 동양적 특성을 가진 것"이라고 말하지 않을 수 없다고 한다. 또한 불교가 남아시아 방면을 통해 일본에 들어왔으므로 남방적 성격을 포함하고 있으므로 "북방민족적 성격도, 남방민족적 성격도, 인도적 直覺力도, 중국적 실증심리도, 모두 함께 구유하고 있다"고 한다. 따라서 일본적 영성이 중추가 되어 "'大東亞'를 모두 모아 하나로 하여 그것을 움직이는 사상이 어디에 있는가 하면, 그것은 '일본'불교 속에서 찾는 것 외에는 없다"고 한다.[51]

그러나 모든 국가를 포괄하는 초국가적인 일본의 정신은 전후에 스즈키가 전쟁은 세계주의와 도를 넘은 국가주의, 즉 超度국가주의의 싸움에서 후자가 졌다고 하는 논리와는 무언가 맞지 않는다. 그는 "超度의 국가주의는 자신만을 긍정해서 다른 제 국가를 예속시키려고 하는 것으로 그 점에서는 세계를 무시하는 것"[52]이라고 한다. 이러한 논리는 패전을 사이에 두고, 자신의 戰前의 언설을 부정하고 있

---

50) 末木文美士, 「大拙批判再考」, 「財団法人松ケ岡文庫研究年報」24호, 松ケ岡文庫, 2010, 27쪽.

51) 『日本的靈性』, 『鈴木大拙全集』제8권, 71쪽. 이러한 일본적 영성의 핵심은, 현실부정의 논리, 超個己性의 인간이라고 한다. 이 양자는 선의 정신과 일본 정토불교의 세계에서 발견된다고 한다. 이러한 일본적 영성을 완성한 인물로 신란을 들고 있다. "개인 한 사람은 한 사람 한 사람으로, 그러나 그대로 超個己의 한사람이다"고 하여 신란이 자연 그대로라고 하는 自然法爾에 바탕한 초월적인 정토신앙을 설명하고 있다.(107쪽) 이는 앞의 장에서 말한 신란에 관한 초현실적인 입장과 통한다.

52) 『日本的靈性』, 『鈴木大拙全集』제8권, 240쪽.

는 것이다. 이러한 모순은 그가 민족적 의식에 의지한 일본적 영성을 강하게 확신하고 있기 때문이라고 본다.

> "일본문화의 정수를 지킬 수만 있다면 그 외는 어떻게 되어도 관심 이외의 일이다. 싸움에서 져도, 민족은 멸망하지 않는다. 일본민족의 영성적인 것에 대해서 자각이 충분히 있다면 우리들은 영원히 죽지 않는다."[53]

라고 한 것처럼 민족중심주의가 강하게 내포되어 있음을 알 수 있다. 스즈키의 일본적 민족의식은 동양과 서양을 나누고 후자를 초극해야 한다고 하는 데에서도 발견된다. 1942년 소위 대동아 전쟁기에 그는 서양문화가 근대 일본에 있어 이질적인 것이라고 보고 중일전쟁(1937)도 사상적으로는 서양문화의 여파로 보는 한편,

> "이번의 대동아 전쟁을 계기로 해서 우리들의 사고는 적극성을 더해왔다. 마음이 있는 사람들은 대부분 이전부터 적극적인 생각으로 인간 전체의 복지 위에 우리들 일본인으로서 무언가 크게 기여해야 한다. 일본의 문화재 가운데 그러한 것이 있다고 생각한다. 일반의 사상가는 그 때 自衛的·自重的 방면의 고찰로 크게 바빴을 것 같다. 대동아 전쟁은 그들에게도 思想上의 전환기를 부여했다."[54]

고 한다. 말하자면 일본인의 순응성, 섭취성, 독창성을 발휘해 이러한 서양의 문명에 적극적으로 대응해야 한다는 것이다. 단순성을 의미하는 일(一)이라고 하는 동양적 사고와 明晳을 의미하는 서양의 이

53)「書翰 247」,『鈴木大拙全集』제31권, 352쪽.
54)「東洋的一」,『鈴木大拙全集』제7권, 312쪽.

(二)를 합쳐서 서로 보완해야 한다고 한다. 그리고 그러한 일과 이는 일본인에게 있으며, 사명이라고 보고 있다. 여기서 일은 물론 선으로 대표된다. 스즈키는 이러한 선은 "지금의 모습으로, 사상계에도, 예술계에도, 과학계에도, 또한 기술 · 노동의 방면에도, 물질과 기술에서 대항하는 근대전쟁의 방면에도 진출할 수 있다"55)고 한다. 이러한 동양과 서양의 이분법에 바탕한 대응과 통합을 일본이 이룰 수 있다고 하는 시각은 이미 전개된 서양인에 의한 서양 중심적 시각과 대비된다.

이러한 점은 앞에서 이미 베르나르 포에 의해 근대 일본의 선사상이 오리엔탈리즘(Orientalism)의 외피를 입었음을 밝힌 바가 있다. 오리엔탈리즘에 대해 에드워드 사이드(Edward W. Said, 1935~2003)는 "동양의 특수한 또는 일반적인 측면에 관하여 강의하거나 집필하거나 연구하는 사람들은-그가 인류학자이든, 사회학자이든, 역사학자이든 또는 문헌학자이든 간에-오리엔탈리스트(Orientalist)이다. 그리고 오리엔탈리스트가 행하는 것이 바로 오리엔탈리즘이다"라고 정의한다. 또한 이의 표현방식에 대하여 "오리엔탈리즘은 동양을 문화적으로 또는 이데올로기적으로 하나의 모습을 갖는 언설(discourse)로서 표현하고 표상한다. 그러한 언설은 제도, 낱말, 학문, 이미지, 주의주장, 나아가 식민지의 관료제도나 식민지적 스타일로써 구성된다"56)고 한다.

이처럼 스즈키 선은 오리엔탈리즘의 필터를 통해 일본의 영성이라고 하는 관념의 언설에서 배양되고 있다고 본다. 그의 일본적 영성은

---

55) 같은 책, 323쪽.
56) Edward W. Said 지음 · 박홍규 옮김, 『오리엔탈리즘』, 교보문고, 1991, 16쪽.

바로 불교의 일본화라고 하는 측면에서 나온 것이다. 그는 전쟁에 대해,

> "現時의 국민만이 아니고 2천6백년도 파산이 안 된다고 할 수 없다. 그러나 이것은 정치상의 일로 민족의 정신만이라도 확실하면 백년 2백년 후에는 또한 일본인도 살아나올 것이다. 그때까지 참도록 교육되지 않으면 안 된다. 일본문화의 精華를 지킬 수만 있다면 그 외는 어떻게 되어도 관심 이외의 일이다. 싸움에 져도 민족은 멸망하지 않는다. 일본민족의 영성적인 것에 대해 자각이 충분히 되기만 한다면 우리들은 영원히 죽지 않는다."[57]

이처럼 일본문화의 정화는 일본적 영성에 있으며, 일본불교야말로 일본문화의 영성의 세계라고 보는 것이다. 그는 이러한 사고를 일본의 가나 문자(カナ文字)에 대해서까지 확장한다.

> "看話善은 禪에 도달하는 하나의 방법에 지나지 않는다. 看話 그 자체는 禪이 아니다. 지금부터는 不生인데 이것은 看話의 계단을 거치지 않고 한번에 禪을 체득하고자 하는 것이다. 특히, 盤珪가 당시의 禪에 대해서 불편하다고 한 것은 禪學者 모두가 漢文學을 매개로 禪에 도달하려고 한 사실 때문이다. 그들은 禪과 漢文學과는 떨어질 수 없는 것처럼 생각했다. 盤珪는 이 점에서「日本主義」자였다. 혹은 진정한 의미에서「不立文字」주의자였다. (중략) 不生은 靈性的 自覺 그 것의 당체 외에는 없다."[58]

라고 하는 것처럼 깨달음에 이르는 방법의 하나인 간화선법을 비판하며, 반케이(盤珪, 1622~1693)[59]의 不生禪을 최고의 선의 경지라고

---

57)「書翰 247」,『鈴木大拙全集』제31권, 353쪽.
58)「書翰 285」, 같은 책, 378쪽.
59) 盤珪는 江戸 전기 임제종의 선사이다.

본 것에서 알 수 있다. 가장 일본적인 것이 한문을 매개로 한 것이 아닌 일본문자로 쓰인 것에 연유한다고 본 것이다. 가나 문자로 법문을 쓴 하쿠은(白隱, 1685~1768)[60]에 대해서도 같은 취지였다. 쉬운 일본어로 쓰인 禪語야말로 일본의 정신세계, 즉 영성을 드러내고 있다고 본 것이다.

선이 스즈키의 말대로 깨달음을 지향한다고 할 때, 시대와 환경에 따라 다르게 표현되고 깨달음의 방식 또한 다양하게 분화되어 나가는 것이다. 이렇게 본다면 중국과 한국의 선도 마찬가지로 선의 보편적 정신에 부합되는 것이다. 일본만이 선의 정수를 가지고 있다는 것은 민족주의적인 사고를 드러낸 것이라고 할 수 있다. 다음에서 살펴볼 무사도의 선이 가장 일본적인 선의 핵심을 간직하고 있다는 것은 이러한 민족중심의 불교관을 드러내 줄 뿐만이 아니라, 시대의 많은 민중들에게도 영향을 끼쳤다는 점에서 더욱 심각하게 보아야 한다.

Ⅳ. 鈴木大拙의 禪思想과 戰爭禪

스즈키가 직접적으로 국가의 전쟁을 도왔다거나 찬성을 표한 바는 없다하더라도 그는 선의 논리를 무엇보다도 선의 경지가 갖는 세계를 형이상학적인 차원이 아닌 하나의 기능적인 수단으로 전락시킨 데에 문제가 있다.[61] 이러한 점은 특히 일본의 대외전쟁이 극대화의

60) 白隱은 江戶 중기의 선승으로 임제종의 중흥조로 불린다.
61) 그는 오히려 서간문 등에서 보듯 전쟁을 반대하고 증오하기까지 했다. 『鈴木大拙全集』제31권, 362쪽. "전쟁을 좋아하는 바보, 힘이라고 하는 魔王의 崇拜者는 뿌리째 멸망시키지 않으면 안 된다. 日本만이 아니라 米英露이 아니

길로 치닫고 있던 시기에 더욱 적극적으로 논해졌다. 당시 군인들에게는 무엇보다도 삶과 죽음의 경계를 넘나드는 심리적 고통을 어떻게 해소해야하는가 하는 불안에 사로잡혀 있었다. 불교학자 와키모토 츠네야(脇本平也)는 이러한 체험담을 당시 전사한 동경대 학생이 스즈키의 「머나먼 산하에(はるかなる山河に)」에 나와 있는 반케이의 不生禪에 의해 안심을 얻었다는 기록을 소개하고 있다.[62] 이는 이미 브라이언이 언급한 것처럼 전쟁터에서 병사들의 전쟁수행은 戰爭禪에 의해 유지되었다는 것을 의미한다.[63]

불생선은 17세기 일본의 선사인 반케이의 가르침의 핵심을 말한다. 즉 깨달음의 근원이 되는 佛性은 태어나지도 않고, 죽지도 않는 영원불변성을 지니고 있으므로 여기에 바탕해 수행할 것을 가르치고 있는 것이다. 그는 이미 깨달음이 필요없다는 조사 도겐(道元, 1200~1253)의 조동선을 비판[64]하면서 반케이의 불생선이야말로 일본 최고의 선임을 역설하고 있다. 이러한 "살아 있으면서 死人"[65]이라고 하는 불생의 재발견은 죽음을 목전에 둔 병사들에게는 죽어도 죽음이 아니라고 하는 초월의 감정을 불러 넣어주었던 것이다. 더욱이 여기에

라 세상을 들어 이 魔王의 信者이다. 이 討伐의 大義軍을 편성하는 것이 우리들 今生의 의무이다."

62) 脇本平也, 「鈴木大拙全集月報」31호, 東京: 岩波書店, 1983, 1~2쪽.

63) 『Zen at War』에서 Brian D. Victoria는 가장 핵심적인 용어 중의 하나로 다루고 있다.

64) 『鈴木大拙全集』제20권. 355~356쪽. "세간에-혹은 洞家의 사람마저도-생각하고 있는 것처럼 조동선에서는 깨달음을 주로 하지 않고 只管打坐라고 해서 앉는 것, 말하자면 단지 좌선을 하는 것을 第一義라 하고 있다. 그러나 이것은 잘못된 것으로 참으로 선이라고 한다면, 어느 것이든 깨달음이 第一이다. 깨달음이 없는 선은 맹인과 같다."

65) 「禅による生活」, 『鈴木大拙全集』제12권, 407쪽. 이를 盤珪의 不生이라고 한다.

는 일본군인의 정신무장을 최종적으로 수렴하는 지침이 훈련을 통해 주입되었다.

1882년 제정된 이른바 軍人勅諭로 이는 국가신도에 의한 국민교화의 논리로 제정된 교육칙어(1890)와 함께, 군국주의 일본을 지탱하기 위한 명령에 순종하는 군대를 만들기 위해 만들어졌다.[66] 이는 이후 제국헌법의 제정(1889)으로 확립된 천황의 절대적 권력 아래 1945년 패전 때까지 실전 군인의 중요한 지침이 되었다. 제국헌법 제11조에 "천황은 육해군을 統帥한다"[67]고 명시되어 있는 것처럼 전쟁 수행에 천황의 군대라는 내적인 대의명분을 확고히 하게 되었다. 결국 죽어서 육신은 국가가 관장하는 야스쿠니(靖国)신사에 묻히고 정신은 영원불멸성을 획득함으로 인해 안심입명이 주어진 것이다. 이제 이러한 스즈키의 선의 논리를 그가 일본선이 가장 잘 발현된 것으로 극찬한 무사도와의 관계에서 보기로 한다.

무사도에 대해서는 서양에 잘 알려진 니토베 이나조(新渡戸稲造, 1862~1933)의 『武士道』가 유명하다. 국제연맹의 차장으로 인종적 차별철폐를 제안하기까지 한 그는 사무라이의 생명은 "주군을 섬기는 수단이라고까지 생각했고, 그 지고한 모습은 명예로 여겼다. 사무라이의 모든 교육과 훈련은 이를 바탕으로 이루어졌던 것이다"[68]고 한다. 더욱이 1899년에 출간된 이 책에는,

---

66) 「軍人勅諭」, 歴史学研究会 編, 『日本史資料 : 近代』, 岩波書店, 1997.7, 191~192쪽. 그 조항은 5가지로 ①군인은 충절을 다하는 것을 본분으로 해야 한다, ②군인은 의례를 바르게 해야 한다, ③군인은 武勇을 확고히 견지해야 한다, ④군인은 신의를 중시해야 한다, ⑤군인은 質素를 중심삼아야 한다는 것이다.

67) 「大日本帝國憲法」, 같은 책, 209쪽.

68) 新渡戸稲造 저, 沈雨晟 옮김,『武士道란 무엇인가』, 東文選, 2002, 81쪽.

> "압록강에서, 한반도나 만주에서 승리를 거둔 것은 우리를 이끌고 우리의 마음에 용기를 북돋아 준 조상들의 영혼이었다. 이들의 영혼, 우리의 용감한 선조는 죽음에 굴복하지 않았던 것이다. 보는 눈을 가진 사람들에게는 그것이 확실하게 보일 것이다."69)

라고 하여 당시의 근대식 군대에 의한 청일전쟁의 승리를 무사도의 정신으로 돌리고 있다.

스즈키 또한 무사도의 정신인 일본정신 즉, 야마토 타마시(大和魂)가 바로 '깨끗하게(いさぎよく)'를 의미하는 淸明心에 의한 무인의 혼이라고 한다. 여기에 깨끗하게 죽는다고 하는 곳에 일본인의 정신이 숨어 있다고 한다. 그리고 무사계급과 무사정신에 대해,

> "일본인이라고 해도 그 가운데에는 여러 가지 계급이 있지만, 그 무엇이 가장 일본적일까 라고 한다면 자신은 그것을 무사계급이라고 단언하고 싶다. 어쨌든 이 계급이 만들어 낸 문화정신은 실로 일본인의 각층에 대해 지도적 우월성을 가지고 있다. 무사정신은 일본인을 대표하고 있다고 해도 좋다. 이 정신이 그 순수성에 있어 지금의 일본인의 각층에도-관리를 불문하고, 군인을 불문하고, 실업가를 불문하고, 지식인을 불문하고, 어떠한 층에도-침윤되어 간다면 오늘 우리들을 복잡하게 하고 있는 많은 문제가 칼로 해결될 수 있다고 믿는다. 물론 이 정신을 토대로 사상적 건설이 없으면 안 된다."70)

고 한다. 무사도의 정신이 곧 일본인의 정신을 대표하는 동시에 니토베의 말처럼 일본의 계급정신의 우월성을 가지고 있다고 본 것이다.

---

69) 같은 책, 151쪽.
70) 『鈴木大拙全集』제29권, 32~33쪽.

그의 말을 한 번 더 인용하자면 "무사도는 진정한 의미에서 지성과 문화를 충분히 비축한 권력을 독점한 사람들에 의해 조직된 특권 계급이었다. 또한 무사도는 도덕적인 여러 성질의 등급과 가치를 스스로의 손으로 정했다"[71]고 한다. 이러한 정신이 하급무사들의 지원에 의해 성공하고 구축된 메이지 유신정부에 의한 근대국가의 군대에서 재확립되었으며, 대외 전쟁에서는 스스로 결단하고 책임지는 군인정신으로 나타났다고 할 수 있을 것이다. 라인홀드(R. Niebuhr)가 당시,

> "현재 일본에서는 경제적으로 힘이 있는 계급의 사회정치적 위세에 비해 더 큰 사회정치적 위세를 가진 사무라이라는 무사계급이 아직도 존재하고 있다. 이 계급의 권력과 위세는 봉건적 전통의 잔재이며, 여기에서는 군사적인 힘과 명예가 순전한 경제적 힘을 능가한다."[72]

고 한 것처럼 중·근세의 무사계급은 근대국가의 군인계급으로 재탄생한 것이다.[73] 스즈키는 여기에 무사도의 핵심을 이루는 생사관을 선이 부여한 것으로 보고 있다. 그는 선의 생사관이 일본인의 생사관이라고 한다.[74] 그는 무사들의 필독서인 『하가쿠레(葉隱)』[75]에서 "무

---

71) 新渡戸稲造 저, 沈雨晟 옮김, 『武士道란 무엇인가』, 東文選, 2002, 148쪽.
72) Reinhold Niebuhr, 앞의 책, 127쪽.
73) 실제 明治維新(1868)과 관여하였던 핵심적 인물들은 웅번(雄藩, 막부 말기 힘이 있었던 藩) 출신의 하급무사들이었다.
74) 『鈴木大拙全集』제31권, 32~33쪽. "禪의 중심사상은 어디까지나 死生一如이다. (중략) 이 忠誠을 禪이라고 말한다. 무서워하지 않고 마음을 가라앉힌다라고 해서 禪을 닦는 사람은 邪道에 떨어진 사람이다. 충성심으로부터 만들어지지 않은 것은 모두 그 껍데기이다. 忠誠은 倫理學의 말이지만 이것을 종교적으로 말하면 死生一如이다. 일본의 옛날 무사는 이 점을 體得하고자 禪修行을 했던 것이다."
75) 1716년에 鍋島藩士 山本常朝의 담화를 田代陳基가 집필한 무사의 수양서. 전11권

사도는 죽는 것에 있다. 일에 앞서 먼저 죽는다고 한다."며, 또한 여기서 말하는 개죽음이라도 좋다고 하는 것을 "타산을 초월한 경지"라고까지 말한다.76) 이처럼 단도직입적인 무사도의 直裁性을 선이 확립했으며, 여기에 '깨끗하게 죽는다'77)는 무사의 생사관에 투영되어 있다고 한다. 그는 이를 무아를 본질로 하는 선의 세계라고 한다. 무아는 부처의 초기교설로 諸法無我에 바탕하고 있으며, 선 수행의 체험을 기반으로 하지만 그는 무아를 超個의 정신으로 바꾸어 선의 성격을 규정한다. 그리고 이를 武人禪이라고 한다.78)

이 초개의 심리야말로 무사도의 생사관에 투영된 정신성인 것이다. 이를 주장한 대표적인 군인으로는 천황주의자이자 전쟁선의 창안자인 스기모토 고로(杉本五郎, 1900~1937)79)이다. 그의 저작인 『大義』(1938)에는 천황을 신으로 떠받들며 선이야말로 이를 수행하는 가장 적절한 정신적 무기임을 표명하고 있다. 스즈키에 대한 직접적 언급은 없지만 불교학자 야나기다 세이잔(柳田聖山, 1922~ 2006)은 스즈키의 선과 무사도의 생사관에 대한 비판을 가하고 있다. 그는 일본인의 생사관이 무사도의 정신이나 할복 등을 연상케 하는 것이 국제적

---

76) 「一眞實の世界」, 『鈴木大拙全集』제16권, 124쪽.

77) Brian도 앞의 저서에서 수없이 언급했듯 일본어로 'いさぎよく死ぬ'라고 하는 말은 병사들의 죽음 앞의 결단을 의미한다.

78) 『靈性的日本の建設』, 『鈴木大拙全集』제9권, 204~205쪽.

79) 杉本五郎는 육군 장교로서 1921년 일본육군사관학교를 졸업하고 보병사단에 배치된 뒤에 広島県 三原市에 있는 臨濟宗 大本山인 佛通寺에서 9년간 수양을 지속했다. 禪을 천황에 대한 충성과 국수주의적인 정신의 배양을 위한 길로 인식하였다. 38세로 전사한 그는 전쟁 중 천황주의의 생사관을 투영한 편지를 가족에게 보냈다. 이를 모은 유작집이 『大義 : 軍神杉本中佐遺稿』(東京: 平凡社, 1938)로 여기에서 戰爭禪을 주장하고 있다. 당시 130만부의 판매를 올린 본서는, 그를 軍神 杉本中佐로 떠받드는 계기가 되고, 전쟁터에서 죽음을 앞둔 수많은 청년들에게 영향을 끼쳤다.

인 관념의 하나이자 선의 영향이라고 보는 사람들이 있다고 보고,

> "결론부터 말하자면 이것은 완전히 오해이다. 선은 자기의 생사관을 묻지만 깨끗이 죽는 것만을 이상으로 여기지는 않으며 그것이 일본인의 이상도 아니다. 선과 무사도라고 하는 발상은 대단히 위험한 근대의 새로운 편견이 잠재되어 있다고 말하지 않을 수 없다."[80]

고 하여 스즈키나 니토베의 선과 무사도에 대한 견해를 철저히 비판하고 있다. 근대에 이러한 양자의 관계를 국제적으로 유포시킨 것은 이들의 책임이기 때문이다. 동시대의 종교철학인 히사마츠 신이치(久松真一, 1889~1980) 처럼 당시 불교학자들의 공통된 견해는 무아를 통해 개아의 초월을 주장한 스즈키의 논리와 맥락을 같이 하고 있다.[81] 이러한 당대 다른 학자들의 무아를 통한 초극의 논리가 투영된 군국주의 하에서, 더욱이 1930년대 파시즘 국가로 치닫고 있는 상황에서 근대적 자아의 문제를 넘어서고자 했지만 결국 근대국가를 지탱하는 하부구조로 전락되고 말았던 것이다.

더우기 스즈키는 초기『新宗教論』에서 주장한 국가에 대한 종교의 相依적 역할을 무시하고 있음을 알 수 있다. 군국주의 및 파시즘 아래에서는 침묵을 지키다가 패전이 확정된 후, 다시 초기 저작의 연장과 같은 논조로 나가는 것은 당시의 입장에 대한 변호라고 볼 수밖에

80) 柳田聖山 지음, 韓普光 옮김,『禪과 日本文化』, 불광출판부, 1995.1, 79~80쪽.
81) 久松真一는 같은 시기 천황의 절대성을 주장한 철학자 西田幾多郎의 영향을 받았다. 그는 참선의 무아의 경험을 통한 선의 주체성을 확보하고, 이를 확산하기 위해 學道道場과 FAS 협회를 만들었다. 1939년 저술『東洋的無』가 세상에 크게 반응을 얻었다. 하지만 동양적 무의 세계, 또는 생즉사·사즉생의 논리를 기술한 이 책은 전시의 국민들에게 죽음의 문제를 현실과 유리시키는 매개체가 되었다.

없을 것이다. 이러한 논리는 일본의 정치사상사학자 마루야마 마사오(丸山眞男, 1914~1996)가 얘기하듯 근대 천황제를 일본국민의 무책임의 체계라고 한 것과도 유관하다고 할 수 있다.[82] 스즈키가 거사불교를 통해 교단을 개혁하고자 한 의도는 의미가 있지만, 군국주의 아래 국체론 불교[83]로 정의되는 교단의 국가주의화의 기반이 폐불훼석을 통해서도 무너지지 않았던 단가제도[84]의 온존에 있었음을 간과하지 못했던 것이다. 일본적 영성의 시원을 중세의 신불교 조사들로부터 이끌어냈지만, 이들 조사들을 종조로 하는 교단의 역사적 현실은 철저히 무시했다고 보아야 한다.[85]

V. 맺는 말

앞에서 스즈키의 선의 논리가 근대 일본의 민족주의 내지는 국가주의를 어떻게 지탱했는가를 살펴보았다. 또한 그의 선 논리가 군국

---

82) 丸山眞男, 「超国家主義の論理と心理」. 日高六郎編集・解説, 『現代日本思想大系 : 近代主義』第34권, 東京: 筑摩書房, 1964.

83) 필자는 明治期를 시발로 하는 일본 근대불교를 國體論 佛教라고 부르고자 한다. 원영상의 「메이지 유신과 불교계의 동향」(불교학연구회 2010년 추계학술대회, 주제: 일본불교의 기원・토착화・영향, 날짜: 2010년 11월 13일, 장소: 한국외국어대학교)을 참고할 것.

84) 원영상, 「단가제도(檀家制度)의 성립・정착과정과 일본불교계의 양상-근대의 불교개혁론에 이르기까지-」, 『佛教學報』45집, 동국대학교 불교문화연구원, 2006.12. 이 논문에서는 근세 단가제도의 형성과정과 근대불교계와의 관계를 밝히고 있다.

85) 그가 몸담은 곳은 교단불교의 종립학교였다. 그는 강단불교학의 또 다른 한계를 가지고 있었던 것이다. 이 점은 필자도 언급하였다.(원영상, 「鈴木大拙における禅仏教の論理と民族主義」, 『日本印度學佛教學研究』57-2(117)호, 일본인도학불교학회, 2009.3)

주의 내지는 파시즘기의 전쟁수행의 논리를 하부에서 떠받쳐준 것을 확인할 수 있었다. 이러한 문제는 과연 일본의 이웃국가인 우리의 입장에서 어떻게 받아들일 것인가 하는 과제가 남는다. 이는 근대일본의 타자에 대한 문제, 말하자면 불교 고유의 보편성과 세계성을 공유하는 일본불교의 역사 속에서 일본인들이 한반도의 불교를 어떻게 이해해 왔는가 하는 문제와 연관이 있다고 할 수 있다.

일본에 불교가 전해진 것은 백제에 의해서였다.[86] 하지만 이후 불교가 정착해감에 따라 인도, 중국, 일본으로 이어지는 소위 삼국사관[87]을 통해 불교의 정통성을 고수하게 된다. 이러한 역사관에는 한국의 불교를 배제하고자 하는 의식이 현대에까지 흐르고 있음을 알 수 있다. 예를 들어 일본의 한 불교학자는 일본불교의 독자적인 성격을 논하기 위해,

> "일본의 불교는 한반도의 불교와 같이 함께 중국의 불교를 직접 모태로 하고 있다. 그런데 한반도의 경우는 마치 중국불교의 복사와 같은 양상을 띠고 있는 것에 대해 일본의 경우는 앞에서 언급한 것처럼 중국불교와는 여러 가지 점에서 명백한 차이가 보인다. 말하자면 중국으로부터 한반도로의 전개양상보다는 중국-또는 한반도 경유-으로부터 일본으로의 전개양상과 비교하는 것에 의해 일본의 경우, 보다 현저한 변용이 확인될 수 있다."[88]

---

86) 『日本書紀』欽明(509?~571)천황 7년 10월 條에 백제의 26대 왕인 聖明王(?~554)이 석가불의 金銅像, 幡蓋, 經論 등과 함께 불법을 전한다는 上表文으로 기록되어 있다. 上表文은 곧 자국 위주의 역사기록의 편린으로 볼 수 있다.

87) 필자는 대체로 백제가 멸망하고, 9세기 중엽 일본이 신라인의 입국을 금지(842년)할 정도로 양국의 관계가 악화된 이후, 이러한 삼국의 불교 記述이 일어나고 있다고 본다.

고 한다. 여기서 중국불교를 정통으로 놓고, 역사적으로 발전해온 일본불교의 특수성을 강조하기 위해 한반도의 불교를 중국불교 복사론으로 대비시키고 있는 것을 알 수 있다.89) 이는 한반도의 선이나 선학에 대한 언급이 거의 없는 스즈키의 인식과 상통하는 것으로 식민주의 사관이 전후에도 그대로 학계에 투영된 결과라고 보인다.

오늘날의 연구가 그러하듯 선의 역사 또한 시대와 민중의 삶과는 결코 무관하게 형성되지 않았음을 증명하고 있다.90) 보편정신에 바탕한 지역불교의 특수성은 약 2천 5백 년간 불교가 지역에 뿌리내리게 된 역사적 성격인 것이다. 이러한 역사성과 타자에 대한 몰이해가 결국 일본불교의 순수성 내지는 모든 불교의 종합성을 가진 뛰어난 불교로써 내세우는 기반이 된 것이다.

스즈키 또한 이처럼 근대일본이 서양에 대해 동양의 맹주로써 자임하는 민족주의와 깊이 연동되어 있음을 알 수 있다. 근대일본은, 먼저 국가권력의 정당성을 국가신도로 糖衣하고, 다시 타자에 대한 대외 팽창정책을 통해 종교의 보편성과 형이상학적 체계를 이용해 왔다. 이러한 근대 일본불교의 맥락 아래에서 禪(Zen)91)사상을 서구에

---

88) 池見澄隆・斎藤英喜　編著,『日本仏教の射程-思想史的アプローチ-』, 京都: 人文書院, 2003, 10쪽.

89) 이에 대해서는 김호성의 반론(김호성,「"한국불교는 중국불교의 코피"론 비판(2)」,「"한국불교는 중국불교의 코피(copy)"론 비판(1)」,『일본불교의 빛과 그림자』, 정우서적, 2006.12, 45-53쪽, 219-225쪽)이 제기되었으며, 저자는 이러한 반론을 듣고, 再版시에 수정하기로 하였다.

90) 대표적으로는 禪學者 柳田聖山(1922~2006)으로 그의 연구는 戰前의 선학연구에 대한 비판에서 나온 것으로 보인다. 그는 禪籍 텍스트를 시대적인 요청에 의해 제작된 것으로 보는 역사비평적인 맥락에서 텍스트를 해석하고 있다.

91) 근대 일본불교인들의 활약으로 禪의 영어 발음은 Zen의 일본어(ぜん) 발음에서 정착되었다. 중국불교에 대한 연구가 진행됨에 따라 현재는 중국어의 발음인 Chan도 함께 사용하고 있다.

소개한 스즈키의 업적을 시야에 넣더라도 역사적 상황에 비춰진 그의 선불교는 불교의 내적 정신을 당대 대중에게 어떻게 전달했으며, 어떻게 이해되었는가를 밝히지 않을 수 없다.

하지만 아직은 스즈키에 대한 본격적인 연구가 국내에는 전무하다는 사실은 우리 불교학이 여전히 무비판적으로 스즈키의 선학을 비롯한 일본 불교학을 수입하고 있다는 척도로 보여 진다. 스즈키나 일본의 불교학이 기반하고 있는 역사적인 환경은 우리의 과거 및 현재의 역사와 결코 무관할 수가 없다. 스즈키의 저술을 통한 禪思想의 이해를 바르게 하기 위해서라도, 향후 그의 학문을 관통하는 일본의 근대와 근대불교에 대한 이해를 강화해야 할 것으로 본다. 본 연구가 이러한 점에서 일본불교학에 대한 이해와 비판의 계기를 마련하고, 이를 통해 불교학의 인문적 정신의 틀을 더욱 건실하게 세워 나아가는 하나의 계기가 되기를 희망한다.

참고문헌

『鈴木大拙全集』전40권, 東京: 岩波書店, 1968~2003.
『清沢満之全集』제6권, 東京: 岩波書店, 2003.4.
末木文美士,『明治国家論』, 東京: トランスビュー, 2004.
子安宣邦 지음, 김석근 옮김,『야스쿠니의 일본 일본의 야스쿠니』, 서울: 산해, 2005.
柏原祐泉 저, 원영상·윤기엽·조승미 공역, 『일본불교사 : 근대』, 동국대학교 출판국, 2008.
市川白弦, 『日本ファシズム下の宗教』, 東京: エヌエス出版会, 1975.
中濃教篤 編, 『講座 日本近代と仏教6ー戦時下の仏教』, 東京: 国書刊行会, 1977.
歴史学研究会 編, 『日本史資料 : 近代』, 岩波書店, 1997.7.
柳田聖山 지음, 韓普光 옮김, 『禪과 日本文化』, 불광출판부, 1995.1.
井上円了, 『戰爭哲學一斑』, 哲學書院, 1894.
新渡戸稲造 저, 沈雨晟 옮김, 『武士道란 무엇인가』, 東文選, 2002.
池見澄隆·斎藤英喜 編著, 『日本仏教の射程-思想史的アプローチ-』, 京都: 人文書院, 2003.
김호성, 『일본불교의 빛과 그림자』, 정우서적, 2006.12.
末木文美士, 「大拙の戦争批判と霊性論」, 松ケ岡文庫編集, 『鈴木大拙没後四〇年』, 河出書房新社, 2006.
末木文美士, 「大拙批判再考」, 「財団法人松ケ岡文庫研究年報」24호, 松ケ岡文庫, 2010.
佐藤平顕明, 「鈴木大拙のまこと-その一貫した戦争否認を通して」, 「財団法人松ケ岡文庫研究年報」21호, 松ケ岡文庫, 2007.
윤기엽, 「다이쇼 시대 일본 불교계의 대장경(大藏經) 편찬사업」, 불교문화연구원 편, 『근대 동아시아의 불교학』, 동국대학교 출판국, 2008.8.
山崎 光治, 「鈴木大拙の戦争責任について-Brian Victoria, Zen at Warの所説をめぐって」, 『武蔵大学人文学会雑誌』37(2) (通号 145), 武蔵大学人文学会, 2005.

金光植, 「1910년대 불교계의 曹洞宗 盟約과 臨濟宗 運動」, 『韓國近代佛教史研究』, 民族社, 2996.8.

桐田 清秀, 「戦時中の鈴木大拙」, 日本哲学史フォーラム 編, 『日本の哲学』 10, 昭和堂, 2009.1.

丸山眞男, 「超国家主義の論理と心理」. 日高六郎編集・解説, 『現代日本思想大系 : 近代主義』第34권, 東京: 筑摩書房, 1964.

원영상, 「근대일본의 군국주의 정책과 불교계의 수용」, 『韓國禪學』24호, 한국선학회, 2009.

원영상, 「메이지 유신과 불교계의 동향」, 『불교학연구회 2010년 추계학술대회 자료집』, 2010.11.13.

원영상, 「단가제도(檀家制度)의 성립・정착과정과 일본불교계의 양상-근대의 불교개혁론에 이르기까지-」, 『佛教學報』45집, 동국대학교 불교문화연구원, 2006.12.

원영상, 「鈴木大拙における禅仏教の論理と民族主義」, 『日本印度學佛教學研究』57-2(117)호, 일본인도학불교학회, 2009.3.

Reinhold Niebuhr 지음, 이한우 옮김, 『도덕적 인간과 비도덕적 사회』, 文藝出版社, 1992.

Edward W. Said 지음・박홍규 옮김, 『오리엔탈리즘』, 교보문고, 1991.

Brian Daizen A. Victoria, *Zen War Stories*, Rondon and New York: Routledge Curzon, 2002(First Edition 1980).

Brian Daizen A. Victoria, *Zen at War*, Rowman and Littlefield Publishers, Inc, 2006(First Edition 1997).

Bernard Faure, *Chan Insights and Oversights : An Epistemological Critique of the Chan Tradition*, Princeton University Press, 1996.

Edited by James W. Heisig and John Maraldo, *Rude Awakenings : Zen, the Kyoto School, and the Question of Nationalism*, University of Hawai'i Press, 1994.

Alexander M. Bickel, *The Least Dangerous Branch*, Indianapolis: Bobs-Merrill Educational Publishing, 1962.

Robert Sharf. The Zen of Japanese Nationalism, *History of Religions* 33:1, The University of Chicago Press, 1993.

노자의 정치 철학

이 명 권

노자의 정치 철학

이 명 권 코리안아쉬람대표/비교종교학, 동양철학자

I. 서론

고전과의 만남은 오늘의 위기상황을 극복하는 혜안을 여는 대화의 창구가 된다. 동양사상의 고전적 지혜 가운데 노자가 차지하는 비율은 갈수록 커지고 있다. 중국은 물론 동아시아 역사에서 공자를 비롯한 유교전통이 2천 여 년의 장구한 정신적, 제도적 지배 이데올로그로 작동해 왔다면, 노자가 차지하는 영향력은 제도 밖의 민간인 속에서 혹은 도교 사상사 속에서 커다란 영향력을 행사해 왔다. 중국 철학의 사상사적 측면에서 볼 때, 노자는 공자보다 앞서 철학을 개척한 선구자임에 틀림없다. 특별히 '도(道)'의 개념을 우주론적 차원은 물론, 인생 제반에 걸친 삶의 철학으로 체계화 시킨 최초의 인물이다.

그는 '무위자연(無爲自然)'의 '천도(天道)' 사상을 인간의 삶에 적용하는 일에 주된 관심을 가지고, 이상적 인간의 최고 형태를 염두에 둔 성인(聖人)의 삶은 어떤 것인가를 시종일관 『도덕경』 81장 전체에서 제시하고 있다. 노자에게서 주요한 주제들은 인위적인 조작이 없는

'무위'의 삶 속에서, 하늘과 자연의 규율에 순응하며, 탐욕 없이 비고 고요한 마음(虛靜)으로, 겸허(謙)하게 소박한(樸) 삶을 살아가는 생명과 평화가 넘치는 세상이다. 이러한 이상적인 나라와 세상을 유지하기 위해서는 백성들 개개인 혼자의 힘으로만 부족하다. 집단을 이루는 사회적 존재로서, 특히 전쟁이 끊임이 없었던 춘추전국 시대에는 국가 지도자의 정치력이 무엇보다 중요한 시기였다. 따라서 노자는 동시대를 살아가면서 백성들이 왜 고통 속에서 괴로워 했던가를 뼈저리게 인식하고 있었고, 그에 대한 해결책의 하나로 임금이나, 군주 또는 후왕들의 정치적 지도력을 문제 삼으면서, 그 해결책으로 다양한 그의 사상을 전개하며 제시했던 것이다.

이에 필자는 그의 여러 가지 사상들 가운데 특별히 백성들을 살리고자 했던 정치철학적 요소가 강한 노자 본문을 선별하여 해석하면서, 그의 사상을 몇 가지로 나누어 설명해 보았다. 첫째, '포일(抱一)'에 입각한 부쟁(不爭)의 정치학. 둘째, 무위(無爲)의 정치학. 셋째, 소박(朴)과 겸손(謙)의 정치학이다. 우선, 부쟁의 정치학에서는 '수도포일(守道抱一)'의 정치와 반전 평화사상을 살펴보았고, 두 번째, 무위의 정치학에서는 '허정(虛靜) 무위'와 '허심실복(虛心實腹)'의 정치학 그리고 '중도(中道)무위'와 '대공무사(大公無事)'의 정치학을 고찰했다. 마지막의 소박과 겸손의 정치학에서는 잔꾀를 버리고 소박함을 간직한 '무지수박(無智守朴)'과, 겸양의 정치학을 논했다.

이상의 논의는 『도덕경』 원문을 중심으로 필자가 직접 해석한 본문과 중국 고대의 사상가 하상공(河上公)이나 왕필(王弼)은 물론 기타 중국의 현대 노자 전문 학자들의 주석도 참고하였다. '소국과민(小國寡民)'의 이상적인 국가를 생각했던 노자의 정치철학은 과연 무엇인지, 특별히 '스스로 그러한(自然)' 원리에 순응하는 도를 간직한 채, 무위의 삶을 사는 '수도무위(守道無爲)'의 정치철학이 무엇이며, 오늘날 우리에게 어떤 의미가 있는 것인지를 살펴보고자 했다.

II. '포일(抱一)'에 입각한 부쟁(不爭)의 정치학

1. '수도포일(守道抱一)'의 정치

'수도(守道)'는 도를 간직한다는 뜻이다. 도를 몸소 간직하고 지키는 정신을 수도라고 한다면, 노자는 늘 몸속에서 도를 간직하여 만물과 하나가 되는 것을 강조했다. 그리하여 도를 간직하면서 '하나(一)'를 안으라고 했는데, 이때 하나를 껴안는다는 것은 곧, '도를 껴안는 것(抱一)'[1]을 말한다. 이 '포일'의 정치철학에 대해 노자는 『도덕경』 10장에서 잘 설명하여 주고 있다.

> "혼백이 하나를 품고, 그 하나를 떠나지 않을 수 있겠는가? 기(氣)를 전일(專一)하게 하고 더없이 부드럽게 하여, 능히 갓난아기 같을 수 있겠는가? 어두운 거울(마음의 거울)을 깨끗이 씻어 능히 흠이 없이 할 수 있겠는가? 백성을 사랑하고 나라를 다스림에 능히 꾀로 하지 않을 수 있겠는가?"[2]

---

1) 劉康德, 『老子』, (上海: 上海辭書出版社, 2018), p.62. 劉康德은 '一'은 '道'를 가리키며, '抱一'은 '守道'를 뜻한다고 했다. 반면에 왕필(王弼)은 '一'이 '少之極也'라고 하여 '작은 것의 지극함'이라고 풀었다. cf. (魏)王弼, 『老子道德經注』, (北京: 中華書局, 2011), p.58. 왕필은 여기서 '抱一'이라고 노자본분을 기록했지만, 帛書甲乙本과 北大本에는 '執一'로 되어있다. cf. 陳劍, 『老子譯注』, (上海: 上海古籍出版社, 2019), p.83.

여기서 혼백이 하나(一)를 품는다고 했을 때, '하나'에 대한 해석이 주석가들에 따라 다소 다르다. 우선 왕필은 '사람의 참'(人之眞)이라고 했고,[3] 하상공은 "도와 덕이 생겨나게 한 것으로 태화(太和)의 정기(精氣)"[4]라고 하였다. 왕필의 해석대로 '하나'를 인간이 지닌 '참'이라고 할 때, 그보다 앞서 살았던 동한(東漢) 시대의 하상공은 이 '하나'를 '태화의 정기'라고 해석함으로써, 인간이 타고 날 때부터 부여받은 '정기'로서의 알짬이라고 해석해도 좋을 것이다. 이를 다석 유영모의 해석처럼 풀면 '하나'는 욕심으로 가득 찬 '제나'가 아니라, 순수한 영혼의 '얼나'가 될 수도 있을 것이다. 이렇게 타고난 '정기'를 갓난 아이처럼 '전일'하게 부드럽게 하고 깨끗한 거울처럼 흠이 없이 백성을 통치 할 수 있어야 함을 노자는 말하고 있다. 이 외에도 노자는 『도덕경』22장에서 '포일'의 정신을 다음과 같이 말하고 있다.

"휘어지니 온전해지고, 구부리니 펴진다. 움푹 파이니 채워지고 낡으니 새롭게 된다. 적으니 얻게 되고 많으니 미혹된다. 이로써 성인은 하나를 품어 천하의 모범이 된다."[5]

---

2) 이명권, 『노자왈 예수 가라사대』, 상권, (열린서원, 2017), p73. "載營魄抱一, 能無離乎. 專氣致柔, 能嬰兒乎. 滌除玄覽, 能無疵乎. 愛民治國 能無知乎."
3) 王弼, 『老子道德經注』, (北京: 中華書局, 2014), p.25. 여기서 왕필이 '하나(一)'를 '참(眞)'이라고 했는데, 루우열(樓宇烈)은 이 '참'을 '소박(樸)'으로 풀었다('眞', 卽樸.). p.26.
4) [漢] 河上公, [唐] 杜光庭等注, 『道德經集釋』, [上冊], (北京: 中國書店, 2015), pp.12-13. "一者, 道德所生, 太和之精氣也, 故曰一."
5) 王弼, op., cit., p.157. **"曲則全, 枉則直(正) , 窪則盈, 敝則新, 少則得, 多則惑. 是以聖人, 抱一爲天下式"**. 왕필은 **'抱一爲天下式'** 이라고 기록하지만, 帛書甲乙本과 北大本에는 '執一爲天下牧'이라고 되어있다. "성인은 '일'을 가지고 천하를 보살핀다."는 뜻의 '牧' 대신에 '式'을 써서 '모범이 된다.'는 것으로 풀었다.

'포일'의 통치는 하나를 품는 통치로서 대립이 아닌, 하나로서의 '불이(不二)'의 측면이 있다. 그러한 표현이 앞에서 언급한 본문의 '휘어짐과 온전함, 파임과 채워짐, 낡음과 새로움'의 변증법이다. 이 '불이'의 포일의 정신은 곧 다투지 않는 '부쟁(不爭)'의 정신과도 연결된다. 노자 본문은 계속해서 다음과 같이 전개되기 때문이다.

> "스스로 보이게 하지 않으므로 밝고, 스스로 옳다하지 않으므로 빛난다. 스스로 자랑하지 않으므로 공덕이 있고, 스스로 뽐내지 않으므로 덕이 오래간다."6)

다투지 않고 하나가 되며 오래 갈 수 있는 것은 스스로 드러내거나 자랑하지 않는데 있다. 이러한 정신을 가지게 될 때, 상대를 무시하거나 경멸하지 않게 된다. 예컨대, 앞선 노자 본문의 지적대로 '휘어짐(曲), 구부러짐(枉), 파임(窪), 낡아짐(敝)'은 '온전함(全), 곧아짐(直), 채워짐(盈), 새로움(新)'의 전조가 되는 변증법적 관계에 있다. '휘어짐'이나 '구부러짐'은 외관상으로도 온전하고 바르지 못한 형태다. 휘어짐이나 구부러짐에 대한 몇 몇 해석이 다를 수 있다. '휘어짐'을 왕필은 '스스로를 드러내지 않음(不自見)'이라 했고, '구부러짐'은 '자신을 옳다고 하지 않음(不自是)'라고 해석했다. 또한 계속해서 '움푹파임'을 '스스로 (공로를)자랑하지 않음(不自伐)'이라 했고, '낡아짐'을 '스스로 뽐내지 않음(不自矜)'이라 했다.7)

이러한 해석이 가능한 것은 노자가 바라보는 사물 사건의 양면성

---

6) ibid., p.161. "不自見, 故明. 不自是, 故彰. 不自伐, 故有功. 不自矜, 故長. 夫唯不爭, 故天下莫能與之爭. 古之所謂'曲則全'者, 豈虛言哉? 誠全而歸之."
7) 王弼, 『老子道德經注』, (北京: 中華書局, 2014), p.58.

에 대한 통전적이고 변증법적인 측면에 대해, 왕필이 노자 특유의 '겸손의 철학'이 주는 메시지를 잘 적응하고 있다는 반증이다. 사물 사건의 반작용의 측면뿐만 아니라, 인간도 겸허한 자세로 살면 굽어지고 휘어진 듯하지만, 곧 바르고 온전해진다는 역설의 측면을 말해주고 있다. 이러한 '겸허의 역설'이 노자의 '부쟁(不爭)' 곧 다투지 않는 삶의 정치철학과 결부되고 있다는 점이다. 휘어짐과 온전해짐이라는 쌍방의 상호 의존성을 안다면, 한반도의 민족사라는 거시적 측면에서 볼 때 남북관계의 대립적 국면도 평화적 통일이라는 민족모순의 극복을 위해 나갈 수 있는 정치철학적 지침도 마련될 수 있을 것이다. 이것이 바로 성인(聖人)이 통치하는 '수도부쟁(守道不爭)'의 처세와 통치술이기 때문이다. "오로지 다투지 않으므로, 천하가 더불어 능히 다툴 자가 없고", 그렇게 될 때, 비로소 "확실히 온전해져서 근본인 도에 돌아갈 수 있게 된다."[8]는 것이 노자의 '부쟁'의 정치철학의 근간이다.

노자가 강조하는 '수도포일'의 정치는 다른 본문에서도 계속된다. 『도덕경』39장 본문을 살펴보자. 이곳에서도 '하나를 얻음' 곧 '득일(得一)'의 중요성을 말하고 있다. 물론 '일(一)'은 도를 말하는 것이다.

> "자고이래 일(一)을 얻은 것은 다음과 같다. 하늘이 일을 얻어서 맑아지고, 땅은 일을 얻어서 안정되며, 신은 일을 얻어서 영험하게 되고, 계곡은 일을 얻어서 차오르며, 만물은 일을 얻어서 생장하고, 후왕은 일을 얻어서 천하의 준칙이 된다."[9]

---

8) 이명권, op. cit., p.161. "夫唯不爭, 故天下莫能與之爭. ... 誠全而歸之."

여기서 천하 만물이 '도'인 '일'을 얻게 될 때, 각자의 자기 기능에 충실해진다는 것이고, 더 나아가서 최고 통치자인 왕도 '일'을 얻음으로써 비로소 천하를 바르게 통치하게 된다는 것이다. 이때 '하나를 얻는다.'는 '득일'을 중국의 노자 해석자들은 '득도(得道)'로 해석한다.[10] 이른바 '득일'은 '득도'의 정치다.

한편 왕필은 '일'을 '수의 시작이며 사물의 궁극이다.'[11]고 했다. '일'은 시작이며 끝이니, 알파요 오메가인 셈이다. 그리스도교식으로 말하자면 로고스에 해당한다. 한편 하상공(河上公)은 '일'을 조금 더 다른 각도에서 해석한다. '일은 무위이여, 도의 아들이다.'라고 했다.[12] '일'을 하상공은 노자의 핵심개념인 '무위'로 해석함으로써, '일'을 '도'로 해석하는 다른 학자들과 차별성을 보이는 것 같지만, 사실상의 내용면에 있어서는 같은 맥락의 해석이다. 노자의 '도'는 바로 '무위'의 성질을 기본으로 하는 것이기 때문이다. 따라서 노자의 정치학은 도를 간직한 '수도(守道)'와 하나를 간직한 '포일(抱一)' 곧 '득일'의 정치학이라 할 수 있다. 이러한 '득일'을 지닌 후왕은 능히 천하를 평정시킬 수 있다는 노자의 본문과 일치하는 것이다.

'설문해자(說文解字)'에 의하면, '일'은 '도'의 별칭이다. "오직 한

9) "昔之得一者: 天得一以淸, 地得一以寧, 神得一以靈, 谷得一以盈, 萬物得一以生, 侯王得一以爲天下正."

10) 得一에 대해서, 陳鼓應은 得道라 하고(노자 41장의 '道生一', 송나라 林希逸은 "一者, 道也"라고 했다. 嚴靈峰은 "一者, '道'之數. '得一', 猶言得道也."라고 했다 『老子達解』.) cf. 陳鼓應, 『老子今注今釋』, (北京: 商務印書館, 2015), p.221. 한편, 嚴遵은 "一者, 道之子, 神明之母, 太和之宗, 天地之祖."라고 했다. cf. 陳劍, 『老子譯注』, op.cit., p.146.

11) 王弼, op., cit., p.109. "一, 數之始而物之極也."

12) [漢] 河上公, [唐] 杜光庭等注, 『道德經集釋』, [上冊], (北京: 中國書店, 2015), p.54. "一, 無爲, 道之者也."

처음에 도는 일에서 성립된다."[13] 이로써 우주만물의 존재 원인이 '득일', 곧 '득도'에 있고, 이를 바탕으로 우주론과 인생론에 이어 고대 중국 정치학의 기초가 확립되고 있는 것이다. 예컨대, 후왕뿐만 아니라 모든 지도자들이 '득일'에 의한 정치를 해야 하고, 그렇지 않고, '후왕이 바르지 않으면(侯王無以正)' 천하가 패망하게 되는 원인이 된다. 『도덕경』 39장의 이어지는 본문에서 귀천의 문제와 고하의 문제를 '일'의 입장에서 보아야 한다는 노자의 교훈이다.

> "제후나 왕(侯王)이 고귀하지 못하면 아마도 밀려날 것이다. 그러므로 귀한 것은 천한 것을 근본으로 삼고, 높은 것은 낮은 것을 기초로 한다. 이로써 제후나 왕은 스스로 이르기를 '고아 같이 외로운 사람(孤)', '덕이 부족한 사람(寡)', '보잘 것 없는 사람(不穀)'이라고 한다. 이것은 천함을 근본으로 삼는다는 뜻이 아니겠는가? 그렇지 않은가?"[14]

노자의 이 같은 사상은 '도'를 '일(一)'로 칭하면서, 천지만물이 상호 의존적 관계 속에서 존재하므로 왕위에 있는 자라고 할지라도 이러한 법칙에서 벗어나지 않으니, '고과(孤寡)', '불곡(不穀)'과 같은 자세로 '포일(抱一)'에 입각한 겸손의 리더십이 필요함을 역설하는 것이다.

---

13) 『說文解字』, "惟初太始, 道立于一".
14) 王弼, op., cit., p.109. "侯王無以貴高將恐蹶. 故貴以賤爲本, 高以下爲基. 是以侯王自謂孤,寡,不穀. 此非以賤爲本邪? 非乎?"

2. 반전평화(反戰平和) 사상

선진(先秦) 제자백가 사상에서는 병가(兵家)를 제외하고는 모두 전쟁을 반대했다. 하지만 『손자(孫子), 모정(謨攻)』편에서도 최상의 정벌은 싸우지 않고 승리하는 것이라 말했다. 예컨대, "가장 잘 공격하는 것은 꾀를 써서 싸우지 않고 이기는 것이고, 그 다음은 외교를 통해 이기고, 그 다음이 병사를 써서 이기는 것이다(上兵伐謨, 其次伐交, 其次伐兵)." 이에 비해 노자의 정치론은 무위(無爲), 겸하(謙下)의 정치요, 반전평화(反戰平和)의 정치철학이다. 노자의 이상 국가(理想國家)에서는 전쟁이 있을 수 없다. 그리하여 노자는 『도덕경』 31장에서 다음과 같이 말한다.

> "대저 훌륭하다는 무기는 상서롭지 못한 도구다. 모든 사람들이 그것을 싫어한다. 그러므로 도의 사람은 이런 것을 취하지 않는다. ... 군사적 행위는 상서롭지 못한 것이라서 군자는 그러한 무기를 사용하지 않는다. 하지만 어쩔 수 없는 경우에는 고요하고 맑은 것을 으뜸으로 삼고, 승리하지만 좋아하지 않는다. 승리한다고 좋아하는 사람은 살인을 즐기는 것이다. 대저 살인을 좋아하는 사람은 천하에 뜻을 펼 수 없다."[15)]

무력행사에 대한 노자의 반전사상은 『도덕경』 전반에 흐르는 기조다. 전쟁의 피해로 인한 백성들의 참상을 잘 알고 있기 때문이다. 전쟁의 참상은 직접적으로 백성들을 죽음으로 몰고 가는 것 외에도 간접적인 피해도 크다는 것을 지적한다. 『도덕경』 30장에 의하면,

---

15) 『道德經』 31, "夫兵者不祥之器. 物或惡之. 故有道者不處. ... 不得已而用之, 恬淡爲上. 勝而不美 而美之者, 是樂殺人. 夫樂殺人者, 則不可得志於天下矣."

"무력을 사용하는 일은 곧장 대가가 되돌아온다. 군대가 머문 곳에서는 가시덤불만 무성해지고, 큰 전쟁을 치른 후에는 반드시 흉년이 온다."[16]고 했다. 그리하여 "군사적 행위는 상서롭지 못한 것이라서 군자는 그러한 무기를 사용하지 않는다."고 했다. 하지만 어쩔 수 없는 경우가 있다. 상대국이 침공해 왔을 경우다. 그러한 경우라도 그는 "고요하고 맑은 것을 으뜸으로 삼고(恬淡爲上)", 승리하더라도 좋아하지 않는다. 더구나 승리한다고 좋아하는 사람은 살인을 즐기는 자로서, 그런 사람은 천하에 뜻을 펼 수 없다고 말한다. 그리하여 노자는 누구라도 전쟁을 일으켜서 살상을 통해 큰 원한을 얻게 되면, "비록 화해한다고 해도 여한이 있게 마련이니, 어찌 이일을 좋다고 할 수 있겠는가?"[17]라고 반문한다. 이와 같이 큰 원한은 화해한다 해도 여한이 마음 깊이 남아있는 법이니, 이를 사전에 해결하는 가장 좋은 방법으로 『도덕경』 63장에서 다음과 같이 말한다.

> "무위로써 일을 하고, 일하되 일없는 듯하며, 맛을 보되 일정한 맛에 미혹되지 않는다. 큰 것은 작은 데서 생기고, 많은 것은 적은데서 생긴다. 원한은 덕으로 보답한다."[18]

전쟁을 일으키기 전에 서로 평화적으로 공존 할 수 있는 최선의 방법으로 노자는 '무위(無爲)', '무사(無事)', '무미(無味)'를 들고 있다. '무위'로써 일한다 함은 '스스로 그러함(自然)'에 맡기는 것으로 이는 다

16) 『道德經』 30, "以道佐(輔佐)人主者. 不以兵强天下. 其事好還, 師之所處, 荊棘生焉, 大軍之後, 必有凶年."
17) 『道德經』 79, "和大怨, 必有餘怨, 安可以爲善?"
18) 『道德經』 63, "爲無爲, 事無事, 味無味. 大小多少, 報怨以德"

음 장에서 구체적으로 살펴 볼 것이다. 무미(無味)로써 맛을 본다는 것은 왕필의 주석에 의하면, '맑고 고요함(恬淡)'19)을 맛으로 한다는 것이다. 한 걸음 더 나아가서 '무위-무사-무미'의 결정적 실천 방법은 노자가 말하는 대로, '원한을 덕으로 보답하는(報怨以德)' 정신이다. 이는 예수가 "원수를 사랑하라"고 한 것이나, 『중용中庸』의 "관용과 온유함으로 교화하고(寬柔以敎), 무도함으로 보복하지 말라(不報無道)"는 사상과, 공자가 『논어·헌문』편에서 '원한을 바름으로 갚고(以直報怨), 덕으로써 덕을 갚아라(以德報德)'고 했던 것과 비교된다.

이러한 노자의 반전평화 사상은 『도덕경』 곳곳에서 잘 드러나는데, 68장에서, "잘 싸우는 자는 노하지 않고(善勝者不怒), 적을 잘 이기는 사람은 적과 싸우지 않는다(善勝敵者不與)."고 했고, 57장에서는 "바르게 함으로써 나라를 다스리고(以正治國), ... 무사함으로써 천하를 얻는다(以無事取天下)."고 했다. 끝으로 마지못해 전쟁에 임할 때에는 69장에서 이렇게 말하고 있다. "병사가 무기를 들고 비슷하게 맞싸울 때는(抗兵相加), 전쟁을 슬프게 여기는 자가 이기게 마련이다(哀者勝矣)." 역설적으로 들릴지 모르나, 이는 모두 '싸우지 않는(不爭) 덕'에 입각한 노자의 반전평화 사상에 대한 깊은 울림이 있는 교훈이 아닐 수 없다.

19) 王弼, op.,cit., p.169.

Ⅲ. 무위(無爲)의 정치학

1. 허정(虛靜)·무위의 정치

노자의 정치학은 앞서 본 바와 같이 도를 간직한 상태에서 다툼을 일으키지 않는 '부쟁'의 정치를 논하고 있다. 이를 가능하게 하는 근본적인 방법은 '허정(虛靜)'의 정신에 입각한 '무위(無爲)의 정치' 곧 '무위이치(無爲而治)'다. 노자의 '무위'는 인위적이거나 조작이 없는 행위를 뜻한다. 따라서 노자의 무위사상은 '자연(自然)'이라는 말이 그러하듯이 '스스로 그러함'이라는 도의 원리를 실천하는 수단이 된다. 무위를 방법으로 '스스로 그러한' '무위자화(無爲自化)'를 이루는 것이 노자의 삶의 예술의 목적이다. 이는 다시 노자의 통치술인 정치학에서도 그대로 반영된다. 『도덕경』 57장에 무위의 정치에 대해 다음과 같이 말하고 있다.

> "그러므로 성인이 이르기를, 내가 무위(無爲)하니 백성은 스스로 교화되고(民自化), 내가 고요함을 좋아하니(好靜) 백성들이 스스로 올바르게 되며(民自正), 내가 일을 꾸미지 않으니(無事) 백성들이 저절로 부유해지고(民自富), 내가 무욕(無欲)하니 백성들이 스스로 소박해진다(民自朴)."[20]

무위의 실천을 통해 백성이 스스로 교화되는 성인(聖人)의 정치학을 노자는 언급하고 있다. 여기서 한 가지 더 특이할 점은 '고요함을

---

20) 『道德經』 57, "故聖人云, 我無爲而民自化, 我好靜而民自正, 我無事而民自富, 我無欲而民自朴."

좋아함'이다. 고요함을 좋아함으로써 백성들이 스스로 바르게 된다는 것이다. 이때의 '호정(好靜)'은 '허정(虛靜)'과 깊은 연관이 있다. 사심 없이 마음을 비움으로써 고요해 질 수 있기 때문이다. 마음을 비워서 얻게 되는 '텅 빈 고요함'은 백성들이 탐욕을 버리고 스스로 바른 길로 가게 하는 지도자의 핵심적인 덕목인 셈이다. 특히 지도자가 일을 교묘히 꾸미지 않음(無事)으로써 백성들이 저절로 부유해지며, 무욕(無欲)의 지도력을 보임으로써 백성들이 소박해진다는 것도 무위의 정치를 말하는 또 다른 측면이다.

위의 노자 본문이 언급하고 있는 '무위', '호정', '무사', '무욕' 이 4 가지는 임금이 천하를 중요한 통치 기술이다. 북송(北宋) 시대의 여혜경(呂惠卿)에 의하면, '무위'를 행한다는 것은 '거리낌의 폐단이 없다'(無忌諱之弊)는 것이고, 고요함을 좋아 한다는 '호정'은 '법령이나 도적의 피해가 없다'(無法令盜賊之害)는 뜻이다. 일을 만들지 않는다는 '무사'는 '혼란스러운 일들을 만들지 않는'(無利器之滋昏)것이며, '무욕'은 '기교나 삿된 것을 숭상하지 않는'(無技巧奇邪之尙) 것이다.[21] 이와 같이 지도자가 4가지 통치철학의 방침에 따라 정치를 할 때, 백성들은 자연히 순화되고(自然順化), 자연히 단정해지며(自然端正), 자연히 순박해진다(自然淳朴). 우주 만물의 생성과 발전의 과정에는 그 천연의 어울림(和諧)이 있다. 만물이 도에 따라 움직일 때(依道而行), 자연은 생생불식(生生不息)한다. 나라를 다스리는 방식도 이와 같다.

노자의 치국(治國)에 관한 무위의 정치는 『도덕경』 60장에 나타나 있는 바와 같이, 생선을 굽듯 나라를 다스리는 도의 정치학이다. 노

21) 劉康德, 『老子』, op., cit., p.157.

자 본문을 살펴보면 다음과 같다.

> "큰 나라를 다스리는 데는 작은 생선을 요리하듯 해야 한다. 도를 지니고 천하를 다스리면 귀신도 조화를 못 부린다."[22]

이는 큰 나라를 다스리는 문제도 마치 작은 생선을 요리 할 때 자주 뒤집지 않듯이 무위의 원칙으로 다스려야 한다는 것을 말한다. 이는 통치자가 권력의 힘과 욕심으로 백성을 괴롭히지 않는 청정무위(淸靜無爲)의 정치학이다. 『도덕경』을 해석한 한비자(韓非子)도 『해로』(解老)편에서, "큰 나라를 다스리는 데에 있어서 법을 자주 바꾸면 백성이 괴롭다"[23]고 함으로써, 당시 춘추전국시대의 잔인한 형벌의 법치와 '변법(變法)'을 비판하고 있는 것이다. 이는 통치자가 도에 입각한 통치를 함으로써, 청정무위의 자세로 임하니, 그러한 덕성을 가진 자에게는 귀신(鬼神)[24]도 조화를 부리지 못한다는 것을 말해주고 있다.

---

22) 『道德經』 60, "治大國, 若烹小鮮(魚). 以道莅(臨)天下, 其鬼不神"

23) 劉康德, 『老子』, op., cit., p.83. "治大國而數變法則民苦之."

24) 東漢시대 왕충(王充)의 『論衡•論死』에 의하면, 귀신에 대한 정의는 다음과 같다. "귀신은 음양의 이름이다. 음기는 사물을 거슬러 돌아가기에 '귀'라고 한다. 양기는 사물을 이끌어 생성되게 하므로 '신'이라고 한다(鬼神, 陰陽之名也. 陰氣逆物而歸, 故謂之鬼: 陽氣導物而生, 故謂之神)." 그러므로 "도로써 천하를 다스리면 귀도 신을 방해 할 수 없고, ... 신도 사람을 방해 할 수 없다."(故以'道'治理天下, 則鬼不能妨害到神. ... 神也不能妨害到人)고 했다. cf. 王孺童, 『道德經講義』, (北京: 中華書局, 2013), p.101.

2. '허심실복(虛心實腹)'의 정치학

노자는 백성들의 경제정책도 논하고 있다. 그것도 성인의 통치술을 말하면서 군주가 마땅히 배우고 실천해야 할 덕목으로 제시하고 있다. 이른바 '허심실복'의 정치다. 원문의 뜻을 풀이하자면, "그 마음은 비우고(虛其心), 그 배우는 채우라(實其腹)"는 것이다. 이는 군주나 지도자뿐만 아니라 모든 백성이 가져야 할 자세이기도 하다. 『도덕경』 3장에서 다음과 같이 말하고 있다.

> "재능을 숭상하지 않음으로써, 백성들이 다투지 않게 해야 한다. 얻기 어려운 재화를 귀하게 여기지 않음으로써, 백성들이 도둑질하지 않게 해야 한다. 욕심 낼만한 것을 보이지 않음으로써, 백성들의 마음이 어지럽지 않게 해야 한다. 그러므로 성인의 다스림은 그 마음을 비우게 하고 그 배를 채우게 하며, 그 뜻을 약하게 하고 그 뼈를 강하게 한다."[25]

위의 본문에서 노자는 '재능'이나 '재화'를 숭상하는 태도를 경계하여 백성들이 다투거나 도적질 하는 일이 없게 하여야 함은 물론이고, 지도자는 그 마음을 비우고 백성의 배를 채우는 일에 중점을 두어야 한다는 실리적 교훈을 하고 있다.[26] 이는 지나친 재능과 명예

---

25) 『道德經』 3, "不尙賢, 使民不爭. 不貴難得之貨, 使民不爲盜. 不見可欲, 使民心不亂 是以聖人之治, 虛其心實其腹; 弱其志 强其骨." 이 본문에서 '賢'은 '才'와 '能'을 뜻한다. cf. 劉康德, op., cit.,10.

26) 노자는 '먹거리' 정책이 외면의 화려한 장식보다 더 중요함을 지적하면서, '성인은 배를 위하되, 눈을 위하지 않는다(聖人爲腹不爲目, 12장).'고 지적한다. 여기서 '눈'은 '오색'(五色: 黃靑赤白黑)의 외형적 화려함에 대한 '맹목(盲目)'의 경계를 말한다. 이 부분에 대해 왕필을 주석하기를 "爲腹者以物養己(양생의 삶), 爲目者以物役己(물질적 노예의 삶)"로 구분하여 설명했고(王弼, op., cit., p.31), 범응원(范應元)은 "爲腹者, 守道也(도를 간직한 삶). 爲目者,

또는 물질 숭배로 인한 사회적 분쟁을 줄이고, 백성을 편안하게 하는 안민(安民)의 정치이며 태평사회를 구가하기 위한 허심실복(虛心實腹)의 정치철학이다.

이러한 '허심실복'의 정치학은 노자가 살던 시대에 백성들이 큰 부담을 느꼈던 과중한 세금에 대한 경고의 의미도 있다. 이를테면, '세금을 가볍게 하고 배를 채워주는' '경세실복(輕稅實腹)'의 정치가 필요했다. 춘추전국시대 전쟁이 빈번한 상황에서, 군비충족의 필요성에 따라 터무니없이 무거운 세금을 거두어 백성이 안심하고 살 수 없었던 시대적 상황에 따른 경고였다. 실제로 노자는 이 같은 상황에서 "백성이 굶주리게 되는 것은 위에 있는 자들이 세금을 과도하게 거두기 때문이다."27)라고 말하고 있다. 이러한 사실을 잘 뒷받침 해 주는 공자의 사례가 있다.

『예기禮記, 단궁하檀弓下』편에 보면, 공자가 태산 허리를 돌아갈 때, 묘지에서 흐느끼고 있는 여인을 보고 그 사연을 묻자. '시아버지, 남편을 호랑이에 잃고, 자식도 호랑이에 죽었다'고 했다. 그런데도 산속에 사는 이유를 묻자. 그 산속에서는 "가혹한 정치가 없다(無苛政)." 고 했다. 공자가 이를 두고 이르기를, "가혹한 정치는 호랑이보다 사납다(苛政猛於虎也)."고 했다. 춘추 말기시대의 노(魯)나라는 10분의 2의 세금을 거두었는데, 전시 등의 상황에는 더욱 심각했던 것이다. 노자가 중세(重稅)가 아닌 경세(輕稅)를 주장했던 까닭이다. 이러한 시대적 상황에서 노자는 『도덕경』 80장에서 다음과 같이 말하고 있다.

逐物也(물질을 추구하는 삶)."이라 해석했다.

27) 『道德經』, 75, "民之飢, 以其上食稅之多, 是以飢."

"그 음식을 달게 먹고, 그 입은 옷을 아름답게 여기며, 그 거처를 편안하게 여기고, 그 풍속을 즐거워하게 한다."[28)]

이는 춘추말기에 백성이 도탄에 빠지던 상황에서, 과중한 세금을 거두지 말고 백성을 풍요롭게 하라는 것으로, 의식주의 기본적 해결은 물론 풍속을 즐길 수 있는 문화까지 강조하고 있는 것이다. 세금을 줄이는 '경세'의 목적이 의식주와 문화윤택에 따른 '허심실복'의 정치철학이다.

3. 중도(中道)·무위의 정치

노자가 말하는 무위의 정치는 『도덕경』29장에서도 찾아 볼 수 있다. 그는 천하를 치리하기 위한 방편으로 이렇게 말한다.

"장차 천하를 걸머쥐고 뭔가를 해 보겠다고 욕심을 부리는 사람치고 그것을 이룬 사람은 아직 보지 못했다. 천하는 신령한 그릇이다. 그러므로 함부로 뭔가를 하겠다고 대드는 자는 패할 것이요. 휘어잡으려 하는 자는 잃을 것이다."[29)]

노자의 표현대로 '천하는 신묘한 그릇이다'(天下神器). 천하가 신성(神聖)한 기물(器物)이라고 하는 것은 천하를 자신의 마음대로 요리 할

28) 『道德經』, 80, "甘其食, 美其服, 安其居, 樂其俗"
29) 『道德經』 29, "將欲取天下(治理天下)而爲(治/有爲)之, 吾見不得已. 天下神器, 不可爲也. 爲者敗之, 執者失之."

수 없다는 뜻이다. 생태학적 상상력을 빌어 표현 하자면 꽃을 내 맘대로 일찍 피게 할 수도 없거니와 개천의 야생오리도 내 마음대로 키울 수 있는 것이 아니다. 오리는 오리가 키우고, 새는 새가 키운다. 하물며 인간의 조직 사회인 국가는 말할 것도 없다. 마음대로 치리하려고 하면 할수록, 실패하게 되고(爲者敗之), 잡아 흔들려 하면 할수록 민심을 잃게 된다(執者失之).

인사(人事)를 단행하는 일에 있어서도 '자연'의 소리에 귀를 기울이고, 극단과 과도함을 버릴 것을 말한다. 이른바 중도(中道)의 통치를 말하고 있다. 29장 같은 본문에서 노자는 이렇게 말한다.

> "세상 만물은 앞서가기도 하고 뒤따라가기도 한다. 흐느끼기도 하고 칭찬하기도 하며, 강하기도 하고 약하기도 하며, 실려 가기도 하고 떨어지기도 한다. 이런 까닭에 성인(聖人)은 정도에 지나치거나 사치하거나 거만하지 않는다."[30]

무슨 일에나 지나친 행위에는 반드시 결과가 좋지 않다. 더구나 욕심에 입각한 '유위(有爲)'와 고집은 패망의 길이 된다. 이는 인류 역사가 증명하는 바다. 세상만물에는 각각 '자연지성(自然之性)'이 있다. 스스로 돌아가는 원리가 만물 속에 깃들어 있다는 뜻이다. 이러한 자연지성의 원리에 강제력을 동원해서는 안 된다. 인간을 강제로 동원하여 전쟁터에 내 몰아서는 안 될 뿐만 아니라, 자연환경 속에도 생태환경을 해치는 무분별한 개발이 동원되어서도 안 된다.

모든 사물과 사건의 중심에는 적당(適當)함이 필요하다. 이른바 '중

---

30) 『道德經』 29, "夫物或行或隨, 或歔或吹, 或強或羸, 或載或隳. 是以聖人去甚, 去奢, 去泰."

(中)'을 지키는 '중도(中道)'의 철학이 필요한 것이다. 중도나 중용은 공자나 유학(儒學)만의 전유물이 아니다. 노자의 사상과 정치철학 속에도 '중도'가 스며있는 것이다. 위의 노자 본문에서 말하듯이, 성인은 "정도에 지나치거나 사치하거나 거만하지 않는다."고 했다. 이른바 '중도의 철학'이다. 중도란 길의 가운데만 말하는 것이 아니다. 오히려 공자의 '시중(時中)' 개념과 같이, 때에 적절하고 알맞은 행위를 뜻한다. 시대와 역사는 늘 변천하고 있다. 그러한 시대적 상황에 알맞은 적중한 행위는 곧, '도에 적중(中道)'하는 행위가 된다. 따라서 이때 '중'을 지키는 '수중(守中)'은 곧 성인의 행위와 같은 중도가 된다. 그러한 행위의 내용을 노자는 29장에서 '지나침(甚)', '사치(奢)', '거만함(泰)'을 버리는 것으로 설명하고 있다. 이 세 가지는 성인의 통치술에 필수적인 것으로, 어찌 보면 노자가 스스로 3 가지를 보배로 여긴다는 것과 상통하는 바가 있다. 예컨대 노자는 67장에서 언급하는 바와 같이, "자애(慈), 검소(儉), 천하에 나서지 않음(不敢爲天下先)"[31] 이 자신이 간직하는 3 가지 보배였다는 것이다. 여기서 노자가 말하는 버려야 할 것과 간직해야 할 3 가지를 대비시켜 보면 흥미롭다. 예컨대, 지나침을 버리면(去甚) 능히 자애롭고(能慈), 사치를 버리면(去奢) 능히 검소할 수 있으며(能儉), 거만함을 버리면(去泰), 능히 천하에 앞서려고 하지 않는다(能不爲天下先).[32]

---

31) 『道德經』 67, "我有三寶, 保而持之; 一曰慈, 二曰儉, 三曰不敢爲天下先."
32) 王孺童, 『道德經講義』, (北京: 中華書局, 2013), p.56.

4. 대공무사(大公無私)·무위의 정치

노자는 정치철학의 근본을 도에 입각한 것이라야 하면서, 그 도를 가장 잘 실현하는 대표적인 인물로 늘 '성인(聖人)'이라는 이름을 들고 있다. 이른바 '성인의 정치철학'이다. 한 나라를 다스리는 최고 지도자의 입장은 바로 성인의 통치술을 본받고 배워야 한다는 것이다. 그리하여 노자는 거의 대부분의 장에서 이상적인 인간행위와 천도를 언급한 후에 성인은 그러한 경우에 어떻게 처세하고 있는가 하고 결말을 요약한다. 『도덕경』 49장에서도 노자는 '대공무사(大公無私)'의 성인의 정치학을 말하고 있다.

> "성인은 늘 사심이 없다. 백성의 마음을 자신의 마음으로 삼는다."33)

이는 성인이 늘 자기의 사사로운 감정이나 의지를 내세우지 않고, 백성의 마음으로 자기의 마음을 삼음으로써, '대공무사'한 정치를 한다는 뜻이다. 하지만 백성들 가운데는 선량한 백성도 있고 그렇지 못한 백성도 있다. 이때 성인은 "선한 사람은 선하게 대하고, 선하지 못한 사람도 선하게 대하니, 덕이 참으로 선하게 된다."고 했다. 이것은 백성이 선하거나 선하지 않거나 차별 없이 모두 선하게 대하는 성인의 자세다. 여기에는 물론 빈부귀천 남녀노소의 차별이 없다. 공평무사의 원칙이다. 뿐만 아니다. 성인은 신실하지 못한 사람도 신실하게 대하니 성인의 덕이 참으로 미덥게 된다.

그리고 노자는 같은 본문에서, "성인은 천하에서 시비(是非)나 욕심

---

33) 『道德經』 49, "聖人常無心, 以百姓心爲心"

없이 의견을 수렴(收斂)하여, 천하를 치리(治理)하되, 백성들이 민심이 소박하게 하나가 되게 한다."34)고 했다. 이렇게 성인은 사심이 없는 공평한 통치를 하다 보니 백성들이 모두 성인의 말과 행위를 주목하게 되고 성인은 백성을 어린아이를 보호하는 마음으로 대하게 된다는 것이다. 한마디로 자신의 사사로운 마음이 아닌 '백성의 마음으로' 하는 정치다. 이를 오늘날의 정치철학과 비교해 보면, 인도주의(人道主義)와 이상주의 원칙을 실현하는 것에 해당한다고 할 수 있다.

이러한 공평무사한 정치철학은 『도덕경』 72장에서도 나타난다. 특별히 이 본문에서는 통치자가 위력을 행사하는 식으로 백성을 위협하지 말라하고 경고한다.

> "백성들이 위세(威勢)를 두려워하지 않으면 결국에는 큰 위협(威脅)이 닥치게 될 것이다. 백성들의 거처를 핍박하지 말고 그들의 삶을 압박하지 말라."35)

백성들이 통치자의 위세를 두려워하지 않는다는 것은 통치자의 전제(專制)나 독재를 두려워하지 않는다는 뜻이다. 위의 노자 원어 본문에서 말하는 '위(威)'는 두 가지 뜻이 있는데, 앞의 '위'는 '전제' 혹은 '위압'을 뜻하고, 뒤에 이어지는 '위'는 '화난(禍難)'을 뜻한다.36) 따라서 통치자가 전제적 통치를 감행하는 위세에 대해서, 백성들이 두려움을 가지지 않게 될 때에는 오히려 죽음을 불사하는 백성들의 항쟁이나 반란이 발생하여 국가적으로 큰 위협이 도래할 것이라는 경고

---

34) 『道德經』 49, "聖人在天下歙歙, 爲天下渾其心."
35) 『道德經』 72, "民不畏威, 則大威至. 無狎其所居, 無厭其所生"
36) 劉康德, 『老子』, op., cit., p.190.

다. 그러므로 백성들의 거처를 압박하거나 삶의 터전을 흔드는 폭정과 위협을 가해서는 안 된다는 뜻이다. 역사를 돌이켜 보면 압제가 심할 때 언제나 백성은 항쟁을 거듭해 왔다. 이러한 사정은 『도덕경』 74장에서도 이어서 강조되고 있다.

> "백성이 죽음을 두려워하지 않는데 어찌 '죽인다는 것'으로써 두려워하겠는가? ... 늘 '죽임을 맡은 자'가 따로 있는데, 대저 죽임을 맡은 자를 대신하여 죽인다면, 이는 훌륭한 목수를 대신하여 나무를 깎겠다고 나서는 것이다. 훌륭한 목수를 대신하여 나무를 깎는다고 나서는 사람치고 그 손을 다치지 않는 자가 드물다."37)

이 본문에서 특이한 점은 강압적인 통치자의 위세도 문제가 되겠지만, 함부로 사람을 죽이는 사형제도에 대해서도 노자는 일침을 가한다. 사람을 죽이는 문제는 누구든지 함부로 해서는 안 되며, '죽임'의 문제는 하늘이 맡아서 하는 일이라는 관점이다. 그리하여 '하늘의 임무'를 '훌륭한 목수'에 비교하고 있는데, 훌륭한 목수를 대신하여 서투른 초보가 나무를 대신 깎겠다고 나선 사람치고 손을 다치지 않는 사람이 드물다는 이야기다.

노자는 "가장 훌륭한 지도자는 사람들이 그의 존재가 있는지를 모른다."고 하면서, 그 다음의 반열에 드는 지도자를 차례로 4 가지로 구별하여 설명하고 있는데, 지도자들이 참고해야 할 좋은 사례가 된다고 할 수 있다. 『도덕경』 17장에서 이를 잘 말해 주고 있다.

---

37) 『道德經』 74, "民不畏死, 奈何以死懼之, ... 常有司殺者殺, 夫代司殺者殺, 是謂代大匠斲, 夫代大匠斲者, 希有不傷其手矣."

> "가장 훌륭한 지도자는 사람들이 그 존재 정도를 알 뿐이며, 그 다음의 지도자는 사람들이 가까이하며 칭찬하는 지도자이고, 그 다음의 지도자는 사람들이 두려워하는 지도자이며, 그 다음의 지도자는 사람들이 업신여기는 지도자다."[38]

여기서 흥미로운 사실은 노자가 이상적으로 여기는 통치자의 모습이 잘 나타나 있는데, 가장 훌륭한 지도자는 마치 요순시대의 이상적인 통치자처럼, 백성들이 그의 존재를 잊을 정도로 존재감을 잘 드러내지 않는다는 뜻이다. 이는 '무위'를 강조하는 노자의 정치철학을 잘 반영해 주는 대목이다. 문제는 이러한 훌륭한 지도자로서의 이상적인 인물이 못되는 그 다음의 단계는 '사람들이 가까이 하며 칭찬하는 지도자'이다. 이러한 두 번째 단계의 지도자에 대한 왕필의 주석은 이렇다. "무위로 일을 처리하지 못하고, 말없는 가르침을 펴지 못하여, 선(善)을 세워 베푸는 일을 행함으로 아래 백성들이 그를 가까이 하고 존경하게 한다."[39] 왕필의 해석 가운데 주목할 부분은 지도자가 '무위'로 다스리지 못하는 경우에 '선'을 내세워 선행을 베풀게 한다는 입장이다. 이는 선행을 베풀지 않고 두려운 폭정과 위압의 정치를 하는 3번째 단계나, 아예 백성이 무시하는 4번째 단계의 지도자 보다는 더 낫다고 할 수 있을 것이지만, 여전히 최선의 통치술이 되지 못한다는 지적이다. 최고의 훌륭한 무위의 다스림에는 백성들 스스로도 '무위자화(無爲自化)'하는 단계에 이른다.

노자는 또한 군주가 백성들을 통치하기 어려웠던 이유는 지도자들

---

38) 『道德經』 17, "太上, 下知有之. 其次, 親而譽之, 其次, 畏之. 其次, 侮之."
39) 王弼, 『老子道德經注』, op., cit.,p.43.

스스로가 무위를 실현하지 않고 '유위'를 계속행하기 때문이라고 한다. 『도덕경』 75장에서 이렇게 말하고 있다.

> "백성을 다스리기 힘든 까닭은 통치자가 망령된 행위를 행하기 때문이다. 그래서 다스리기 어렵다. 백성이 죽음을 가벼이 여기는 것은 통치자가 과분한 생활을 탐욕하기 때문이다. 그래서 죽음을 가벼이 여긴다. 오직 과분한 삶을 누리려고 하지 않는 것이 사치와 안락을 추구하며 애써 고귀하게 살려는 것보다 현명하다."[40]

무위의 정치는 이렇게 지도자의 탐욕에 따른 '유위'의 정치를 비판하며, 그 문제점을 극복하는 방안으로 노자가 제시하고 있는 것이다. 노자는 줄곧 백성들의 문제보다 정치 지도자들의 문제를 거론하면서 "윗물이 맑아야 아랫물이 맑다"는 속담을 연상시킨다. 그러한 무위의 정치는 앞서 언급한 바와 같이, 도를 간직한 상태에서 천도에 따른 자연의 순리와 더불어 인사(人事)를 포함한 제반영역에서 대공무사하고 중도의 허정한 정치철학을 실천하는 것이다.

Ⅳ. 소박(朴)과 겸손(謙)의 정치학

노자의 정치철학은 수도포일(守道抱一), 무위자화(無爲自化)에 이어서 사사로운 잔꾀(私智)를 반대하고 순박한 정치를 수호할 것을 주장한다. 이른바 '소박과 겸손의 정치학'이다. 이는 노자가 『도덕경』 19장

40) 이명권, op., cit., p.189. "民之難治, 以其上之有爲, 是以難治. 民之輕死, 以其上求生之厚, 是以輕死. 夫唯無以生爲者, 是賢於貴生."

에서 말하는 바, '소박함을 드러내고 질박함을 안으라.'는 '현소포박(見素抱樸)'의 정치철학이기도 하다.

1. 잔꾀를 버리고 소박함을 간직하라(無智守朴)

정치에 '순수함'이 통할까 하는 의문이 들것이다. 그럼에도 불구하고 노자는 이상적 정치의 가능성에 대해 지고한 가능성으로서의 '무위이치(無爲而治)'를 말하고 있는 것을 앞선 장에서 보았다. 노자에게서 '소박함' 혹은 '순수함'은 '스스로 그러한' 원리로서의 자연스러움이다. 일체의 인위적인 욕망이 배제된 상태가 곧 소박함이다. 이른바 잔꾀를 버리고 소박함을 간직하는 '무지수박'의 정치철학을 말하고 있다. 노자는 잔꾀로 나라를 다스리려고 하는 자를 나라의 도적이라고 엄중하게 경고한다. 『도덕경』 65장에서 다음과 같이 말한다.

> "백성을 다스리기 어려운 것은 그 잔꾀가 많기 때문이다. 그러므로 잔꾀로서 나라를 다스리는 것은 나라를 해치는 것이고, 잔꾀로서 나라를 다스리지 않는 것이 나라의 복이 된다."[41]

노자 본문에는 '지(智)'로써 나라를 다스리기 때문에 나라가 어렵고 그러한 행위는 나라의 도적이 된다고 했다. 이때의 원문 '지(智)'는 지모(智謀)로서 잔꾀를 뜻한다.[42] 이러한 잔꾀로써 나라를 다스리지 않

---

41) ibid., p.149. "民之難治, 以其智多, 故以智治國, 國之賊; 不以智治國, 國之福."
42) 노자의 통행본에서 '智'라고 표현된 것에 대하여, 帛書甲本에는 '以其知也'라고 되어있다. 이에 대해 훈고학적 본문 비평에 강한 고형(高亨)은 '知'로서는 뜻이

는 것은 나라의 복이라 했다. 그리하여 노자는 『도덕경』 19장에서도 잔꾀를 버릴 것을 강조하고 있다.

> "거룩하다는 생각을 끊고, 잔꾀(智)를 버려라. 백성의 이로움이 백배나 더하리라. 어질다(仁)는 생각을 끊고, 의롭다(義)는 생각을 버려라. 백성이 다시금 효성스러워지고 자애로워 질 것이다. 기교를 끊고 이(利)를 버려라. 도적이 없을 것이다"[43]

거룩하다는 생각을 끊으라고 할 때의 '절성(絶聖)'은 노자가 『도덕경』 다른 본문에서 약 30회에 걸쳐서 언급한 '성(聖)'의 개념과 달리 해석 될 수 있다. 물론 '거룩한 체 하다'라는 의미에서의 '거룩(聖)'으로 설명되기도 하지만, 본장에서는 고대 한자의 용례를 따라, 『설문해자』의 뜻풀이로 설명할 수도 있다. 예컨대, '성(聖)'이라는 글자는 '통(通)'의 의미를 지녔던 것이다.[44] 이른바 통달의 의미다. 그러니 '통달했다는 그런 생각을 끊어라.'는 의미가 된다. 그 이후에 계속 되는 '인(仁)'이나, '의(義)'다 하는 것도 마찬가지로 그러한 형식적인 외형적 위선을 버리고 기교를 버릴 때, 도적이 없을 것임을 말하고 있다. 이러한 설명은 모두 순박한 상태로 돌아갈 것에 대한 교훈이다.

'절성(絶聖)'에 대한 하상공의 해석은 독특하다. "성스럽다는 생각

통하지 않는다고 하였다. cf. 高亨, 『老子正詁』, (北京: 清華大學出版社, 2010), p.96. 왕필은 '以其智多'로 해서 그에 대한 주석으로 "잔꾀가 많아 교묘하게 속인다(多智巧詐)"라고 했다(王弼, op., cit., p.173.). 이에 대해 하상공도 '以其智多'를 주석하기로, '그 잔꾀가 너무 많아, 반드시 교묘함과 거짓됨을 행한다(以其智太多, 必爲巧僞)'라고 했다(河上公, op., cit. p.89).

43) 이명권, op., cit., pp.133-136. "絶聖棄智, 民利百倍. 絶仁棄義, 民復慈孝. 絶巧棄利, 盜賊無有."

44) 高亨, 『老子正詁』, p.31 "聖, 通也'..

을 끊고 인위적인 조작을 제어하여 처음으로 돌아가서 근원을 간직하라. 오제(五帝; 소호, 제곡, 전욱, 요, 순)가 '상(象)'을 만들고, 창힐이 글자를 만들었지만, 삼황(三皇: 복희, 신농, 수인)시절에 글자도 없이 새끼줄 매듭으로 소통했던 것보다는 못하다"[45] 이러한 하상공의 해석은 앞서 언급한 노자의 본문에서 이어지는 다음의 표현에 대한 주석과도 관련된다. 예컨대, "소박함을 드러내고 질박함을 안으라(見素抱樸). 사사로움을 적게 하고 욕심을 줄이라(少私寡欲)"는 이 표현은 '거룩하다, 지혜롭다(聖, 智)', '어질다, 의롭다(仁, 義)', '교묘하다, 이롭다(巧, 利)' 하는 이 세 가지를 버리고 '소박함을 안으라(抱樸).'는 이른바, '포박의 정치학'이다. '포박'은 꾸밈과 장식을 버리고 순수로 돌아가서, 인간 본래의 순박함을 회복하라(還淳返樸)는 노자의 핵심사상이다. 이러한 '포박'의 사상은 당시의 사회적 병리현상을 치유하고자 한 노자의 일갈(一喝)이라 할 수 있다. 노자가 이처럼 '지모(智謀)'를 버리라고 한 이유는 『도덕경』18장에서 잘 언급되고 있다.

> "큰 도(道)가 사라지니 인(仁)이다 의(義)다 하는 것이 생겨난다. 지혜와 지략이 나타나니 큰 위선이 생긴다. 육친이 화목하지 못하므로 효도와 자애가 있게 된다. 국가가 혼란하니 충신이 있게 되었다."[46]

국가가 혼란에 빠지는 가장 근본적인 원인 가운데 하나로 노자는 '대도(大道)'가 무너지고 사라졌기 때문이라고 한다. 유교가 강조하는

---

45) 河上公, op., cit., p.25. "絶聖制作, 反初守元. 五帝垂象, 蒼頡作書, 不如三皇結繩無文."

46) 『道德經』 18, "大道廢, 有仁義. 慧智出, 有大僞. 六親不和, 有孝慈. 國家混亂, 有忠臣."

'인의예지'도 모두 대도가 무너진 결과로 보는 것이다. 특히 '지(智)'는 '지혜'라기 보다는 잔꾀로서의 '지모'로 전락하여 큰 위선이 생기고, 육친(六親, 父子兄弟夫婦)이 불화(不和)하니 효자(孝慈)라는 말이 강조되고, 마침내 국가가 혼란해져서 충신(忠臣)을 내세운다는 것이다. 이와 같이 잔꾀를 부려서 위선이 생기는 것(智慧出, 大有僞)에 대한 하상공의 해석이 흥미롭다. 그는 해석하기를 "지혜를 가졌다는 임금이 덕을 천하게 여기고 말을 귀하게 여기며, 질박한 것을 천하게 여기고 꾸밈을 귀하게 여기니, 백성들이 이에 큰 위선과 간사함으로 대응한다."[47]고 했다.

이러한 일련의 모든 사회적 병리는 모두 순박한 도의 정치를 버리고 술수와 지략으로 정치하는데서 비롯된 것이므로, 통치자는 반드시 '순박함으로 치리하라'는 순박치민(淳朴治民)의 정치철학을 말하고 있는 것이다. 노자의 이러한 가르침은 문명화된 오늘의 도시 사회에서도 여전히 순수를 버리고 기만과 술수에 능한 정치와 지도력에 대한 신랄한 비판이 되고 있다. 그렇다면 과연 어떻게 순박함을 간직한 통치를 할 것인가? 노자는 『도덕경』28장에서 일말의 힌트를 주고 있다. 이른바 '통나무(樸)'의 비유다.

> "영화(榮華)를 알면서도 수욕(羞辱)을 간직하면 천하의 계곡이 될 수 있다. 천하의 계곡이 되면 늘 덕이 풍족하여 소박한 통나무로 돌아간다. 통나무가 쪼개지면 그릇이 된다. 성인이 이 그릇을 사용하면 관아의 어른이 된다. 그러므로 큰 다스림엔 분할이 없다."[48]

---

47) 河上公, op., cit., p.24. "智慧之君賤德貴言, 賤質貴文, 下則應之以大僞奸詐."
48) 『道德經』 28, "知其榮, 守其辱, 爲天下谷. 爲天下谷, 常德乃足, 復歸於樸. 樸散則爲器. 聖人用之, 則爲官長. 故大制不割."

여기서 노자는 통나무의 소박함을 도에 비유하는 이른바, '통나무의 정치철학'을 말하고 있다. 영욕(榮辱)을 동시에 간직한 것과 같은 통나무는 깊은 계곡이 되어 물이 깊은 계곡으로 흘러 들 듯이 '천하의 계곡'이 됨으로써, 늘 덕이 그침 없이 풍족한 '통나무'(樸)가 된다. 노자 본문에서 "통나무로 돌아간다(復歸於樸)"는 표현에 대해 하상공은 "마땅히 질박함으로 돌아가는 것이지, 다시 꾸미거나 겉치레를 하지 않는다."고 해석한다. 뿐만 아니라 천하의 계곡이 된 통나무는 덕이 풍족하기에 이 통나무로서의 덕이 흩어져서 나누어지면 '그릇'이 된다. 큰 덕의 쓰임새가 달라지는 모양새다. 큰 덕으로서의 '통나무가 쪼개어지고 다듬어지는 과정에서 그릇이 되는 것(樸散則爲器)'에 대하여서도 하상공은 다음과 같이 독특한 해석을 내린다. "만물의 질박함이 나누어지고 다듬어지면 다양하게 쓰이는 그릇이 된다. 마치 도가 분산되면 신명(神明)이 되고, 해와 달이 되며, 나뉘어서 오행(五行)이 된다."[49]

하나의 큰 도에서 만물이 분산 운행 되듯이, 천하의 큰 계곡과 같은 통나무의 질박한 덕목에서 인간 본연의 순수를 찾고 잔꾀를 부리지 말고 도의 정치를 실현하라는 노자의 교훈이다. 흥미로운 사실은 하상공이 지적하고 있듯이 도가 분산되어 각각의 신체에서 신명이 날뿐 아니라, 해와 달과 같은 일월과 오행의 전개도 '통나무 정신'에서 출발하고 있다는 것이다. 도와 덕의 관점에서 출발하는 우주론적 전개가 인간과 통치철학에도 적용된다고 하는 것은 당연한 귀결일

49) 河上公, op., cit., p.40. 하상공은 '復歸於樸. 樸散則爲器'라는 노자 본문에 대해 다음과 같이 주석했다. "復當歸身於質樸, 不復爲文飾. 萬物之樸散, 則爲器用. 若道散, 則爲神明, 爲日月, 分五行."

것이다. 그리하여 노자는 통나무에서 비롯된 각종 '그릇'을 성인이 잘 활용함으로써, 각종 다양한 분야의 지도자들이 배출된다고 했다. 이른바 '통나무 인사정책'이라고 할 수 있을 것이다. 이는 노자가 "큰 다스림에는 분할이 없다(大制不割)."라고 한 것도 상통하는 것으로, 큰 도로써 천하를 다스림에는 상처를 주지 않고 분할정책을 쓰지 않는 것이며, 모두가 소박하게 하나 되는 정치를 펼친다는 것이다.

2. 겸양의 정치학

노자의 사상과 정치철학에서 빼 놓을 수 없는 것이 겸양의 미덕이다. 통치자의 오만은 패망의 선봉이다. 노자는 그리하여 『도덕경』의 상당 부분에서 부드럽고 약한 것이 강하고 단단한 것을 이긴다는 논리와, '겸허하게 낮추는 자가 오히려 높임을 받는다(柔弱處上, 76장)'는 역설의 논리를 강조한다. 그런 점에서 임금을 포함하여 지위가 높아질수록 더욱 겸양이 필요하다. 그리해야 높아져도 위험하지 않고 고귀함을 오래 간직할 수 있다. 노자는 세계에서 가장 낮은 것은 바다라고 하면서 『도덕경』 66장에서 겸허의 원리를 다음과 같이 바다에 비유했다.

> "강과 바다가 온갖 시냇물의 왕이 될 수 있는 까닭은 그것이 낮은 곳에 잘 처하기 때문에 온갖 물줄기가 모여드는 시냇물의 왕이 될 수 있다. 그러므로 성인이 백성의 위에 있고자 할 때면 반드시 그들에게 겸손하게 말하고 백성 앞에서 지도하게 될 때는 반드시 자신을 그들보다 뒤에 있

> 게 한다. 그런 까닭에 성인이 윗자리에 있어도 백성은 힘들어 하지 않고 앞에 있어도 백성이 방해가 된다고 느끼지 않는다. 이로써 천하의 모든 사람들이 그를 즐겁게 추대하며 싫어하지 않는다."[50]

이 같은 노자의 진술에 더 이상 사족(蛇足)이 필요 없다. 바다가 천하에 가장 낮은 곳에 처함으로써 모든 계곡의 물이 흘러 드는 것처럼, 임금도 바다같이 낮은 자세로 처해야 온 백성을 이끌고 그들의 존경도 받게 된다. 이른바 바다가 '백곡의 왕(百谷王)'이 되는 것이다. 뿐만 아니라 노자는 물이 아래로 흘러가는 성질을 겸허에 비유하고 있다. 『도덕경』 8장에는 그 유명한 '상선약수(上善若水)'의 비유가 나온다.

> "가장 훌륭한 것은 물과 같다. 물은 만물을 잘 이롭게 해주면서도 다투지 않으며, 뭇 사람이 싫어하는 곳에 머문다. 그러므로 도에 가깝다."[51]

노자는 물이 아래로 흘러가면서도 만물을 이롭게 하고 또한 다투지 않는 '부쟁(不爭)'의 정신에 비유하기도 했다. 이러한 물의 성질을 도에 비유하면서, 천하에 물보다 더 유약한 것이 없으면서도 지극히 강하고 견고한 것을 공격하여 이긴다는 비유도 『도덕경』 78장에서 하고 있다.

---

50) 『道德經』 66, "江海所以能爲百谷王者, 以其善下之, 故能爲百谷王. 是以(聖人)欲上民, 必以言下之, 欲先民, 必以身後之. 是以聖人處上而民不重, 處前而民不害, 是以天下樂推而不厭."
51) 『道德經』 8, "上善若水, 水善利萬物而不爭, 處衆人之所惡, 故幾於道."

"천하에 물보다 더 유약한 것이 없지만 굳세고 강한 것을 꺾는 데는 물보다 더 나은 것이 없다. 물의 이 같은 성질을 대체 할 수 있는 것은 아무것도 없기 때문이다. … 그러므로 성인은 말하기를 나라의 허물을 기꺼이 받아들이고 나서야 사직의 주인이라 할 수 있고 나라의 환난을 기꺼이 받아들이고 나서야 바로 천하의 왕이라 할 수 있다. 바른 말은 반대처럼 들린다."[52]

임금이 '나라의 허물'을 받아들인다는 것은 나라가 당하는 '굴욕(屈辱)'을 뜻하는데, 이는 나라가 위기에 처하여 깊은 곤란을 겪고 있는 상황을 말한다. 이러한 위기상황을 잘 극복하고 다시 일어서게 할 수 있을 때, 진정한 사직(社稷), 곧 나라의 주인이 될 수 있다는 뜻이다.[53] 나라를 이끄는 지도가 과연 어떤 자세를 갖추어야 할 것인지를 되새겨 보게 하는 겸허의 통치철학이다. 특히 노자는 '바른 말이 반대처럼 들린다.'는 '정언약반(正言若反)'을 본문 말미에 언급하는데, 이러한 정신은 겸손의 위력을 보여 주는 역설이다. 그러한 내용은 『도덕경』 68장에서도 잘 드러나고 있다.

"훌륭한 무사는 무력을 쓰지 않고, 잘 싸우는 사람은 노하지 않는다. 적을 잘 이기는 사람은 적과 싸우지 않고 남을 잘 쓰는 사람은 남의 아래에 처한다. 이것을 싸우지 않는 덕이라 하고 사람을 잘 활용하는 능력이라 하는데 이것은 예부터 하늘의 도리에 가장 잘 부합하는 지극한 준칙이다."[54]

---

52) 『道德經』 78, "天下莫柔弱於水, 而攻堅强者, 莫之能勝, 以其無以易之. … 是以聖人云, 受國之垢, 是謂社稷主, 受國不祥, 是謂天下王, 正言若反.
53) 鄭張歡, 『老子今釋』, (濟南: 齊魯書社, 2008), p.128.
54) 『道德經』 68, "善爲士者不武, 善戰者不怒, 善勝敵者不與, 善用人者爲之下. 是謂不爭之德, 是謂用人之力, 是謂配天古之極."

여기서 "남을 잘 쓰는 사람은 남의 아래에 처한다(善用人者爲之下)." 는 말에 주목할 필요가 있다. 이른바 '용인술(用人術)'이다. 그러나 남위 위에서 갑으로 을을 대하는 권위적인 방법이 아니라, 진정한 의미에서 남의 아래에 처할 수 있는 자세를 말한다. 그렇게 될 때, 비로소 다툼이 없게 되고 하늘의 도리에도 부합하는 '배천(配天)'의 모범도 된다. 이러한 겸손의 미덕과 통치술은 노자 본문의 전반에 흐르고 있는 사상이다.

V. 결론

노자의 정치철학은 '천도(天道)'에 입각한 성인(聖人)의 통치철학이다. '천도'라고 하는 것은 '인도(人道)'와 다소 상반적인 것으로 인위적인 조작적 통치를 하려고 하지 않는 순수하고 소박한 '무위(無爲)'의 정치를 말한다. 이른바 '무위이치(無爲而治)'의 실현이다. 그러기에 노자는 인위적인 술수와 사욕에 기초한 정치를 거부하고, '통나무(樸)처럼 소박한 '하나(一)'의 도(道)를 간직하여 통치하는 '수도포일(守道抱一)'의 정치철학을 주장하고 있다. 이러한 '포일'의 정치에는 다투지 않는 '부쟁(不爭)'의 원리에 입각한 반전평화(反戰平和) 사상이 깃들어 있다. 부쟁의 사상을 강조하기 위해 노자는 '상선약수(上善若水)'와 같은 비유를 들기도 하고, '무위'의 정신을 실천하기 위한 '허정(虛靜)'과 '유약(柔弱)'의 사상을 강조하고 있다.

'비고 고요한 마음'이나 '유연하고 약한 것'이 오히려 강하고 단단한 것을 이긴다는 노자의 역설이 담겨있는 정치철학이다. 노자의 핵심

사상이 '비움' 즉 '허(虛)'의 개념에 충실히 담겨 있다고 볼 때, 이때의 '비움'은 물론 욕심을 비우는 것으로, '허심(虛心)'의 사상과 결부되고 이는 다시 늘 '빈 마음'에서 끝나는 것이 아니라, '주린 배를 채운다(實腹)'는 실제적인 문제로 이어진다. 이른바 마음은 비우되 몸은 튼튼히 하는 '허심실복(虛心實腹)'의 정치학이다. 이러한 사상을 실천하기 위해서 노자는 이중 삼중의 과대한 세금을 줄이고(輕稅), 백성의 삶을 윤택하게 하는 통치를 주장하고 있다. 물론 이 또한 전쟁이 난무하던 춘추전국 시대의 시대상을 반영하고 있기 때문이다.

이 같은 '무위'의 정치철학으로서의 성인의 통치는 물론 '대공무사(大公無私)'하여 사회적으로 소외되고 낮은 자들까지 모두를 포괄하는 균형 잡힌 통치로서 '억강부약(抑强扶弱)'의 정치를 수반하는 것이다. 그 실천의 방식이 소박과 겸손의 정치다. 잔꾀를 버리고 소박함을 따르면서, 온갖 계곡의 물을 받아서 포용하는 바다가 '백곡(百谷)'의 왕이 될 수 있는 것처럼 낮은데 처할 수 있는 겸허의 정치를 실현 할 때 만백성이 태평을 누리게 된다는 것이다. 이것이 하늘에 부합하는(配天) 천도의 통치철학이다.

물론 노자의 이상적 정치철학이 현실에서 한계가 없는 것은 아니다. 이상과 현실에는 언제나 기리가 있을 수 있다. 그럼에도 불구하고 노자의 이상과 같은 수준 높은 정치철학은 현실 극복의 대안으로서 하나의 모범적인 지침이 될 수는 있다. 이상이 없는 현실은, 특히 물질숭배와 권위주의 현실에서는 노자의 '수도무위(守道無爲)'의 정치철학이 묵은 때를 벗기는 훌륭한 거울(賢覽)이 될 수 있을 것이다.

참고문헌

高亨, 『老子正詁』, (北京: 清華大學出版社, 2010)
劉康德, 『老子』, (上海: 上海辭書出版社, 2018)
王孺童, 『道德經講義』, (北京: 中華書局, 2013)
(魏)王弼, 『老子道德經注』, (北京: 中華書局, 2011)
鄭張歡, 『老子今釋』, (濟南: 齊魯書社, 2008)
陳劍, 『老子譯注』, (上海: 上海古籍出版社, 2019)
陳鼓應, 『老子今注今釋』, (北京: 商務印書館, 2015)
[漢] 河上公, [唐] 杜光庭等注, 『道德經集釋』, [上冊], (北京: 中國書店, 2015)
이명권, 『노자왈 예수 가라사대』, 상·하권, (열린서원, 2017)

조지아의 체제전환: 속국에서 독립국으로

조 은 식

조지아의 체제전환: 속국에서 독립국으로[1)]

조 은 식 숭실대학교 교수

I. 들어가는 말

조지아는 우리에게 그리 익숙한 국가는 아니다. 조지아의 원래 명칭은 러시아어로 그루지야(Gruzija)였다. 그루지야는 재정 러시아의 지배를 받았고 소비에트에 병합되어 소비에트 연방 국가 가운데 하가 되었다. 스탈린이 그루지야 출신이었다. 그루지야는 우리나라만큼이나 내적 혼란과 갈등 그리고 분쟁, 그뿐만 아니라 주변국과의 영토전쟁과 식민지화 등이 끊이지 않았던 국가이다. 갈등과 분쟁으로 인한 아픔과 상처가 아직도 치료되지 않은, 여전히 치료 중인 안타까운 국가이기도 하다. 소련이 붕괴하면서 독립한 그루지야는 친서방

1) 이 글은 2019년 6월 30일 '유라시아 과거사청산과 한반도 통일'이라는 주제로 개최된 〈제7차 국제학술대회〉에서 "Study on the Process of System Transition of Georgia"라는 제목으로 발표한 논문을 보완하여 게재한 "A Study on the Process of System Transition of Georgia," *Korea Presbyterian Journal of Theology(장신논단)* vol. 53. no. 4 (2021): 105~130의 일부 내용을 한국어로 번역 수정한 것이다.

정책을 표방하면서 영토문제와 경제적 지원을 받기 위해 러시아와도 교류하는 이중적인 외교 관계를 하기도 했으나 그것은 생존 차원에서 불가피하게 이루어진 실리적 외교로 보아야 할 것이다. 국가 명칭은 러시아에 대한 반감이 있던 샤카쉬빌리 대통령이 2009년 그루지야를 조지아로 호칭해줄 것을 국제사회에 공식 요청하였다. 그 후 그루지야를 조지아로 부른다고 보면 되겠다.

이 글에서는 조지아가 어떤 과정을 겪으며 러시아의 지배를 받게 되었는지와 소비에트 연방의 하나로 되었는지, 그리고 소비에트 연방 해체 이후 독립하여 체제를 다듬어 가는 과정에서 발생한 여러 가지 상황들을 간략하게 소개하면서 조지아의 체제전환 과정을 살펴보겠다.

Ⅱ. 그루지야의 위치와 역사

1. 지정학적 위치

조지아는 지리적으로 동쪽으로는 카스피해와 서쪽으로는 흑해 중간에 있는 나라이다. 북쪽은 러시아와 경계를 하고 있으며, 남서쪽은 이슬람 국가인 터키와, 남쪽은 기독교 국가인 아르메니아와, 그리고 남동쪽은 이슬람 국가인 아제르바이잔과 경계를 하고 있다. 조지아의 북서쪽에는 압하지야(Abkhazia)가 있고, 북쪽 정 가운데 러시아 국경 사이에 남오세티야(South Ossetia) 공화국이 자리 잡고 있다. 남서쪽에는 아자리아(Ajaria)가 있다.

과거에 조지아는 비단길이 통과하는 지역으로 동서 문물교류의 요충지였다. 기독교, 이슬람교, 그리고 불교를 접할 수 있는 지리적 위치로 인해, 그리스 로마의 영향은 물론이고 기독교를 접하여 수용하였고 이로 인해 친서방적 경향을 나타냈으며, 중세 이후부터는 페르시아와 터키의 영향을 받았다.[1)] 조지아의 지정학적 위치는 흑해로 진출하려는 강대국의 전략 지역이 될 가능성이 크고 주변 강대국과의 영토분쟁을 일으키기에 충분한 위치로 보인다. 마치 한반도가 러시아, 중국, 일본의 각축장이 되었던 것과 유사하다. 더구나 조지아 영토 안에 압하지야, 남오세티야, 아자리아 공화국이 자리 잡고 있는 형국은 세 민족과 민족갈등뿐만 아니라 지속적인 영토분쟁을 초래할 수밖에 없는 상황으로 보인다.

2. 그루지야의 시작과 러시아 지배

조지아는 그루지야 종족이 이주해와 정착한 것으로 알려졌다. 고대에는 동쪽의 카르틀리(Kartli) 공국과 서쪽의 이베리아(Iberia) 공국이 있었다. BC 4세기에 그루지야 국가가 형성되었다. 그러나 그루지야는 BC 1세기부터 로마의 지배를 받게 되었고, AD 334년 미리안 3세 국왕이 기독교를 수용하였다. 그 후 중세시대에 페르시아와 투르크 민족의 압력을 받으면서도 기독교 유산과 전통을 유지했다. 1236년 몽골의 침략으로 지배를 받게 되자 그루지야의 친서방 정책

1) 정세진, "그루지야 역사의 공간과 접변 연구— 동과 서, 북방의 경계를 중심으로," 『국제지역연구』 제12권 제1호 (2008): 330, 331.

은 종식되었고 유럽 중심의 문화 정체성은 퇴색되었다.[2] 카르틀리 공국의 게오르기 5세가 몽골을 격퇴하면서 그루지야 땅이 통일되었다. 그러나 1386년 티무르제국이 트빌리시를 파괴함으로 그루지야의 국력은 약화되었다.

1453년 오스만 투르크가 비잔틴 제국의 수도인 콘스탄티노플을 점령함으로 비잔틴 제국이 멸망했다. 이에 그루지야는 오스만 투르크와 대치하게 되었고 동방의 이슬람 세력에 포위된 형국이 되었다. 결국, 동그루지야는 페르시아에게, 서그루지야는 오스만 투르크에게 지배당했다.[3] 1762년 헤르켈러 2세는 당시 동그루지야에서 형식적인 지배권을 갖고 있던 페르시아 세력을 몰아내고, 1773년에는 서그루지야를 점령하고 있던 오스만 투르크 세력을 몰아내기 위해 러시아의 보호를 요청하였다. 이에 러시아 군대가 그루지야 일부 지역을 장악하여 오스만 투르크와 거의 30년 동안 그루지야의 지배권을 놓고 다투었다.[4]

1783년 카르틀리 공국의 이라클리(Irakli) 2세는 러시아와 게오르기예프스크 조약(Treaty of Georgievsk)을 체결했다. 이 조약으로 그루지야 왕은 국내 문제에 관한 자치권만 행사하고, 외교권과 국방권을 러시아에 넘기게 되었다. 이것이 그루지야가 러시아로 병합되는 시작이었다. 제정 러시아는 그루지야 일부 지역을 점령하였다. 1795년 페르시아(이란)가 동그루지야의 트빌리시를 공격하자, 동그루지야는 러시아에 다시 보호 요청을 하였다. 그 후 1801년 제정 러시아의

2) 몽골군이 최초로 출현한 시기는 1220년이다. 1236년 몽골군이 세 번째로 침략하였다.
3) 위의 글, 330-336.
4) 위의 글, 336-337.

알렉산드르 1세는 동그루지아에 속한 카르틀리 공국과 카헤티(Kakheti) 공국을 공시적으로 폐위했다. 그루지야의 바그라티드(Bagratid) 왕조는 러시아에 합병됨으로 끝이 났다. 1804년 서그루지야도 러시아에 병합되었다. 이렇게 러시아는 서서히 그루지야 영토를 복속시켰다. 이후 그루지야는 1901년 독립 공화국이 될 때까지 러시아의 지배를 받았다.5)

러시아의 지배를 받으며 러시아화 되는 과정에서 그루지야의 계급제도에 변화가 왔다. 귀족계급의 사회적 정치적 신분이 급격히 저하되면서 새로운 노동자 그룹이 형성되었다. 이런 과정에서 그루지야에 있던 아르메니아 상인계급이 경제적 영향력을 행사하며 부상하였다. 이런 현상이 그루지야인들의 민족의식을 일깨우는 계기가 되었다. 지식인 계급은 19세기 러시아의 사상과 유럽의 정치사상 및 철학을 민족주의의 이론적 토대로 사용했다. 20세기 초반에는 그루지야의 혁명 마르크스주의자들이 러시아 사회당의 지도아래 급속하게 성장하였다. 1900년경 농촌 인구가 급속히 도시로 이주했고, 노동자 계급이 지식인 계급에 의해 형성되기 시작했다. 이들은 아르메니아 부르주아와 제정 러시아 관료주의의 붕괴를 위한 투쟁을 벌였다. 제정 러시아 식민주의 통치의 붕괴가 이들의 중요한 목표였다.6)

러시아에서 볼셰비키 혁명이 성공한 1917년까지 그루지야에서는 러시아로부터의 독립을 꾀하는 어떤 정치 운동도 없었다.7) 그러다 1918년 그루지야의 멘셰비키 중심의 사회민주당원들은 그루지야

---

5) 위의 글, 337-338.
6) 위의 글, 338-339.
7) 현승수, “조지아(그루지야) 민족주의의 딜레마,” 『e-Eurasia』, vol. 33 (2011): 4.

공화국을 공식 선포하였다. 그러나 소비에트 정부는 1921년 그루지야를 강제적으로 병합하여 소비에트 체제의 연방국가의 하나로 간주하였다. 비록 형식적으로는 주권국가로 간주되었고 자체 외무성까지 갖추고 있었지만, 소비에트 체제의 일부일 뿐이었다.[8] 1924년 그루지야의 독립을 요구하는 민족주의자들의 반 볼셰비키 봉기가 실패한 후 1991년 소련으로부터 독립하기 전까지 어떤 반소 운동도 없었다.[9]

III. 그루지야에서 조지아로 체제전환

1. 그루지야의 독립과 장미 혁명

1989년 4월 9일 트빌리시에서 소비에트 정권에 대한 항의집회 도중 소련군의 발포로 시민 19명이 사망하는 사건이 발생했고, 7월 15일에는 압하지야 공화국 수도 수후미(Sukhumi)에서 압하지야인과 그루지야인 사이의 유혈 충돌이 있었다. 1990년 11월 종족 민족주의를 주창한 영문학자 감사후르디아(Zviad Gamsakhurdia)가 최고 소비에트 선거에서 의장으로 선출되었다.[10] 그리고 1991년 4월 9일 의회는 그를 대통령으로 지명했고, 그는 그루지야의 독립을 선언했으며, 5월 26일 높은 지지율로 대통령에 선출되었다.[11] 그해 8월 그루

---

8) 정세진, "그루지야 역사의 공간과 접변 연구," 339.
9) 현승수, "조지아(그루지야) 민족주의의 딜레마," 5.
10) 감사후르디아의 종족 민주주의에 대해서는 현승수, "포스트소비에트 조지아의 국가 건설: 국민주의와 제도화, 분쟁의 상관관계를 중심으로," 『동유럽발칸연구』. 제29권 (2012): 221-222 참조.

지아는 독립되었다. 그러나 그해 말 그를 민주주의를 파괴하고 민족 분규와 내란을 이끈 독재자로 폄하하는 반대파들의 군사 쿠데타로 인해 그는 대통령직에서 밀려났다. 1992년 3월 쿠데타 세력은 자신들의 행위를 정당화하기 위해 1990년 12월 소련의 외무장관에서 물러나 있던 그루지야 출신의 세바르드나제(Eduard Shevardnadze)를 모스크바에서 데리고 와 국가평의회(State Council) 의장으로 앉혔고, 그해 8월 직접선거로 그는 국회의장과 대통령에 선출되었다. 그는 공산주의자 이미지 탈피를 위해 세례를 받았다.[12] 그러나 그는 민족주의와 별 관계가 없는 사람이었다.[13]

세바르드나제는 그루지야를 소비에트 연방 해체 이후 독립한 11개 공화국이 참여한 독립국가연합(CIS=Commonwealth of Independent States)에 가입시키고 러시아와의 협력노선을 취해 자국 내 러시아 군대 주둔을 연장했다. 그는 1993년 10월 감사후르디아 세력이 일으킨 무장봉기를 진압하고, 1995년 11월 대통령에 재선되었고, 쥬바니아(Zhvania)가 국회의장을 맡았다. 세바르드나제는 헌법을 개정해 대통령의 권한을 강화했고 그러다 보니 권력간 견제기능이 약화되었다.[14]

외교적으로 현실주의자인 세바르드나제는 서방의 원조를 끌어들이고 동시에 러시아와의 관계 정상화에도 주력했다. 1997년에 그루

11) 현승수, "조지아(그루지아) 민족주의의 딜레마," 5, 허승철, 『조지아의 역사』 (파주: 문예림, 2016), 186.
12) 허승철, 『조지아의 역사』, 188-189.
13) 현승수, "그루지아 장미혁명의 재평가," 『e-Eurasia』, vol. 30 (2011): 13
14) 이상준, "조지아의 체제전환과 경제발전: 개혁의 성공 조건," 『슬라브학보』 第26권 3호 (2011): 39, 허승철, 『조지아의 역사』, 199-200.

지야는 우크라이나, 아제르바이잔 그리고 몰도바와 함께 '민주주의와 경제발전을 위한 기구(Organization for Democracy and Economic Development)인 GUAM(Georgia, Ukraine, Azerbaijan, Moldova)'를 결성했다. 1998년에는 유럽평의회에 가입하였고, 다음 해에는 CIS 안보조약에서 탈퇴하였다. 마침내 1999년 유럽안보협력기구(OSCE=Organization for Security and Co-operation in Europe) 정상회담에서 러시아군 기지 철수가 결정되었다. 이것은 그루지야의 외교적 승리로 평가되며 세바르드나제의 지도력이 인정받는 계기가 되었다.

그루지야는 이스라엘에 접근하여 무기를 제공받았고, 이란과 관계 개선을 하여 이란과 서방을 연결하는 중개자가 되었다. 터키와도 관계를 개선하여 터키가 그루지야를 통해 아제르바이잔과 카스피해에 접근할 수 있게 되었다. 그러나 세바르드나제 대통령은 체첸 2차 전쟁에서 모호한 태도를 취하여 러시아와의 관계가 악화되었고, NATO의 코소보 공격을 지지함으로 자국의 영토 통합에 부정적 영향을 끼쳤다. 결과적으로 그루지야는 미국과 러시아와 유럽으로부터 외면되었고, 세바르드나제는 기회주의자라는 악평을 받게 되었다.[15]

2000년 10월 법무장관을 맡았던 샤카쉬빌리(Mikheil Saakashvili)가 일 년만인 2001년 9월 사임하였고 신진 정치인들도 대통령과 결별하며 여당은 사실상 해체되었다. 샤카쉬빌리는 〈통일민족운동〉(UNM=United National Movement)을 창당하고 2002년 6월에 실시된 통일선거에서 트리빌리 시의회 의장으로 당선되었다. 2003년 11월 2일에 실시된 총선 개표 결과에 강한 의혹을 가진 샤카쉬빌리는 항의 행

15) 현승수, "그루지아 장미혁명의 재평가," 13.

진을 시민들에게 호소하였다. 대통령 하야와 재선거를 요구하는 대규모 시위가 계속되다가 11월 23일 세바르드나제를 축출하는 장미혁명(Rose Revolution)이 되었다. 장미 혁명은 국민의 자발적인 무혈혁명을 통해 독재체제가 종식되었다는 특성을 갖는다.16) 혁명의 주역으로 일컬어지는 3인은 샤카쉬빌리와 〈부르자나제 민주주의당〉 지도자인 슬라브 쥬바니아(Zurab Zhvania), 그리고 같은 당 국회의장 출신인 니노 부르자나제(Nino Burjanadze)였다.17)

2004년 1월 샤카쉬빌리는 대통령에 취임했다. 그리고 협력자 쥬바니아는 총리가 되었고, 부르자나제는 국회의장이 되었다. 현승수는 샤카쉬빌리를 "탁월한 이미지 연출 전술과 군사를 이용하는 수사학"적 특징을 가진 인물로 묘사한다.18) 샤카쉬빌리는 친서방 정책을 표방했고 시민 민족주의에 입각한 국가 건설을 약속했다.19) 샤카쉬빌리는 자신의 측근을 치안 관계 요직에 배치하고 대통령의 권한을 강화했다. 샤카쉬빌리와 권력 분담을 한 쥬바니아 총리는 러시아의 과두재벌이었던 벤투키제(Kakha Bendukidze)를 영입해 민영화 정책을 적극적으로 추진하며 경제발전에 주력했다.20) 세바르드나제와 마찬가지로 샤카쉬빌리도 대통령이 되자 대통령의 권한을 강화했다.

16) 황성우, "그루지아 우크라이나 시민혁명과 헤게모니 충돌 비교," 『국제지역연구』 제12권 제3호 (2008. 10): 483.
17) 현승수, "그루지아 장미혁명의 재평가," 14, 허승철, 『조지아의 역사』, 204-206.
18) 현승수, "그루지아 장미혁명의 재평가," 15. "포스트소비에트 조지아의 국가건설," 227.
19) 현승수, "조지아(그루지아) 민족주의의 딜레마," 6. 장미혁명을 계기로 샤카쉬빌리 정권 아래에서 감사후르디아가 주창한 종족 민족주의가 억제되고 혁명적 국민주의와 이를 제도적으로 뒷받침할 국가주의(statism)가 대두되었다. 현승수, "포스트소비에트 조지아의 국가 건설," 213-218.
20) 현승수, "그루지아 장미혁명의 재평가," 15.

혁명을 하고 개혁을 한다고 하면서 대통령이 되면 권한을 강화하는 이유는 무엇일까?

집권 후 샤카쉬빌리는 친서방 외교 노선을 취하기 시작하여 NATO와 EU 가입을 적극적으로 추진했다. 2004년 8월 그루지야는 NATO에 '개별회원국 행동계획(Individual Partnership Action Plan)'을 제출하여 10월 승인을 받았다. 2005년 3월에는 NATO와 '평화를 위한 동반자(Partnership for Peace)' 협정에 서명했다. 그뿐만 아니라 2006년 5월 우크라이나 수도 키예프에서 열린 GUAM 정상회의에서 '유럽-아시아 트랜스 코카서스 통로(Europe-Asian Trans- Caucasus Transport Corridor)' 확대와 '통합과 안보를 위한 공동구역(Common Space of Integration and Security)' 설치를 위해 노력하기로 결의했다. 이 일은 러시아에 대항하는 연합성격이 강해 러시아의 신경을 자극했다. 또 2006년 10월에 '조지아-EU 행동계획(Georgia-EU Action Plan)'이 EU에 제출되어 11월 승인되었다. 이런 친서방 정책으로 러시아와의 관계는 악화되었다. 더구나 압하지야와 남오세티야와의 갈등과 긴장으로 러시아와의 관계는 더 악화되었다.[21]

샤카쉬빌리는 부패청산을 위해 트빌리시의 모든 교통경찰을 해고하고 시민들이 교통정리를 하게 한 후 반부패 서약을 받고 새로운 경찰을 뽑았다. 부패혐의가 있는 수사 경찰과 세관원 그 외 다른 공무원들도 대규모로 해고했다. 공무원의 숫자는 줄었지만 높은 급여가

---

21) 허승철, 『조지아의 역사』, 208-209. 샤카쉬빌리의 친서방 외교 노선으로 미국과 NATO 그리고 EU의 영향력이 남카프카스 지역으로 확대됨에 따라 러시아가 안보위협을 느껴 조지아의 국내 문제에 개입했다고 보는 견해도 있다. 이영형, "조지아의 갈등구조와 러시아의 지정전략," 분쟁해결연구 제13권 제3호 (2015): 258, 262.

제공됐다. 독립 15년 만에 처음으로 임금과 연금이 제대로 지급되었다. 부패한 공무원의 해고로 그친 것이 아니라 반부패 서약을 한 새로운 공무원을 선발하며 부패의 고리를 끊기 위해 급여와 연금을 제대로 지급하는 대책까지 세운 것이다. 교육 분야에서도 대학입시와 관련된 부정이 척결되었고, 전국 단일시험에 의한 대학입시 제도가 확정되었다. 또한 과감한 민영화 정책이 추진되어 재정 수입을 확대시켰다.[22]

샤카쉬빌리 정부의 개혁은 세 가지로 요약된다. 첫째는 "최소정부를 지향하며 재정준칙을 수립하는 것"이었다. 둘째는 "부패와 관료주의를 타파하고 비공식 경제를 줄이는 것"이었다. 셋째는 민간 부분의 발전을 어렵게 했던 조치를 수정하기 위해 기존의 규제를 단순화하고 기업경영에 관한 새로운 법규를 제정하였다.[23] 이런 노력으로 경제지표가 크게 개선되었다. GDP가 증가했고, 금융시장이 작동하기 시작했으며, 투자환경이 개선되어 외국인 투자 유입이 늘었고, 대외무역이 증가하였다. 재정 수입 증가로 부채를 상황하고 생긴 여유분으로 임금과 연금도 인상할 수 있었으나, 경제적 불평등과 빈곤 퇴치는 해결되지 못했다.[24] 장미 혁명으로 인한 개혁과 체제변화가 가능했던 이유는 "지속된 정치적 위기와 경제 파탄, 고위층의 부정부패와 도덕적 해이가 초래한 국민의 불만 표출"이었다.[25] 그럼에도 장미 혁명 이후 '민주화는 혁명을 가져왔지만, 혁명이 민주화의 진전을 가져오지는 못했다'는 평이다.[26]

---

22) 허승철, 『조지아의 역사』, 207-208.
23) 이상준, "조지아의 체제전환과 경제발전: 개혁의 성공 조건," 40.
24) 현승수, "그루지아 장미혁명의 재평가," 40-42.
25) 황성우, "그루지아 우크라이나 시민혁명과 헤게모니 충돌 비교," 492.
26) 현승수, "그루지아 장미혁명의 재평가," 15.

샤카쉬빌리 대통령은 자신과 정치적으로 갈등을 빚어온 오크루아슈빌리(Okruashvili) 전 국방장관을 국외로 추방하였는데 국가의 사법권을 남용한다는 비판을 받았다. 또한 트빌리시에서 반정부 시위가 발생했다. 이런 상황에서 샤카쉬빌리 대통령은 2007년 11월 사임하며 조기 대선을 요구했다. 2008년 1월 샤카쉬빌리는 대통령에 복귀했다. 재선에 성공했지만, 개혁에는 큰 진전이 없었다. 빈곤층은 확대되었고 글로벌 금융위기로 경제성장은 낮아졌다. 외국인 투자는 감소했고, 무역수지 적자는 늘어났고, 외국 원조는 줄어들었다. 실업률과 빈곤 상태는 개선되지 못했다.[27)]

개혁 가운데 사유화가 가장 눈에 띄는 개혁이었고, 국가 간섭의 최소화 정책이 경제운영에 도움이 되었다. 기업 활동에 필요한 각종 인허가 절차와 서류를 간소화했고, 노동자의 권리를 제한하는 동시에 고용주에게 유리하게 적용되는 새로운 노동법을 통해 기업 활동의 활성화를 가져왔다. 대통령의 권력 강화와 사정기관의 권력 강화로 부패한 관료들이 국가로부터 훔친 재산을 몰수하거나 재국유화하는 일들이 진행되었다. 국가권력의 행사는 선별적으로 진행되었다.[28)]

2008년 남오세티야를 둘러싸고 러시아와 분쟁을 겪은 샤카쉬빌리 대통령은 2009년 통상적으로 그루지야란 호칭을 사용하던 국가들에게 조지아로 통일해서 호칭해줄 것을 공식 요청하였다. 그것은 그가 갖고 있던 러시아에 대한 반감과 관련이 있다. 2011년 우리나라가 유일하게 이 요구를 공식적으로 받아들였다.[29)]

---

27) 이상준, "조지아의 체제전환과 경제발전: 개혁의 성공 조건," 42-43. 혁명을 통해 정부를 교체하는 것은 가능하나, 단기간에 국가를 변혁시키기는 어렵다. 황성우, "그루지아 우크라이나 시민혁명과 헤게모니 충돌 비교," 485.
28) 이상준, "조지아의 체제전환과 경제발전: 개혁의 성공 조건," 45-46.

2. 국내정치의 변화

2012년 총선에서 집권당인 〈통합국민운동〉의 백만장자인 미하일 샤카쉬빌리 대통령의 정책에 반대하던 비드쥐나 이바니쉬빌리(Bidzina Ivanishivili)가 이끄는 정당인 〈조지아의 꿈〉(Georgian Dream)이 승리하며 이바니쉬빌리가 총리로 취임했다. 샤카쉬빌리 대통령은 2003년 발생한 장미 혁명을 통해 구소련의 정치적 유산에서 벗어나고 싶어 했다. 이에 그는 EU와 NATO 가입을 국가정책의 최우선으로 삼았다. 그러나 이바니쉬빌리 총리는 친 러시아 입장을 가진 인물이었다. 이런 대립적 정치성향은 갈등을 일으키기는 요인이 되었다.30)

2013년에 대통령과 조지아 의회의 잦은 충돌 여파로 조지아 의회는 3월 대통령의 권한을 대폭 축소하고 의회의 권한을 강화하는 헌법 수정안을 가결했다. 이 수정안은 대통령이 의회의 동의 없이 총리와 내각을 임명하거나 경질할 수 없게 제한하는 내용이 포함되었다. 대통령과 총리의 갈등은 〈통합국민운동〉과 〈조지아의 꿈〉의 권력투쟁으로 비화되었고 이것은 정치적 불안감을 양산했다. 대통령 측근과 대통령 지지자들이 범법행위로 조사를 받거나 체포되는 일이 발생했다.31)

---

29) 유재현, 『동유럽-CIS 역사기행: 코카서스에서 동베를린까지』 (서울: 그린비, 2015), 25, 27. 외교통상부공고 제2011-26호(2011. 3. 22)에서 국가명 변경을 인정했다. 조지아는 대한민국과 1992년 12월 14일 국교를 수립했고, 북한과는 1994년 국교를 수립했다.

30) 정세진, “카프카 지역: 조지아,” 『e-Eurasia』, vol. 50 (2014): 19-20, “조지아,” 『e-Eurasia』, vol. 56 (2017): 22.

31) 이바네 메라쉬빌리 전 총리가 횡령 및 직위 남용으로 전격 체포되었고, 치아

2013년 10월 개최된 대선에서 〈조지아의 꿈〉 후보인 철학자이며 대학 총장을 역임한 게오르기 마르그벨라쉬빌리(Giorgi Margvelashvili) 제1부총리가 대통령에 선출되었다. 마르그벨라쉬빌리 대통령은 헌법에 따라 〈조지아의 꿈〉의 핵심 인물인 이라클리 가리바쉬빌리(Irakli Garibashvili) 내무장관을 총리로 임명했다. 따라서 이바니쉬빌리 총리는 1년 남짓 총리직을 수행하고 물러났다. 마르그벨라쉬빌리 대통령은 이바니쉬빌리 전 총리와 같은 정치적 입장을 갖고 있었다. 그는 러시아와의 관계 개선이 가장 중요한 국가 현안임을 강조했다. 조지아는 영토문제에 있어 압하지야와 남오세티야 공화국이 조지아 영토에 통합되어야 한다는 입장이었다.[32)]

2015년 12월 말 기오르기 크비리카쉬빌리(Giorgi Kvirikashvili) 전 외무장관이 신임 총리에 임명되었다. 크비리카쉬빌리 총리는 러시아가 조지아의 주권과 영토 통합을 승인하는 노력을 보인다면 러시아와 건설적인 관계를 유지해 나가겠다는 친 러시아적 입장을 표명했다. 이것은 조지아가 주권문제와 영토문제를 양보하면서까지 러시아와의 외교 관계를 회복하지는 않을 것임을 암시하는 것이었다.[33)] 2016년 10월 8일 총선에서 여당인 〈조지아의 꿈〉이 승리했다. 이에 조지아는 EU와 NATO 가입을 꾸준히 추진하게 되었다. 조지아는 친서방 정책을 유지하며 동시에 영토문제와 경제적 이유로 인해 친

벨라쉬빌리 전 보건부 장관도 같이 체포되었다. 우굴라바(Gigi Ugulava) 전 트빌리시 시장은 국가재정 낭비와 돈세탁 혐의로 고발되었고, 케제라쉬빌리(David Kezerashvili) 전 국방장관은 프랑스에서 불법무기 혐의로 체포되었다. 정세진, "카프카 지역: 조지아," 『e-Eurasia』, vol. 50 (2014): 19.

32) 위의 글, 19-20, "조지아," 『e-Eurasia』, vol. 54 (2016): 75.

33) 정세진, "조지아," (2016): 76, (2017): 22, 24.

러시아 정책을 펼 수밖에 없는 상황이 되었다. 실리적 외교를 추구하는 모습이라 하겠다.

3. 민족분쟁

조지아는 지속해서 민족분쟁을 겪고 있다. 민족분쟁은 국내 문제기도 하고 동시에 국제문제로 작용하기도 한다. 조지아의 민족분쟁 실상은 무엇일까? 민족분쟁의 실상을 파악하기 위해 조지아인들에게 형성되어있는 민족주의의 유형을 살펴볼 필요가 있다. 과거 구 소비에트 연방의 지배 아래 있던 국가들에 배타적 민족주의 성향이 나타난다.[34] 조지아의 경우 과거 러시아제국과 소비에트 연방과의 관계를 통해 러시아를 일차적으로 외적 위협으로 간주한다. 조지아와 러시아 또는 소비에트 연방과의 사이에는 오랫동안 지배민족과 피지배 민족으로서의 식민지적 관계가 형성되어있다고 본다.

식민지적 관계에서 지배민족과 피지배 민족 사이의 경제적 불평등은 피지배 민족의 민족주의를 고양하는 요인으로 작용한다. 또 피지배 민족이 불평등하다고 느끼거나 착취당한다고 인식할 경우 상대적 박탈감을 가진 피지배 민족의 민족주의는 강화될 수밖에 없다. 이에 레닌은 민족 간 그리고 지역 간 균등화에 기반을 둔 사회경제적 발전을 해결책으로 제시했다. 그러나 민족 간 균등화가 민족주의를 억제

34) 민족분쟁을 고찰하는 방법에는 상호작용적 민족주의 관점이 있는데 이것은 내부식민지 이론 및 상대적 박탈감 이론과 연결되어 있다. 이 부분에 대한 자세한 설명은 이채문, "코카서스 지역의 민족분쟁-- 그루지야의 사례를 중심으로," 『사회과학 담론과 정책』 제1호(2008년 10월): 95-97 참조.

하는 것이 아니라, 오히려 민족 간 긴장을 고조시켰고 민족의식을 고양하는 기제로 작용하였다. 경제적으로 균등하다 할지라도 지배민족이 피지배 민족의 문화를 독점하고 정치적으로 지배할 경우 피지배 민족의 민족주의는 더 강화되기 마련이다.[35)]

조지아인들은 자국 내에 거주하는 러시아인들을 내부적 위협으로 간주한다. 그뿐만 아니라 자국 내에 거주하는 남오세티야인들과 압하지야인들도 내부위협으로 간주한다. 따라서 조지아인들과 자국 내 거주하는 이런 민족들 사이에는 긴장과 갈등이 존재한다. 조지아인들은 남오세티야인들과의 분리 그리고 압하지야인들과의 분리를 원한다. 그러다 보니 분리주의적 민족주의가 형성된다. 동시에 압하지야인들도 조지아인들로부터의 분리를, 남오세티야인들도 조지아인들로부터의 분리를 원한다. 그러다 보니 상호작용적 민족갈등이 분리주의적 민족주의로 나타난다. 러시아는 이런 불안정한 상황과 각국의 민족주의를 이용해 코카서스 지역의 패권을 잡으려 한다.[36)] 이처럼 조지아의 국내 문제를 러시아가 정치적으로 이용해 국제문제로 또 외교 문제로 확대하기도 한다.

민족분쟁의 내면에는 영토문제가 중요한 요인으로 작용한다. 조지아인들은 오세티야 인들이 17세기부터 19세기 사이에 그루지야 지역으로 이주했다고 주장한다. 반면, 오세티야 인들은 1774년 제정 러시아와 통합했다고 주장한다. 이런 역사에 대한 인식 차이가 민족분쟁을 심화시켰다. 남오세티야는 러시아 연방 안에 있는 북오세티야와 함께 18세기 말부터 그루지야 안에 자치 구역을 형성해 오면서

35) 위의 글, 95-97.
36) 위의 글, 97-98.

오랫동안 그루지야 민족과 갈등을 빚어왔다.[37] 최초의 그루지야 공화국 시기인 1918~1921년에 그루지야 멘셰비키 정부는 오세티야인들이 러시아 볼셰비키와 협력하고 있다고 비난하면서 두 민족 간의 대립이 나타났다.[38] 이 기간에 오세티야인들의 반란이 있었고 그루지야 멘셰비키 정부의 군인들이 이들을 진압하며 오세티야인 5,000명이 사망하였다. 1921년 소련군대가 그루지야에 진입하였고, 그루지야 내에 남오세티야 자치지구가 건립되었다.[39] 남오세티야는 그루지야 지역에서 1923년 자치지역의 지위를 취득했다.[40] 1989년 11월 10일 남오세티야 지역위원회는 그루지야 최고위원회에 남오세티야 자치구를 자치공화국으로 격상시켜 달라고 요구했으나 무시되었다.[41]

남오세티야인 들은 1990년 일방적으로 남오세티야가 소비에트 연방 사회주의 공화국 연합 내에서 독립주권을 보유한 공화국임을 선포했다. 남오세티야인들은 그루지야 국회의원 선거를 거부하고 자치공화국 내의 국회의원 선거를 시행하였다. 그루지야의 감사후르디아는 남오세티야 선거를 무효로 선언했고, 1990년 12월 남오세티야의 자치지역 폐지를 결정했다. 이에 반발하여 남오세티야는 1991년에 독립을 선언했고 그루지야와의 영토분쟁이 시작되었다. 이로 인

37) 위의 글, 92.
38) 볼셰비키는 레닌을 지지하던 '다수파'로 급진적 무장봉기를 통한 혁명의 완수를 주장했다. 멘셰비키는 레닌의 중앙집권적 독재에 반대하며 프롤레타리아가 부르주아 혁명을 지도해서는 안 된다고 주장하였고 자유민주적 자본주의 체제 건설을 위해 부르주아 좌파와 협력해야 한다고 주장했다.
39) 위의 글, 102.
40) 위의 글, 101.
41) 위의 글, 103.

해 1991년 양 민족 간의 분규가 발생해 1,000여 명이 사망하고, 100,000여 명의 오세티야인들이 북오세티야로 피신하였다. 한편 남오세티야에 거주하던 23,000여 명의 그루지야 인들도 민족차별로 인해 다른 지역으로 피신하였다. 1992년 그루지야와 남오세티야는 상대방에 대한 무력사용을 자제하기로 하는 휴전협정에 서명했다.[42] 이후 2008년 8월 그루지야는 영내 자치 영토인 친 러시아인 남오세티야 공화국을 침공했고, 이에 러시아가 반격하면서 전면전으로 확산되었다.[43]

한편, 압하지야는 고유한 문화와 역사를 유지해 오며 자민족의 독자성을 주장해 왔다. 그러나 19세기 말 그루지야인들의 인위적인 이주로 압하지야 지역의 인구분포에 변화가 왔다. 그루지야인들이 압하지야인들보다 수적으로 다수를 차지하게 된 것이다. 이것이 그루지아와 압하지야 사이의 갈등을 유발하는 요인이 되었다.[44] 제정 러시아는 19세기 말 압하지야를 식민지로 만들었다. 압하지야인들의 반발에 러시아는 압하지야인들을 주변 국가로 추방하였다. 제정 러시아는 러시아계 주민을 압하지야로 이주시켰다. 이로 인해 압하지야는 다민족 지역이 되었고, 압하지야인들은 소수민족으로 전락하게 되었다.[45]

러시아제국 멸망 이후, 압하지야는 1918년 그루지야 멘셰비키 정

42) 위의 글, 103.
43) 위의 글, 91-92. 남오세티야는 2004년 6월 러시아 연방 공화국 가입 허용 제안을 채택했다. 최근 남오세티야 주민 가운데 약 90%가 러시아 시민권을 받은 것으로 나타났다. 김영술, “러시아-그루지야 분쟁과 국제관계,” 『아태연구』 제16권 제2호 (2009): 48.
44) 이채문, “코카서스 지역의 민족분쟁,” 104-105.
45) 위의 글, 93, 105.

부에 의해 점령되었다. 그루지야 정부는 조직적인 이주정책을 시행했고, 그루지야 이주자들에게 토지를 분배했다. 이때 그루지야와 압하지야의 소비에트화가 진행되었다. 압하지야는 1922년부터 1930년까지 소련의 일부로 자치공화국의 지위를 유지해 왔으나 1931년 스탈린에 의해 그루지야의 자치지역으로 그루지야에 강제 병합되었고, 심한 차별정책이 이루어졌다.[46] 1978년 압하지야는 그루지야로부터 독립하여 러시아의 일원이 되기 위한 분리 운동을 하였다.[47] 압하지야 최고회의는 1990년 8월 독립을 선포했고, 구 소비에트 연방의 붕괴 이후 1992년 압하지야 분리주의자들은 독립을 선포하였다. 이에 그루지야 정부가 질서유지를 명분으로 군대를 파견하였고 러시아의 지원을 받은 압하지야와의 전쟁에서 그루지야가 패배했다. 이에 보복이 두려운 압하지야 거주 그루지야인들이 대거 빠져나가면서 인구분포에 다시 변화가 와서 압하지야인들이 다수가 되었다. 그 이후 그루지야와 압하지야 사이의 긴장과 충돌이 지속되고 있다.[48]

그루지야의 배타적 민족주의를 형성하게 한 내부적 요인이 남오세티야와 압하지야라면, 외부적 요인은 단연 러시아라고 할 수 있다. 제정 러시아에 의한 1801년과 1921년의 그루지야 병합은 그루지야인들에게는 역사의 중단으로 인식되었다. 우리식으로 표현하면 '잃어버린 역사'라고 할 수 있다. 소비에트 연방에 편입되었다는 것은

46) 위의 글, 92, 105, 이영형, "조지아의 갈등구조와 러시아의 지정전략," 266, 각주 8.
47) 압하지야인은 지속적으로 '그루지야인-적'이라는 이미지를 형성하였고, 1957년, 1967년, 1977년 압하지야 민족지식인 대표들은 소련 지도자에게 압하지야가 그루지야 공화국에서 탈퇴하고 소련에 가입하거나 독립된 독자 공화국을 형성하게 해달라고 요청했다. 김영술, "러시아-그루지야 분쟁과 국제관계," 49.
48) 이영형, "조지아의 갈등구조와 러시아의 지정전략,"266-267, 이채문, "코카서스 지역의 민족분쟁," 93, 107.

소련의 그루지야 점령을 의미했다. 이런 역사적 배경에서 그루지야의 민족주의가 형성되었고 강화되었다. 그루지야의 지도자들 대부분이 민족지도자라는 공통점을 가진 것이 이것을 대변한다고 볼 수 있다. 예를 들어 감사후르디아 대통령의 경우 종족 민족주의를 주창한 영문학자였다는 점이 그것이다. 또한 코스타바(Merab Kostava)는 시인이며 음악가였으나 민족해방운동 지도자로 활동했고, 조셀리아니(Djaba Joseliani)는 민족운동 지도자로 역사학자였다.[49]

이처럼 조지아의 민족분쟁은 제정 러시아와 구소련의 민족정책이 민족갈등을 고착시킨 면이 있다. 또한 인구 구성도 민족갈등에 요인으로 작용했다. 그뿐만 아니라 언어사용 문제도 민족갈등 심화의 요인으로 지적되고 있다.[50] 여기에 러시아의 자치공화국을 부추기는 행위 등이 또 다른 갈등 요인이 되고 있다.[51] 조지아의 민족분쟁은 다양한 요인이 개입되어 있어 해결되기 어려운 문제로 남아있다.

조지아의 민족문제는 몇 가지 양상을 띠는 것으로 보인다. 먼저 조지아 정부는 민족문제에 있어 소극적인 입장을 견지하고 있으며 분명한 정책을 제시하지 않고 있다는 점이다. 특히 소수민족 정책에 모호한 태도를 취한다는 점이다. 이와 더불어 국민은 소수민족에 대해 부정적인 인식과 고정관념을 가진 것으로 나타났다.[52] 이것은 타민족과의 갈등과 충돌이라는 역사적 경험을 통해 나타난 현상으로 단시일에 해결되기는 어려운 문제로 남아있다.

---

49) 이채문, "코카서스 지역의 민족분쟁," 107-108.

50) 위의 글, 118, 114. 그루지야 영토 안에 거주하는 소수민족들의 그루지야 언어사용률이 높지 않음은 민족통합에 장애로 작용한다.

51) 위의 글, 109.

52) 위의 글, 119-121

4. 국제관계의 변화

그루지야는 러시아제국과 소비에트 체제의 영향을 크게 받은 나라였다. 1783년 러시아와 게오르기예프스크 조약 이후 그루지야는 러시아와 소련 제국주의의 통치적 범주에 200년 이상 포함되었었다.[53] 1991년 구소비에트연방이 해체되며 계승국인 러시아의 국제정치상 입지 약화와 힘의 공백이 생긴 틈을 타서 구소비에트연방 구성 공화국들은 독립을 선포하며 독립국가연합에 속하게 되었다. 이들은 주권국가로 독립하였으나 친러 또는 반러 성향을 띄며 서로 갈등 양상을 보였다.[54]

그루지야의 경우 지정학적, 지경학적, 전략적 가치가 주목받으며 주변 강대국들의 패권 다툼이 표면화되었다. 러시아의 입장에서는 같은 정교회 국가인 그루지야가 카프카즈 지역에 대한 배타적 영향력을 행사하는 데 필요한 국가이고, 그루지야 영에 있는 아자리아와 남오세티야 공화국에 대한 배타적 기득권을 주장하기 위해서도 중요한 지역이다. 그뿐만 아니라 그루지야가 서방세계와의 완충 역할을 할 수 있는 전략적 지역이라는 중요성이 있다.[55] 특히 남오세티야는 북 코카서스 지역의 국경에 있다는 전략적 중요성을 갖고 있다.[56] 중·서부 코카서스와 러시아를 연결하는 철도가 압하지야를 관통하고

53) 정세진, "그루지야 역사의 공간과 접변 연구," 329.
54) 친러 성향을 띤 국가들은 중앙아시아연맹을 구성하는 카자흐스탄, 우즈베키스탄, 키르기스스탄이었고, 반러 성향을 띤 국가들은 GUAM 4개국인 조지아, 우크라이나, 아제르바이잔, 몰디바였다. 황성우, "그루지아 우크라이나 시민혁명과 헤게모니 충돌 비교," 485-488.
55) NATO와 EU를 견제할 수 있으며, 미국의 간섭을 차단할 수 있다고 본다.
56) 이채문, "코카서스 지역의 민족분쟁," 98.

있는 점에서 압하지야 또한 전략적으로 중요하다.[57] 가장 중요한 것은 그루지야가 동서 에너지 공급로라는 점이다.[58]

한편, 미국의 입장에서는 카프카즈 지역에 대한 영향력을 확대하기 위해 그리고 카스피해 연안국들과 에너지 안보협력 증대를 위한 교두보로 필요한 지역이 그루지야다. 그뿐만 아니라 러시아를 고립시키기 위한 전초기지로서의 전략적 지역이기도 하다.[59]

소비에트 해체 이후 소련식 사회주의와 결별을 하며 그루지야의 정치적 향방이 중요한 이슈였다. 2003년 장미 혁명은 포스트 소비에트 시대를 열며 그루지야가 어떤 정치 노선을 선택하느냐 하는 것이 세계의 관심사였다. 이런 상황에서 그루지야의 시민혁명 진행 과정에 미국과 러시아 간의 헤게모니 대결 양상이 나타났다.[60]

그루지야는 영토문제로 2008년 두 자치공화국을 공격했다. 그때 러시아는 남오세티야와 압하지야 공화국을 보호한다는 명분으로 그루지야의 내전에 개입하였으나 실은 치밀하게 사전 준비를 한 것으로 보인다.[61] 이 전쟁으로 그루지야는 압하지야와 남오세티야의 지

57) 위의 글, 99.
58) 영국의 BP(British Petroleum)가 아제르바이잔의 원유를 그루지야의 트빌리시와 숩사(Supsa)를 거쳐 흑해 연안의 바투미(Batumi) 항구를 통해 공급하는 원유 수송관이 1999년 완공되었다. 조지아를 관통하는 송유관은 에너지를 무기화라는 러시아의 정책에 대항하기 위해 미국과 서구의 지원으로 2005년 완공된 BTC 송유관으로 아제르바이잔의 수도인 바쿠(Baku)-트빌리시-터키의 제이한(Ceyhan)으로 이어져(1,768Km) 하루 100만 톤의 원유를 서구로 공급하고 있다. 바쿠-트빌리시-에르주름(Erzurum)을 연결하는 BTE 가스관은(692Km) 2006년 완공되었다. 위의 글, 100.
59) 황성우, "그루지아 우크라이나 시민혁명과 헤게모니 충돌 비교," 485, 490, 499.
60) 위의 글, 483, 484. 흥미로운 것은 구소비에트연방을 구성했던 공화국에서 꽃과 과일로 표현된 혁명이 등장한다는 점이다. 키르기스스탄의 레몬 혁명, 몰도바의 포도 혁명, 카자흐스탄의 튤립 혁명, 아르메니아의 살구 혁명 등이다.
61) 러시아의 사전 준비설에 대한 증거로 조지아 정부 웹사이트를 마비시킨 사이

배권을 상실했고, 두 국가는 러시아와 베네수엘라에 의해 자치공화국으로 인정되는 결과를 가져왔다. 물론 대부분의 국가는 이들의 독립을 공식적으로 인정하지 않았다.[62]

2008년 남오세티야 전쟁에서 패하면서 조지아는 CIS를 탈퇴했고 이때부터 조지아는 러시아와 국교를 단절하였다.[63] 조지아의 내전은 어느 입장에서 보는가에 따라 민족갈등으로 인한 국내 문제로 보기도 하고, 러시아의 패권추구로 야기된 국제문제로 보기도 하는 복잡한 형국이다.[64] 샤카쉬빌리 대통령에 이어 마르그벨라쉬빌리 대통령 시기에도 조지아와 러시아 사이의 외교 관계가 회복되기 위해서는 러시아가 이 두 공화국이 조지아 영토에 속한다는 입장을 표명해야 한다는 것이었다.[65] 그러나 러시아가 조지아의 주장에 동의할 리가 없다는 점이 외교적 문제로 남아있다.

버전, 카프카즈(Kavkaz)-2008 군사훈련 실시, 남오세티야 수도 츠힌발리(Tskhinvali)의 주민 소개, 러시아 언론인들의 츠힌발리 방문, 코사크(Cossack) 부대 참여 전쟁 준비, 러시아 정규군 진입 및 주둔 등이 제시되었다. 또 장미혁명의 핵심 인물인 사카슈빌리의 정권을 붕괴시키는 것을 목적으로 한 것으로 추정되기도 한다. 우평균, "유라시아 분쟁에서의 러시아의 개입: 조지아 전쟁과 우크라이나 사태," 『국제정치연구』 제17집 2호(2014): 81-82.

62) 우크라이나도 압하지야와 남오세티야의 독립을 진정하지 않고 있다. 우크라이나는 러시아가 그루지야 영토보존의 원칙을 위반했고 무력으로 병합을 했다고 주장하였다. 김영술, "러시아-그루지야 분쟁과 국제관계," 59.

63) 위의 글, 78.

64) 위의 글, 75-83. 인터뷰에서 푸틴은 조지아의 나토가입을 저지하기 위해 조지아와의 전쟁에 개입했다고 밝혔다고 한다. 위의 글 82 각주 22에서 재인용. 러시아의 개입을 패권추구로 보는 견해는 첫째로, 러시아가 러시아 민족주의 정서를 반영하여 구소련 공간의 영향력 유지를 위해 조지아를 침공했다고 보는 것과, 둘째로 국익에 따라 영토적 통합성(territorial integrity)이라는 원칙으로 개입했다는 것, 그리고 셋째로 자국민 보호를 내세워 러시아의 개입을 합리화하려는 시도를 국제법상 판단하기 어렵다는 맹점을 이용했다고 보는 것이다. 위의 글, 89-92.

65) 정세진, "카프카 지역: 조지아," 20.

구소련 해체 이후 미국을 비롯한 서유럽 국가들은 구소련과의 경계지역인 남카프카스 지역에서의 영향력 확장을 추구했다. 이에 러시아는 서유럽 국가들의 안보위협에 대응한다는 명분 아래 남카프카스 지역의 갈등에 적극적으로 개입하였다. 친러 정권을 공고히 하기 위해 남오세티야와 압하지야에 대한 지정학적 관리를 시작한 것이다. 이와 더불어 조지아 영토를 점유하고 있던 공화국들은 러시아의 보호와 지원을 받으며 탈 조지아 성향을 보이기 시작했다.[66]

러시아는 2014년 11월에 압하지야 공화국과는 동맹 및 전략적 파트너십 협정을 체결했고, 2015년 3월에 남오세티야 공화국과는 동맹과 통합 조약을 체결하였다.[67] 그럼에도 조지아는 이 두 자치공화국이 조지아의 영토임을 주장하였다. 반면 압하지야와 남오세티야는 조지아에서 독립된 국가로 자인한다. 동시에 러시아는 이 두 공화국을 독립된 국가로 인정하고 있다. 이것은 조지아의 영토 통합성 입장에 배치되는 것이었다. 이런 이유로 인해 러시아가 국제적으로 조지아의 중요한 국가 파트너이지만 냉각상태를 유지할 수밖에 없는 요인으로 작용하고 있다.[68] 이처럼 러시아는 압하지야와 남오세티야와 동맹 관계를 이용해 조지아를 견제하거나 압력을 행사하는 구실로 삼고 있다. 영토문제는 조지아의 경제발전에 부정적인 요인으로 작용하였다. 이런 영토문제에도 불구하고 친 러시아 입장을 가진 이바니쉬빌리 총리는 경제 분야에서 러시아와의 관계 개선을 시도하기도 했다.[69]

---

66) 이영형, "조지아의 갈등구조와 러시아의 지정전략," 258-259, 275-278.
67) 위의 글 280. 정세진, "조지아," (2017): 25; "조지아," 76.
68) 심지어 압하지야는 이미 2013년 3월에 러시아와의 국가연합 방안 모색에 합의했다. 정세진, "카프카 지역: 조지아," 20.
69) 2006년 러시아가 조지아의 포도주와 생수의 품질을 문제 삼아 수입을 공식

정세진은 조지아가 가까운 북쪽 경계의 러시아가 아닌 친서방 정책을 추진한 이유를 세 가지로 지적하고 있다. 첫째는 민주주의에 대한 추구이다. 2003년 장미 혁명으로 세바르드나제가 권좌에서 물러나고, 친미성향의 샤카쉬빌리가 대통령이 되었다. 그는 친서방 입장을 표명했다.[70] 둘째는 조지아가 EU와 NATO 가입을 원하고 있다는 점이다. NATO 가입은 유럽 국가의 일원이 된다는 의미를 갖고 있다. 유럽과 아시아의 중간지대에 위치한 조지아는 유럽에 속하길 원한다는 것이다. 이것은 조지아의 역사의 아픔에 기인한다고 볼 수 있다. 거의 이백 년을 러시아에 치우쳐 있던 국가 전략의 방향을 서방으로 선회하였다는 것을 의미한다.[71] 셋째는 조지아는 과거 러시아로부터의 지배와 그 잔재에서 벗어나려는 경향이 있다.[72] 반면 러시아는 경제지원 여부로 조지아의 친서방 정책을 방해하고 있다. 이런 현상이 상황에 따라 반복적으로 나타나고 있다.

IV. 나가는 말

조지아는 소비에트 연방에서 독립한 국가 가운데 비교적 잘 통치되고 있는 국가라는 평이다. 장미 혁명 이후 과감한 정부 개혁으로 정부 관료들과 공무원들의 부패를 포함한 사회 전반의 부패가 줄었

적으로 금지한 이후 7년만인 2013년 상반기에 조지아산 포도주와 생수의 러시아로의 수출이 재개되었다. 그러나 그해 10월 러시아는 조지아에 대한 정치적, 경제적 압박을 가하기 위해 조지아산 주류 수입을 금지했다. 위의 글, 21, 22.

70) 정세진, "그루지야 역사의 공간과 접변 연구," 341-342.

71) 위의 글, 342.

72) 위의 글, 343.

고, 공공 서비스가 개선되었으며, 기업 활동에 장애가 되는 부분들이 과감히 개혁되어 경제적으로 안정을 꾀하고 있다. 민주적 발전을 위한 제도적, 입법적 기반은 어느 정도 조성이 되었으나, 민주주의가 제대로 작동하는가 하는 것에는 아직은 아니라는 지적이다. 그 이유로는 조지아 국민이 민주주의에 대한 경험이 부족하고, 자신의 권리에 대한 인식이 부족한 점 등이 지적되고 있다. 또 실업과 빈곤의 문제가 아직 해결되지 않은 과제로 남아있고, 공직자들에 대한 감시와 견제기능이 약하다는 점도 지적되고 있다.[73] 국민의 의식향상과 감시기능 강화가 요청된다.

경제적으로는 아직도 러시아에 의존적이라 러시아의 반응에 따라 경제가 위축되기도 하고 활성화되기도 하는 약점이 있다. 따라서 러시아 이외의 국가에 대한 수출을 확대하려는 노력이 필요하다. 영토문제 또한 아직도 해결되지 않은 조지아의 과제이다. 이미 독립국인 압하지야와 남오세티야의 영토문제도 러시아의 입김이 많은 작용을 하고 있어 해결이 수월하지는 않다. 조지아 영토 안에 있는 압하지야와 남오세티야의 존재를 민족주의적 입장에서 인정할 수도 없고, 국제적, 외교적 입장에서 타협할 수도 없는 딜레마가 있다. 조지아는 200년간의 러시아와 소비에트의 지배 아래 있었지만 가장 러시아에 덜 동화된 민족으로 알려져 있다.[74] 현재 조지아는 러시아로부터 독립한 후 시행착오를 겪으며 순탄하지 않은 과정을 거쳐 나름 민주주의를 향해 가고 있다고 평가된다.

---

73) 허승철, 『조지아의 역사』, 216.

74) 조지아인은 자국어를 제1언어로 사용하는 비율이 99.9%이다. 다만 조지아에 거주하는 소수민족들의 조지아어 사용률이 높지 않은 것이 민족통합에 걸림돌로 작용하고 있다. 이채문, “코카서스 지역의 민족분쟁,” 112-114.

참고문헌

유재현. 『동유럽-CIS 역사기행: 코카서스에서 동베를린까지』. 서울: 그린비, 2015.

허승철. 『조지아의 역사』. 파주: 문예림, 2016.

김영술. "러시아-그루지야 분쟁과 국제관계," 『아태연구』 제16권 제2호 (2009): 45-65.

우평균. "유라시아 분쟁에서의 러시아의 개입: 조지아 전쟁과 우크라이나 사태," 『국제정치연구』 제17집 2호 (2014): 73-97.

이상준. "조지아의 체제전환과 경제발전: 개혁의 성공 조건," 『슬라브학보』 제26권 3호 (2011): 31-65.

이영형. "조지아의 갈등구조와 러시아의 지정전략," 『분쟁해결연구』 제13권 제3호 (2015): 257-290.

이채문. "코카서스 지역의 민족분쟁-- 그루지야의 사례를 중심으로," 『사회과학 담론과 정책』 제1호 (2008년 10월): 91-125.

정세진. "그루지야 역사의 공간과 접변 연구— 동과 서, 북방의 경계를 중심으로," 『국제지역연구』 제12권 제1호 (2008): 327-348.

_____. "카프카 지역: 조지아," 『e-Eurasia』, Vol. 50 (2014): 16-23.

_____. "조지아," 『e-Eurasia』, Vol. 54 (2016): 75-80.

_____. "조지아," 『e-Eurasia』, Vol. 56 (2017): 22-26.

현승수. "그루지아 장미혁명의 재평가," 『e-Eurasia』, Vol. 30 (2011): 13-16.

_____. "조지아(그루지아) 민족주의의 딜레마," 『e-Eurasia』, Vol. 33 (2011): 4-7.

-----. "포스트소비에트 조지아의 국가 건설: 국민주의와 제도화, 분쟁의 상관관계를 중심으로," 『동유럽발칸연구』. 제29권 (2012): 211-238.

황성우. "그루지아 우크라이나 시민혁명과 헤게모니 충돌 비교," 『국제지역연구』 제12권 제3호 (2008): 483-502.

민중신학과 민중운동의 중요성

조 재 영

민중신학과 민중운동의 중요성

-노영찬의 "민중신학에 대한 재검토"를 중심으로

조재형 박사, 강서대학교 학술연구 교수

Ⅰ. 들어가는 말

내가 유학 생활을 시작했던 1999년에 한국 개신교는 천만 성도를 이야기할 정도로 성장의 달콤한 끝물을 마시고 있었고, 그 당시 2백만 성도의 가톨릭교회를 포함하면 전체 인구의 사 분의 일이 그리스도인이라며 교세를 자랑하였다. 세계 10대 초대형 교회 명단에 한국의 교회들이 이름을 올리고 있었다. 그런데 막상 서구의 대학에서 공부를 해보니 서구 학자들이 한국의 그리스도교 하면 떠올리는 것은 천만 성도나 세계에서 가장 큰 교회가 아니라 한국에서 탄생한 '민중신학'이었다. 그 당시 군 출신 노태우 대통령을 끝으로 정치에서도 군부독재 대신 문민 대통령 시대가 이어져 오고 있었기 때문에 한국에서의 민중신학에 관한 관심과 열기는 수그러들고 있었다. 무엇보다 민중신학에 기반을 뒀던 민중교회가 제도권으로 안착하지 못하고 성장에 실패한 원인이 가장 컸다. 사실 한국의 그리스도교는 서구신학을 전폭적으로 받아들여서 한국의 여러 종교 가운데 가장 서구화된 모습을 가지고 있다. 진보 또는 보수 진영의 유수 신학대학의 교수들이나 목사들은 대부분 서구 신학교에서 공부하였기에 한국에서 시작된 민중신학에 대해서 잘 몰랐다. 필자 또한 한국에서 학문적으로 민중신학을 제대로 공부하지 않은 상태에서 민중신학에 관해 질문하는 외국 친구들의 관심에 놀랐다. 그때 필자는 한국의 신학은, 즉 서구신학이 아닌 한국에서 발생한 신학은 민중신학밖에 없다는 사실을 발견했다. 그리고 서구 사회에서 민중신학의 중요성을 학문적으로 알리고 활발하게 한국 사상을 연구하고 있는 조지 메이슨 대학교(George Mason University)의 노영찬 교수의 소논문을 발견하게 되었다.[1] 이 논문은 한국의 문화, 영성 및 사회적 가치의 전체 맥락에 관한 성찰의 결과로 세계적으로 유명해진 한국 민중 신학을 설명한다. 이 한국적 신학은 70년 이후 아시아와 서구의 신학자들 사이에서 진지하게 논의되고 있다. 노영찬은 그의 논문을 통해서, "민중

1) 노영찬은 한국에서 학사학위를 받은 후, 미국 버지니아주 리치먼드에 있는 유니언 장로교 신학교(Union Presbyterian Seminary)에서 석사 학위를 받았으며, 산타바르바라에 있는 캘리포니아 주립대학(University of California, Santa Barbara)에서 박사학위를 받았다. 현재 조지아 메이슨 대학의 정교수로 있다. 그의 대표적인 저작은 Young-Chan Ro, *Dao Companion to Korean Confucian Philosophy (2019); The Korean Neo-Confucianism of Yi Yulgok* (Albany, N.Y.: State University of New York Press, 1989); *The Place of Ethics in the Christian Tradition and the Confuncian Tradition : A Methodological Prolegomeneon* (Patiala: Punjabi University. Guru Gobind Singh Department of Religious Studies, 1965); Young-chan East-West Religions in Encounter Ro, *Minjung Theology : Theology of Transformation and Transformation of Theology* (1987) 등이 있다.

운동과 민중신학의 신학적, 종교적 의미를 보여주려 했다."라고 말한다.[2] 안병무, 서남동, 김용복과 같은 유명한 1세대 민중 신학자들의 글을 다루지 않고, 길지 않은 노영찬의 논문을 다루는 것은, 노영찬이 서구 학계에서 가장 활발하게 민중신학의 의미와 중요성을 논쟁하면서 영어로 알리고 있기 때문이다. 그의 소논문은 민중신학에 대한 서론적인 설명을 제공하지 않아서, 나는 먼저 민중신학의 배경을 간략히 다루고자 한다.

잘 알다시피, 한국은 36년간 일본 제국주의 가혹한 식민지 지배를 받다가 1945년 독립했다. 독립의 기쁨도 잠시, 소련과 미국이라는 강대국에 의해서 강압적으로 만들어진 '냉전'이라는 이념 대결의 희생양으로 1948년에 남과 북으로 공식적으로 분단되었다.[3] 분단 상황은 남과 북의 민주화, 경제발전, 평화운동을 가장 심각하게 저해해 왔다. 그 후 한국 민중은 이승만 독재 정권을 몰아냈지만, 곧이어 박정희 소장이 주도한 군사 쿠데타에 의해서 통일에 관한 운동과 민주화는 다시 후퇴하였다. 박정희는 남한의 대통령이 된 후 자신의 쿠데타를 정당화하기 위해서 '조국의 근대화를 위한 경제발전'을 추진하였다. 박정희의 위대한 업적으로 간주하는 경제발전계획은 사실, 4·19 혁명 이후 혁명 정부가 세워놓은 장기 계획이었다. 이 계획을 수행하는 데 사용된 정책은 농민과 공장 노동자 모두의 희생에 기초

2) Young-Chan Ro, "Revisioning Minjung Theology: The Method of the Minjung," in *Lift Every Voice : Constructing Christian Theologies from the Underside*, ed. Susan Brooks Thistlethwaite and Mary Potter Engel (Maryknoll: Orbis Books, 1998), 51.

3) Chang-Nack Kim, "Korean Minjung Theology: An Overview," *Register* (Spring 1995): 2.

했다. 소위 말하는 '저임금·저곡가' 정책으로 인해 한국의 농경사회는 궁핍해졌고, 농민들은 일자리를 찾기 위해 도시로 이주해야 했다. 산업화가 본격적으로 시작되면서, 신생자본가들은 양질의 저임금 노동자들을 많이 필요했으므로, 도시로 이주한 농민들은 도시의 하층계급을 형성하여 조국의 근대화와 산업화를 위해서 힘든 일을 하면서도 매우 낮은 임금을 받았다. 그들은 달동네로 지칭되던 서울과 대도시의 낙후된 지역에서 동물처럼 살도록 강요받았다.[4] 이 가혹하고 비참한 노동 환경 속에서 한 젊은 노동자이자 성실한 천주교 신자인 전태일은 자신의 몸에 휘발유를 뿌리고 분신하면서 이렇게 외쳤다.

근로기준법을 준수하라!
우리는 기계가 아니다! 일요일은 쉬게 하라!
노동자들을 혹사하지 말라![5]

전태일은 청계천에서 미싱공 보조로서 노동자의 길을 시작할 때부터 자신의 공장에서 어린 여공들의 열악한 노동환경을 보고 그들의 일을 도왔다. 곧 그는 모든 자본가가 "노동법"을 준수하지 않는다는 것을 발견했고, 관계 당국에 "노동법"에 근거해서 노동자들의 부담을 줄여줄 것을 청원했다. 그러나 그의 청원은 철저하게 무시당했고, 마침내 그는 자본가와 정부가 노동자를 착취하는 같은 배를 타고 있다는 것을 발견했다. 노동법은 명목상의 것이었다.[6] 이러한 현실 인

---

4) Ibid., 3.
5) 조영래, 『전태일평전』, 개정판(서울: 돌베개, 1991), 283.
6) 자세한 내용은 조영래 변호사가 민주화운동을 하다 경찰의 수배를 받아 도피생활을 하던 중 전태일의 분신 소식을 듣고 3년 동안 쓴 전태일 평전을 참조

식은 그에서 많은 좌절과 충격을 주었다. 그는 번민과 좌절 속에서 삼각산의 '에마뉘엘 수도원' 신축 공사에서 인부로 일하면서 자기 죽음을 결단하게 되었다.[7] 그리고 그의 마지막 말은 1970년 11월 13일, 청계천 평화시장 국민은행 앞길에서 울부짖으면서 외친 "내 죽음을 헛되이 하지 말라!……! ……!"였다.[8] 전태일의 죽음은 학생운동과 한국 그리스도교 운동에 큰 반향을 일으켰다. 안병무와 서남동 같은 몇몇 그리스도교 신학자들은 젊은 노동자의 죽음의 의미를 깊이 탐구하고 억압받는 민중에게 신학의 방향을 돌렸다. 대표적인 민중 신학자 안병무는 "민중신학은 어떤 의미에서 이 전태일의 사건에 자극되어 생겨난 것"이라고 말한다.[9] 따라서 민중신학은 한국의 박정권 독재정권의 정치적 탄압과 민중들에 대한 경제적 착취, 세계 자본주의 체계에서 선진국의 아래도급 공장으로 산업구조를 바꾸는 남한에서, 특별히 도시노동자와 농민의 경제적 궁핍과 그들에 대한 사회·정치·경제적 차별을 배경으로 생겨났다.

다음 단계는 "민중"이라는 용어를 명확히 정의하는 것이다. 일반적으로 민중은 "일반 대중, 대중, 또는 국민"을 의미한다.[10] 가장 잘 알려진 민중 신학자 안병무도 민중의 개념은 정의할 수 없다고 말한다. 그것은 전체론적이고 역동적이며 변화하는 현실이어서 정의를

하라. Ibid., 118-44.

7) Ibid., 225-27.

8) Ibid., 283.

9) 안병무, 『민중신학이야기』 (서울: 한국신학연구소, 1988), 258.

10) David Kwang-sun Suh, "A Biographical Sketch of an Asian Theological Consultation," in *Minjung Theology : People as the Subjects of History*, ed. Asia Commission on Theological Concerns of the Christian Conference of (Maryknoll: Orbis Books, 1981), 16.

내리면 이데올로기의 희생양이 되고 사색의 대상이 된다.[11] 나는 안병무의 제안이 설득력이 있다고 생각하지만, 본 연구의 목적을 위해서 '민중'을 "우리 일상에서 정치적으로 억압받고, 경제적으로 착취당하고, 사회문화적으로 소외된 사람들"이라고 한 안재웅의 정의에 동의한다.[12]

II. 노영찬 소논문의 중요한 내용

먼저 노영찬은 신학이 "구체적인 문화적 맥락과 특정한 사회적 상황"에서 분리될 수 없다고 주장한다.[13] 이런 점에서 민중신학은 한국의 문화, 영성, 사회적 가치의 전체적인 맥락을 자세하게 다룬다. 그러나 소논문이라는 지면의 제약도 있어서 그런지, 노영찬은 전체 맥락을 설명하지 않는다. 그의 목적은 민중신학의 신학적, 종교적 의미를 보여주는 것이다. 중요한 그의 전제는 "민중신학은 신학적 운동이자 종교적 현상이다."라는 것이다.[14] 즉, 하나의 종교적 전통으로서의 그리스도교 자체와 "사상체계로서의 민중신학은 표현의 문화적 형식을 요구한다"라는 것을 의미한다.[15] 서양 신학이 로고스 중심의 체계라면 민중 신학은 신화를 인식하는 활동(mythos-appreciating

11) 안병무, 27.
12) Jae-Woong Ahn, "The Wisdom of the Minjung in Korea," *Ching Feng* (May 1995): 106.
13) Ro, 40.
14) Ibid., 42.
15) Ibid., 42.

activity)이다. 제삼 세계의 해방신학이 전통적인 서양 신학에 머무르고 있다면 민중신학은 서양 신학의 방법론을 넘어선다.[16] 대부분의 민중 신학자들은 민중의 죄보다는 민중의 한을 핵심 주제로 다루지만, 해방 신학자들은 여전히 서구신학의 중요 주제인 죄(또는 사회적 죄)의 문제에 머물러 있다. 더욱이 민중신학은 신학의 실천(theology of praxis) 중요성을 보여주었다. 민중신학의 첫 창시자들은 그들의 삶이 그들의 신학과 분리되지 않는다는 것을 잘 보여주었다. 그러므로 민중신학의 두 가지 임무는 “한국 사회의 사회경제적 구조를 변화시키는 것과 신학 자체를 변화시키는 것”이다.[17] 그래서 노영찬은 민중신학이 “단순히 정치적이거나 사회적인 운동이 아니라 자의식적으로 영적이며 종교적인 운동이기도 하다”라고 강조한다.[18] 그는 민중신학을 민중운동으로 보면서 동시에, 민중신학이 “전통적 서구의 실천 신학 방식”을 극복해서 민중신학이 한국판 해방신학이라는 학계의 주장을 거부한다.[19] 해방신학이 변증법적 이원론적 사고방식을 따른다면, 민중신학은 종합적이고 전체론적인데, 이는 한국 문화와 영성의 오랜 역사에서 흔히 볼 수 있다.[20] 민중신학은 여러 종교 전통의 영향을 받아 발전된 한국의 문화 전통에 관한 것이기 때문에 민중신학의 형태는 상징, 신화, 의례로 나타날 수밖에 없다.[21] 예를 들어, “민중신학은 민중이라는 단어를 개념에서 상징으로 변형

16) Ibid., 43.
17) Ibid., 43.
18) Ibid., 43.
19) Ibid., 44.
20) Ibid., 45-46.
21) Ibid., 46-51.

시켰다."[22] 즉 "민중은 신학적 정의를 위한 개념이 아니라 사람들이 온전히 참여할 수 있고 온전히 동일시할 수 있는 살아있는 종교적 상징이다."[23] 나는 신화를 연구할 때 종종 신화에서 많은 상징을 발견한다. 사실, 상징은 수많은 의미를 가져오는 신화의 언어이다. 그러므로 민중신학이 신화적 측면을 가지고 있다고 말하는 것은 민중의 종교적 요소에서 비롯된 것이다.

민중은 한(恨)의 경험과 자신을 동일시하는데, 이것은 "부분적으로는 사람들이 경험한 불의에서 발생한 누적된 미해결 감정을 암시하는 수동적 개념을 부정"한다.[24] 한의 펼쳐지는 이야기는 말해지고 다시 들려주어야 한다. 민중과 마찬가지로 한도 구체적으로 포착할 수는 없지만 "비극적인 이야기가 말해지는 가운데서 그것 자체는 드러난다."[25] 또한, 한(개인적으로 또는 집단으로)은 사회적, 정치적 투쟁의 형태로 표현될 뿐만 아니라 춤과 노래와 같은 영적 초월과 의례적 행위의 형태로도 표현된다.[26]

Ⅲ. 노영찬의 주장의 장단점

노영찬이 쓴 소논문의 가장 큰 장점은 민중신학의 개요가 잘 제시되어 있다는 점이다. 민중신학은 한국의 독특한 신학이어서, 나는 종

22) Ibid., 48.
23) Ibid., 48.
24) Ibid., 49.
25) Ibid., 49.
26) Ibid., 50-51.

종 서구인들에게 설명하기 어렵다는 것을 발견하곤 한다. 그러나 노영찬의 주장은 매우 단순하고, 민중신학의 핵심을 잘 집어내고 있다. 그의 진술은 민중신학의 중요한 방향성에 대한 큰 그림을 제시한다. 예를 들면, 내가 안병무와 다른 민중 신학자들의 책을 읽을 때, 나는 그들이 왜 '민중'을 정의하기를 거부했는지 완전히 이해하지 못했다. 비록 나는 민중을 피상적으로 이해했지만, 나의 서구신학 배경이 민중의 전체 윤곽을 보는 것을 방해했다. 그러나 노영찬의 글을 읽으면서 나는 민중신학의 상징적, 신화적, 의례적 측면을 발견하고 이에 대해 새로운 이해를 할 수 있었다.

노영찬의 소논문이 가지는 또 하나의 강점은 민중신학과 해방신학의 차이점을 적절하게 지적하고 있다는 점이다. 일반적으로 해방신학은 변증법적이거나 이원론적인 마르크스주의의 방법론을 사용해왔다. 따라서 해방신학은 복음을 덜 강조하고, 신학의 존재론적 초월적 차원을 잃어버리고, 너무 지나치게 정치화된 신앙과 폭력적인 경향을 보인다고 비판받는다.27) 이에 반해 민중신학은 사회정치적 문제뿐만 아니라 문화적, 영적 문제까지 강조하는데, 이는 해방신학이 받았던 이러한 비판에 대항하는 매우 효과적인 도구를 제공한다.

반면에 이 소논문의 약점은 너무 간결해서 많은 개념을 이해하기 어렵게 만든다. 예를 들면, 중요한 민중신학의 개념인 '민중,' '한,' '민담'에 대한 설명이 충분하지 않다. 노영찬은 이것들을 간략하게 언급했지만, 그들 사이의 관계에 관한 묘사가 더 필요하다. 나의 판단에 의하면, 가장 치명적인 노영찬의 약점은 '한'과 '죄'를 통합적으로 설

27) Deane William FERC, *Third World Liberation Theologies : An Introductory Survey* (Maryknoll (NY): Orbis Books, 1986), 100-17.

명하지 못하는 점이다. 한을 언급할 때마다 한은 반드시 죄와 연관하여 다뤄야 하는데, 이 점이 부족해 보인다. 물론, 이 두 용어는 너무나 많은 책에서 다양하게 설명되어 있어서, 짧은 소논문 안에서 이들 사이의 차이점과 유사점을 완벽하게 분석하는 것은 어려웠을 것이다.

또 다른 이 소논문의 약점은 노영찬이 민중신학의 한계를 심각하게 다루지 않았다는 점이다. 한국 신학계뿐만 아니라 세계 신학계에서 민중신학은 매우 많은 관심을 받는 것에 비례해서 많은 비판을 받고 있다. 그래서 이 비판에 대한 효과적인 방어가 부족하여 민중신학의 세계적 명성과 비교하면 한국 그리스도인들에 끼치는 민중신학의 영향력은 충분히 발휘되지 못하고 있다. 한국의 민중신학을 비판한 가장 유명한 신학자인 나용화는 다음과 같이 말한다.

> 민중신학은 여전히 정치적 이데올로기와 환원주의적 성경 읽기를 기반으로 하는 신학적 급진주의이다. 이념적 편견과 환원주의 때문에 민중신학은 기독교 복음의 수직적 차원을 무시하는 경향이 있다.[28)]

나는 나용화의 주장에 전적으로 동의하지 않는다. 그러나 그의 비판은 민중신학에 대한 성찰이라는 점에서 어느 정도 이바지한다. 사실, 민중신학의 중대한 한계는 보수 교회의 성장에 비해 한국의 민중신학을 지향하는 민중교회의 쇠퇴에 있다. 나는 민중신학이 이러한 비판에 대한 효과적인 변호 없이(또 성찰도 없이) 여전히 학계에 남아 있다고 생각한다. 나는 노영찬이 이 문제와 민중신학의 또 다른 의미 중 하나가 될 수 있는 이 한계를 다루기를 희망해 본다.

---

28) Yong Wah Na, "A Theological Assessment of Korean Minjung Theology, *Concordia Journal*" (April 1988): 147.

Ⅳ. 노영찬 소논문의 의의

앞에서 언급했듯이, 노영찬은 민중신학의 독특성을 아주 단순하고 명쾌하게 잘 보여주고 있다. 1세대 민중 신학자들과 달리 자신의 신학에 새로운 방법을 적용하려는 3세대 민중 신학자들은 민중신학의 문화·종교적 접근보다 사회, 정치적 방법을 더 선호한다. 노영찬은 다른 3세대 민중 신학자들과 달리 한국의 종교 전통과 문화에 천착해 왔다. 이런 관점에서 그는 '한'을 민중의 영이라고 말하면서, 동시에 '한'이 민중신학의 가장 큰 문제라고 주장한다. 노영찬에 의하면, "기존에 확립된 그리스도교 신학은 한의 문제에 초점을 맞추지 않았다. 제2차 세계 대전 이후 대부분의 현대 신학자들은 죄의 심각성을 강조했다."[29] 따라서 노영찬은 한과 한의 해결과 의례의 서사적 측면을 다루고 있는데, 이는 다른 신학들에 비해 가장 독창적이다.

Ⅴ. 나가는 말: 현대 그리스도교 신학과 목회를 위한 적용

노영찬의 소논문은 민중신학이 현대 신학과 목회를 위해 담아 내는 많은 함의를 준다. 첫째, 이것은 민중신학이 다른 종교와 효과적으로 대화할 수 있음을 보여준다. 왜냐하면, 민중신학이 가지고 있는 다른 종교에 대한 태도는 다른 종교도 그리스도교와 같은 종교의 한 형태로 보는 "포용주의"이므로, 보수적인 그리스도가 가지고 있는

29) A. Sung Park, "Minjung and Process Hermeneutics," "Process Studies," *Process Studies* (Spring 1988): 119.

뿌리 깊은 '배타주의'를 분명히 거부한다.[30)]

둘째, 이 소논문은 민중신학이 정치·사회 신학일 뿐만 아니라 문화·영적 신학임을 보여준다. 즉 민중의 한과 다양한 종교 문화와 전통을 통해 민중은 자신을 표현할 수 있다. 그러므로 민중신학은 하느님의 임재를 드러낼 수 있는 다른 문화와 전통을 강조함으로써 현대 목회 사역과 실제적인 신학을 풍성하게 해준다. 셋째, 죄 대신에 한의 이해를 통해 교회는 우리 사회에서 죄인 취급을 받는 사람들을 포용적으로 받아들일 수 있다. 앤드루 박(Andrew Sung Park)은 한의 양면적 요소를 다음과 같이 설명한다.

> 한은 잠재적 에너지, 즉 분노와 고통의 활화산이다. 이것이 어떻게 풀리느냐에 따라 한은 혁명을 위한 창조적 에너지가 될 수도 있고, 복수와 살인을 위해 파괴적으로 폭발할 수도 있다.[31)]

예전에 나는 모 잡지에 실린 미국 교도소 제도에 관한 기사를 읽었다.[32)] 그 잡지 기사에 따르면, 모든 미국인 20명 중 1명은 평생 한 번 이상은 감옥에 가야 하고. 모든 아프리카계 미국인의 4분의 1은 일생 한 번 이상 감옥에 간다고 한다. 감옥에 간 사람의 삶을 추적해 보면, 개인의 죄보다는 구조적인 악 때문에 죄를 짓고, 또는 죄를 짓

30) 오그덴(Schubert M. Ogden)은 종교에 대한 태도가 크게 "일원론적 배타주의", "일원론적 포괄주의" "다원주의"의 세 가지 유형이 확립되어 있다고 말한다. Schubert M. Ogden, *Is There Only One True Religion or Are There Many?* (1986), 27-52.

31) Park, 119; 또한, 한에 관한 탁월한 그의 다른 책도 참조하라. Andrew Sung Park, *The Wounded Heart of God : The Asian Concept of Han and the Christian Doctrine of Sin* (Nashville: Abingdon, 1993).

32) 이공순, "들어가면 오래 잡아둔다,"「한겨레21」2001.03.17.

지 않아도 감옥에 가게 되는 경우가 있다는 것이다. 미국과 다른 모든 나라의 죄수들은 대부분 죄를 지은 죄인이라고 할 수 있지만, 동시에 그들은 한이 많은 삶의 희생양이라고 할 수 있다. 그들은 압제자일 수도 있고 동시에 피억압자일 수도 있으므로, 민중신학은 인간존재에 관한 아주 깊은 이해를 하게 해준다. 그래서 그리스도교가 이러한 사람들의 한을 창의적으로 풀릴 수 있도록, 즉, 그들 삶의 '한풀이'를 긍정적으로 할 수 있게 도울 수 있다.

결론적으로 노영찬은 민중신학의 풍부한 상징적 특성을 재조명하여 민중신학이 고정된 실재를 거부하고 그 자체와 민중운동에 참여하는 모두를 변화시킬 수 있음을 잘 보여준다. 대부분의 한국교회가 민중신학을 받아들이지 않고, 표면적으로 이제 한국에서 민중신학은 더는 유효하지 않은 것처럼 보일지도 모른다. 그러나 나는 한국교회는 세계가 인정하는 창의적인 민중신학의 중요성을 다시 인식하여, 교회개혁을 사회개혁, 즉 정치, 경제, 사회적 변혁까지 고려해서 추진해야 한다고 믿는다. 나는 민중신학이 소스코드의 공개를 통한 리눅스가 사람들의 잠재적인 창의성을 극대화 시키는 것처럼 민중 스스로가 주체적으로 자기 삶의 한들을 풀어나가게 돕는다고 생각한다. 이것이 2천 년 전에 왔던 예수의 삶 속에서, 또한 현재의 고통 당하는 민중의 삶 속에서도 같이 일어나고 있다.

참고문헌

Ahn, Jae-Woong. “The Wisdom of the Minjung in Korea.” *Ching Feng* (May 1995): 106-15.

Ferm, Deane William. *Third World Liberation Theologies : An Introductory Survey.* Maryknoll (NY): Orbis Books, 1986.

Kim, Chang-Nack. “Korean Minjung Theology: An Overview.” *Register* (Spring 1995): 1-13.

Na, Yong Wha. “A Theological Assessment of Korean Minjung Theology.” *Concordia Journal* (April 1988): 138-49.

Ogden, Schubert M. *Is There Only One True Religion or Are There Many?* 1986.

Park, A. Sung. “Minjung and Process Hermeneutics,” Process Studies. *Process Studies* (Spring 1988): 118-26.

Park, Andrew Sung. *The Wounded Heart of God : The Asian Concept of Han and the Christian Doctrine of Sin.* Nashville: Abingdon, 1993.

Ro, Young-chan. *Dao Companion to Korean Confucian Philosophy.* 2019.

——. *The Korean Neo-Confucianism of Yi Yulgok.* Albany, N.Y.: State University of New York Press, 1989.

——. *The Place of Ethics in the Christian Tradition and the Confuncian Tradition : A Methodological Prolegomeneon.* Patiala: Punjabi University. Guru Gobind Singh Department of Religious Studies, 1965.

——. “Revisioning Minjung Theology: The Method of the Minjung.” *In Lift Every Voice : Constructing Christian Theologies from the Underside,* edited by Susan Brooks Thistlethwaite and

Mary Potter Engel. Maryknoll: Orbis Books, 1998.

Ro, Young-chan East-West Religions in Encounter. *Minjung Theology : Theology of Transformation and Transformation of Theology.* 1987.

Suh, David Kwang-sun. "A Biographical Sketch of an Asian Theological Consultation." In *Minjung Theology : People as the Subjects of History*, edited by Asia Commission on Theological Concerns of the Christian Conference of. Maryknoll: Orbis Books, 1981.

안병무. 『민중신학이야기』. 서울: 한국신학연구소, 1988.

이공순. "들어가면 오래 잡아둔다." 「한겨레21」, 2001.03.17.

조영래. 『전태일평전』. 개정판. 서울: 돌베개, 1991.

손문(孫文)의 혁명개념과 인간이해

최 자 웅

손문(孫文)의 혁명개념과 인간이해

최 자 웅 종교사회학 박사, 코아 인문예술원장

서 언

인류사에서 고대로부터 근세에 이르기까지 중국은 찬란한 문명을 지니며 세계를 중화본위로 지배하였다. 그러나 근세 말에 청조는 1840년 아편전쟁으로 부터의 본격적인 서구 제국주의 열강의 침략 앞에서 참담하게 무릎을 꿇고 전락하여야만 했다. 오늘날 중국은 과거의 잠자던 사자와 비참하였던 반식민지 상태에서 완전히 환골탈태하여 바야흐로 이제는 세계의 슈퍼파워인 미국과도 국력에 있어 현실적인 각축과 경쟁을 하는 중국굴기의 시대로 접어들었다. 여기에는 누구도 부인하지 못하는 중국인민들의 각고의 노력 및 투쟁과 더불어 그들의 국부요 최고의 지도자들로 중국민족을 이끈 손문(1866~1925)과 모택동(1893~1976)의 이념과 지도력을 마땅히 그 공을 인정하지 않으면 아니 된다. 이제 본고에서 살펴보겠지만 손문은 중국인민을 흩어진 모래알(散沙)에 비유하였다. 그러면서 손문은 제 2의 태평천국의 홍수전(1814.1.1~1864.6.1.)이 되고자 새롭게 중국혁명을 꿈꾸며 그 혁명을 실현시키고 성공시키는데 있어서 누구보다도 나름대로의 깊은 인간이해를 추구하여 중국인민을 단결시키며 그로써 이당치국- 강력하고 희생적이며 혁명적인 정당을 통한 중국의 혁명을 시도하였다. 그는 비참하였던 청조 말기에 일찍이 태평천국을 그리워하면서 공화혁명을 꿈꾸고 드디어 실현시킨 중국의 국부요 신해혁명을 완수한 혁명가 손문의 혁명개념과 인간이해를 파악하려 한다. 2025년 3월 12일은 1866년 11월 12일에 태어나 향년 58세로 사망한 손문 사후 100년이 되는 기념해 이기도 하다. 대장정으로 표현되는 중국민족의 변화와 굴기(崛起)와 대변화를 보면서 우리의 분단국가의 비참한 민족의 숙원이 하루 빨리 우리의 역사적 실천과 비범한 인식, 이념과 전략으로 이루어지기를 소망하면서 손문을 통해서 우리가 배울 수 있는 바들을 고찰해 보고자 한다.

1. 손문의 혁명(革命)개념 – 태평천국, 신해혁명, 혁명건설

손문은 단순한 실천가와 혁명가만은 결코 아니었다. 그는 지난행이(知難行易)를 신념으로 하며 때문에 손문은 당대의 그 어떤 중국인보다도 외국의 발달한 문물과 지식에 통달했던 최고의 지식인이었고, 그 스스로 삼민주의라는 하나의 독자적인 사상체계를 창안하고 주창한 사상가였다. 그는 무엇보다도 당대의 강유위나 양계초와 같은 체제 내에서의 개혁이 아닌 봉건적인 제도와 만주족이 지배하던 청나라를 근원적으로 바꾸는 공화혁명을 꿈꾸며 실천적으로 추구하였다. 혁명[1])이 손문의 분명한 목표와 가치였다. 우선 그의 삶의 고백을 통하여 손문의 혁명개념과 인간이해를 살펴보면 아래와 같다.

"나의 혁명 건설사업은 세계의 진화의 조류에 근거를 두고 각국이 이미 실행한 선례를 받아들이고, 그 이해득실에 대해서 심사숙고를

---

1) 손문은 일찌기 비밀리에 청조를 전복시키는 혁명운동을 본격적으로 획책하기 시작하여 1894년 북경, 천진, 무한 등지를 돌면서 동지를 규합하고, 1895년에는 드디어 광주에서 혁명의 첫 행동을 가졌다. 손문은 1895년 2월, 10월 26일에 군사봉기를 한다는 계획 아래 농학회를 조직하고 동시에 청천백일기도 고안하였다(佐伯有一, 野村浩一 外,1984.:154). 손문의 일파는 홍콩을 근거지로 하여 광동에 있는 성성(省城)을 점령할 계획을 세웠으나 모의가 발각되고 이 계획은 비밀이 누설되어 70여명이 체포되고 11월 7일 처형되었다. 이같이 손문은 기존의 체제내의 개혁을 원하던 변법파와는 달리 이미 분명하게 군사혁명을 시험하고 있었고 변법파가 〈비(匪)〉라 칭한 삼합회를 비롯한 중국사회의 비밀결사와도 관계를 맺어 선원 등 노동자층이나 민간 자본가층과 관계를 맺고 있다는 점에서도 근원적으로 상이한 출발을 하고 있었던 것이다. 손문은 Revolution을 일본식으로 옮긴 〈혁명〉이라는 뜻이야 말로 자신의 행동에 적합한 말이라 하여 사용하였고 그것은 종래의 기의(起義), 광복(光復)과 다르다는 점을 명확히 했다.(中國現代史,:154) 중국 역대 왕조는 항상 농민혁명으로 붕괴되었으며, 그 수많은 반란과 농민혁명은 대체로 통치집단에 의해서는 反亂으로 그러나 민중들에게는 기의(起義)로 일컫어 졌다. 때문에 오늘날의 중국 정부는 예를 들면 황건난이나 무창의 군사폭동을 '황건기의(黃巾起義: 의로운 봉기)'와 '무창기의(武昌起義)'로 높여 부르고 있다. 그러나 기의보다도 혁명은 한 차원 더 다른 개념이다. 원래 혁명(革命)이라는 중국어 개념과 한자어의 출전은 주역(周易)의 혁괘상전(革掛象傳)-'天地革而四時成 湯武 革命 順乎天而應乎人' : 하늘과 땅이 바뀌어 네 철을 이루듯 탕(湯), 무(武)의 혁명은 민심은 천심이라고 하듯이 하늘의 뜻을 따라 사람들의 요청에 응한 것이다'에서 유래한 것이다. 이미 맹자는 일찍이 왕도(王道)가 아닌 패도(覇道)일 때는 역성혁명(易姓革命)이 가능함을 그의 사상에서 주장 한 바 있었다. ;서정식, 민중유교사상, 살림터, 2009, 268참조. 서양 개념으로 혁명에 해당하는 영어 revolution은 라틴어 revolutio가 어원으로 "回轉하다" 또는 "反轉하다"라는 뜻에서 유래한 것이다.; Jack Goldstone, "Theories of Revolutions: The Third Generation, World Politics 32, 1980:425-53/Jeff Goodwin, No Other Way Out: States and Revolutionary Movements, 1945- 1991. Cambridge University Press, 2001, p.9 참조.

다한 결과 그 소산으로 그 내용은 각각 그 근거를 가지고 있다. 거기에 혁명방략을 정립하여 혁명진행의 도정을 3기로 나누어 정하였다. 곧 제1기는 즉 파괴시기이다. 이 기간에는 군법을 시행하여 혁명군으로 만청(滿淸)의 전제를 타파하고, 관료의 부패를 소제하고, 풍속의 악습을 개선하고 노비를 불평등에서 해방하고, 아편의 유독을 씻어버리고, 풍수의 미신을 근절하고, 국내 세관의 장애를 철거하는 것 등, 비정일소의 파괴사업을 담당, 수행케 한다. 제 2기는 즉 과도기이다. 이 기간에는 약법(約法)을 실행하여 지방자치를 건설하여 민권의 발생을 촉진한다. 1현을 자치의 단위로 하여 현 밑에는 향, 촌의 2구를 분설하여 현이 이를 다스린다. 각 현은 적병이 소탕되고 전쟁이 정지된 날로 약법을 반포하여 인민의 권리, 의무와 혁명정부의 통치권을 규정한다. 그 기간은 3년을 한도로 한다. 3년의 만기 후, 인민은 자기 현의 관리를 선거한다.... 민국창건의 당초, 나는 혁명방략의 시행을 극력 주장하였고, 혁명건설의 목적을 달성하여 삼민주의 정치의 실현을 기했으나 우리당의 많은 인사들은 입을 모아 이것을 불가하다고 했다. 나도 역시 이에 굴하지 않고 몇 번이고 이를 설명하고 혹은 논박을 가했으나 성과를 거두지 못했다. 그리고 나의 이상을 매우 높다고 단정하고 행이지난(行易知難)을 인정하는 사람은 없었다. 오호라, 어찌하여 나의 이상이 높기 때문이라고 하는가. 당시 당원의 지식이 저급한 때문이 아닌가 말이다. 여기에서 나의 마음은 흐리고 뜻은 냉각되었다. 혁명이 가지는 파괴와 혁명이 가지는 건설은 물론 상관관계에 있고, 서로 보완하여 실행되어야 한다."(孫文, 〈建國方略〉, 孫文全集, 中卷, 81-82.)

손문은 그가 20대에 혁명에 뜻을 둔 이래 장구한 세월을 중국의 공화혁명을 위해 투신하고 투쟁하였다. 그럼에도 불구하고 그는 '실패한 혁명가'라는 오명을 숱하게 들으면서 수많은 실패를 경험하면서도 백절불굴의 의지로 신해혁명을 이룩하였다. 그의 혁명과 관련한 고백은 다음과 같다.

"혁명 성공 이전 일찍이 나는 10회 이상의 실패를 경험했다. 그러나 투쟁정신은 추호도 좌절된 바가 없었다. 민국 2년, 원세개가 이미 전국을 통일했을 때에는 나는 이미 정치에는 상관하지 않고 실업개발에 종사하고 있었다. 그 때에는 그는 암살수단을 써서 송교인을 죽였다. 나는 한 사람의 병사도 거느리지 않았으나 그를 두려워하지 않았었다. 그리고 원세개 토벌을 결의하고 이를 절규하였다. 애석하게도 남방의 도지가 대사를 일으켰기 때문에 기선을 제압하지 못하고 실패하였다. 토원군(討袁軍)의 실패 후 동지들은 투지 저상하여 감히 혁명의 재거를 주장하는 사람이 없었다. 나는 원세개가 스스로 왕좌에 나가고 황제제도를 펼 것은 필연적인 추세인 것으로 알았기 때문에 중화혁명당을 조직하여 이에 대비하고 당원을 각 성에 널리 파견하여 황제제도 반대를 제창하였다. 그런 까닭에 원세개가 그 뜻을 아직 펴기 이전에 이러한 반대는 이미 인심을 고취하고 반대케 하지 않았느냐 말이다. 그리고 일단 황제제도가 발해지자 전국이 즉시 일어나 이를 박멸하였던 것이다."(孫文, 〈建國方略〉, 孫文全集, 中卷, 84.)

손문에게 있어서 혁명은 과거 수 천 년의 중국의 봉건적인 제도와 황제의 지배, 특별히 만주족이 지배하던 낡은 체제를 파괴하는 것이었고 동시에 새롭게 공화민주주의를 혁명적으로 건설하는 것이었다. 그리하여 그는 '건국방략'에서 혁명건설을 다음과 같이 역설하였다.

혁명건설이란 무엇을 말하는가. 혁명건설은 비상사태의 건설이다. 또한 속성의 건설이다. 보통의 경우에 건설은 사회의 자연적 추세에 따라 세력의 이익을 얻는 것을 원칙으로 하지만, 혁명의 건설은 이와는 다른 것이다. 혁명은 비상한 파괴성을 가진다…그럼 그의 다른 면에 있어서 비상한 건설이 없어서는 안된다. 혁명의 파괴와 건설은 반드시 서로 보완되어 행하여지지 않으면 안된다. 그것은 마치 인간의 두 다리, 새의 두 날개[2] 같은 관계를 가지고 있다. 민국 창시 이래 이미 비상한 파괴는 겪었으나 이것을 이을 비상한 건설이 없었다. 이는 화난이 서로 이어져 강물같이 끊이지 않고 흐르는 정경을 노정하여 무인의 전횡, 정객의 준동, 그리하여 수습의 방도를 상실한 때문이었다. 이 비상시에는 비상한 건설이 있어야 했다. 그럼으로써 인민의 이목을 일신하고 국가를 갱신할 수가 있었을 것이다. 이렇기 때문에 혁명방략이 필요한 것이다.(孫文, 〈建國方略〉, 孫文全集, 中卷, 84.)

이 같은 스스로의 삶의 회고와 고백을 하는 손문은 일찍이 중국의 태평천국의 거대한 민중의 반란과 그 지도자인 홍수전을 숭배하였다.

---

2) 손문은 일찍이 혁명이 파괴와 건설의 양면성을 지니면서 서로 보완, 상생을 주장한 바, 마치 인간의 두 두리와 새의 두 날개와 같은 필연적인 조화를 강조하면서 이 같은 혁명방략의 필요성을 역설하였다. 리영희가 사회주의 붕괴 이후에 그의 저서와 지론으로 '새는 좌우의 두 개의 날개로 난다'(두레,1994)고 주장하였는데, 이는 손문의 혁명의 근본적 성격과 주장이었지만 그러나 혁명과 진보를 추구하는데 있어서 시간과 공간의 차이를 뛰어넘어 매우 의미가 깊은 것이 아닐 수 없다.

그는 스스로 제이의 홍수전이 될 것을 꿈꾸었다.[3]

원래 만주족이 지배하던 청나라에 대한 극도의 반감과 증오를 지닌 손문은 무엇보다도 민족주의의 기치를 높이 들고 청조 타도와 중국인에 의한 새로운 민국을 위한 혁명에 진력하였다. 훗날 손문의 삼민주의에서 제일 먼저 등장하는 민족주의가 손문의 당연한 혁명의 목표와 내용이었다. 그의 민족주의와 혁명의 개념의 내용은 아래와 같다.

1897년에 일본으로 돌아와 그곳 팽창주의자들의 도움과 충고를 받았을 당시, 손문은 반란에 필요한 요소들-어떤 것은 옛 것이고 어떤 것은 새로운--을 조합하였다. 새로운 요소들에는 화교 사회의 재정적 지원이 포함되었다. 화교사회는 전통적인 본토 사회의 바깥에서 성장하여 유가 사상을 신봉치 않고 상업적 요소들을 갖고 있었으며, 민족주의적이지만 그들의 정치적 충성은 좌절된 채 있었다. 또

---

3) 손문은 일찍이 객가출신으로서 태어나서 일찍이 태평천국의 홍수전을 숭배했고 그가 제2의 홍수전이 되겠다는 꿈을 가졌다. '손문의 자는 일선, 호는 중산, 1866년 중국 광동성 향산현 취향촌에서 태어났다. 가세는 한미한 농민이며, 본래 객가(客家) 출신으로, 청조의 관로에는 나아갈 수 없는 형편이었다. 이는 사대부 출신인 강유위나 양계초가 변법유신을 부르짖어, 청조 자체를 긍정하는 개혁 정치가였던 데 반해, 그는 아예 청조를 타도하고 평민에 의한 민국을 세워야 한다는 철저한 민권운동가가 된 원인이었다고 하겠다. 그러기에 손문은 특히 객가 출신으로 태평천국의 평민 반란을 일으켰던 홍수전을 숭배했고, 제 2의 홍수전이 되겠다는 결심까지 하였다. 이렇게 손문은 출신, 지연, 어렸을 때의 환경으로 인하여 평민 의식에서 일어나는 기존 통치 계층에 대한 불신과 항거심으로 가득차 있었고, 태평천국의 사멸 속에서 되살아난 일점의 불티로 자처'(金忠烈, 1988:319.)하며 성장하였다. 손문이 문벌이 좋은 가문이 아닌 객가출신이었다는 사실과 그의 혁명수행에 세계에 흩어진, 특히 미국과 동남아시아의 화교와 농민반란의 뿌리인 비밀결사들이 연결되었다는 것도 매우 의미있고 흥미로운 사실이다.

다른 요소로는 근대화하던 중국적 생활의 가장 자리에 위치한 광동 지역의 손문처럼, 반(半) 서양화되고 때로는 그리스도교 신자인 젊은 애국자의 소규모 집단에서 나오는 영도력이 있었다. 구식의 요소들에는 본토의 비밀결사들이 소집할 수 있는 무장 반란 집단들이 포함되었고, 또 어느 한 곳의 지방 권력을 힘으로 장악하려는 단순한 반왕조적 목표가 포함되었으니, 이들로써 북경 정권을 와해시킬 연쇄반응을 시작하려고 희망하였던 것이다.[4]

민족주의는 이 당시에 반만주-따라서 친공화적인-와 반제국주의 모두를 포함하였다. 그러나 혁명을 위하여 외국 원조를 구하는 사람들은 반제국주의를 강조하지 않았다. 민권주의는 다섯가지 권력을 가진 헌법-헌법은 양계초의 장기(長技)를 가로 챈 것이다-에서 보장

---

4) 이즈음 손문은 새로운 문제에 부딪쳤다. 중구인 학생들, 특히 일본에 있는 새로운 중국인 학생 세대에게 어떻게 호소함으로써 다른 동시대의 중국의 변혁을 제창하고 지도하는 혁명가들과 경쟁하느냐 하는 것이었다. 이를 위해서는 혁명의 이론적 근거가 필요하였다. 강유위는 여전히 동남 아시아의 다소 보수적인 대부분의 화교 상인들로부터 지지를 받고 있었고, 양계초의 글들은 새로운 학생 계급의 이념으로 되어 가고 있었던 것이다. 한편 다른 사람들이 봉기를 시도하였고, 일본에서처럼 개항장에서도 혁명적인 결사와 학교 및 신문이 등장하고 있었다. 장병린과 채원배 같은 고전 학자들이 이끌던 상해의 광복회와 같은 한 집단은 강유위와 양계초를 공격하였다...호남성에서는 황흥이 1913년에 '화흥회(華興會)'를 창설하여 군인 장교들과 학생들 및 봉기를 위한 비밀 결사대원들을 결합하려고 시도하였다. 그러나 흔히 그러하였듯이 모의는 곧 발각되어 분쇄되었다. 혁명 활동은 이렇게 성장하고 있었으나, 그것은 통합 조정작업과 특정한 이념 및 장기간의 계획을 가지고 있지 않았다. 이러한 경쟁과 기회에 부딪친 손문은 이제 그 자신의 이념적 호소를 발전 시켰다...손문은 이제 중국과 일본, 미국과 유럽에서 보고 들은 그의 여러 가지 문화적 배경에서 공화혁명을 정당화하고 이끌어 갈 일련의 사상들을 종합하여 만들어 냈다. 이것이 삼민주의였으니, 인민과 인종을 모두 포함하는 민족주의, 글자 뜻 그대로 '인민의 권리'인 민권주의, 그리고 얼마 후에는 사회주의와 같다고 생각되었던 고전적 용어인 민생주의였다. 변화무쌍한 이 세 개념들은 그 시대의 격동을 요약하였는데도 특정한 내용에서는 많은 변화를 겪게 되었다.

하게 될 반유가적 평등주의를 의미하였다. 다섯 가지 권력은 미국에서처럼 행정, 입법, 사법에 중국의 전통에서 이끌어 낸 고시와 감찰-또는 '통제'-을 덧붙인 것이다. 이 '5권헌법'은 확실히 손문의 독창적인 발명품이었다. 끝으로 '민생주의'는 공업발전에 따른 새로운 문제들에 대처하기 위한 것이지만 맑스주의자들의 계급투쟁을 포함하지는 않았다. 그러나 그 대신 일하지 않고도 증대되는 미래의 토지가치에 적용하여 투기자들과 독점자들의 치부를 막을 수 있도록 그 당시 유행하였던 헨리 조지(Henry Geoge)의 단일세론(單一稅論)을 따르고 있었다. 이와 같이 전통적 용어인 '민생주의'는 1905년에 특정한 서양 단일세의 의미 안에서 주로 도시의 '토지 권리의 균등화'를 의미하였을 뿐, 농촌의 토지 재분배를 의미하지는 않았다. 상인이나 지주의 아들들이 정치적 혁명을 열망하였을지 몰라도, 아직까지는 민생주의가 그들의 열정을 선동하지는 못하였다.

이같은 삼민주의의 초기 발단과 형성의 한계가 있었을지라도 손문은 그의 정치적 실천의 심화와 더불어 특히 5,4운동과 러시아 혁명 이후에 그는 더욱 더 새로운 세계의 변화와 이념적 흐름 속에서 더욱 더 성숙된 삼민주의와 특히 민생주의의 해석 들로 확실한 연공(聯共) 입장과 노선을 견지하였다. 그는 스스로 그가 창시한 국민당의 통합적 카리스마를 지닌 영수였으면서도 분명한 국민당 좌파의 성격과 이념으로써 신념있는 국민당의 개조작업과 함께 역사적인 국공합작을 과감하게 추진하였던 것이다.

손문은 위대한 정치적 실천가였을 뿐 아니라 당시의 중국에서는

찾아볼 수 없었던 비범한 혁명적 사상가였다. 이제 그의 사상적 면모와 인간이해를 살펴보기로 하자.[5]

2. 손문의 선지선각(先知先覺)의 인간이해 -지난행이(知難行易)와 깊은 앎(深知)

손문은 선지선각의 개념으로 그가 생각하는 인간형에 대해서 이렇게 말했다.

중국고대의 문명은 그 진보가 심히 완만하였다. 그렇다면 어떠한 때에 진보는 어떻게 해서 급속해질 수가 있는가. 이야말로 우리들 학자들이 바로 유의해야할 일이다. 종래에 중국인은 사(士)는 사민(四民)의 머리(首: 윗사람)라고 말한 점으로도 학자의 세력이 사회상 가장 큰 것임을 알 수 있다. 상세히 말하자면 학자는 선각선지한 자이며, 그 일거일동(一擧一動)은 능히 사회의 풍조와 기상(氣象)을 전화(轉化)시킬 수 있는 것이다. 사회의 학자에 대한 대접은 또한 지극히 존경심을 표시하고 있기 때문에 만약 학자가 주장을 한다면 사회는 모두 복종한다. 그 때문에 학자는 사회나 국가에 대하여 어떤 책임을 부담해야 한다. 현재의 학자의 책임은 다름 아닌 중국을 진보시키는 점에 존재

---

5) '손문은 행동주의 세계에서 일생을 마친 혁명가요, 실제적인 정치가였다. 그러나 그의 혁명 내지 정치는...그 배후에 손문 나름대로의 확고한 사상이 이었던 것이다. 그것이 이른바 민족주의, 민권주의, 민생주의를 유기적으로 조직한 삼민주의이며, 손문학설로는 수천년 동안 뿌리 깊이 전해오던 지이행난설(知易行難說)과 왕양명의 지행합일설(知行合一說)을 뒤엎은 지난행이설(知難行易說)이 있다.'(金忠烈, 321.)

한다고 하겠다.(孫文, "행하기는 쉬우나 알기는 어렵다." (孫文全集, 下, 108.)[6]

손문은 그를 환영하는 사람들 앞에서 연설을 통해서 지난행이(知難行易)에 대해서 다음과 같이 주장한 바 있다.

여러분이 오늘 본 대총통을 환영하시는 것은 본 대총통의 성질을 환영하려 함일 것이다. 본 대총통의 성질은 평생 혁명을 사랑하는 것이므로 따라서 여러분은 본 대총통의 혁명적 성질을 환영하려 하는 것이다. 본 대총통은 중국을 진보시키기 위해서는 단순히 정치에 대한 혁명을 주장함에 그치지 않고 학문에 대하여도 혁명을 주장하고

---

6) 손문은 그의 학문과 실행의 중요한 의미에 대해서 다음과 같이 말하였다. "중국의 문명은 옛날에는 진보가 참으로 매우 빨랐으나, 구미의 문명은 오늘날에 와서 그 진보가 매우빠르다. 일본과 섬라의 문명도 역시 최근에 매우 장족의 발전을 하였다. 이 진보의 신속한 원인을 규명하면 그것은 한결같이 정당한 학술이나 정당한 사상을 가지고 있었기 때문이다. 중국 2천년 이래 문명이 진보하지 않는 원인은 즉 학문이나 사상이 정당한 것이 아니기 때문이다. 부정당한 점을 간단히 말하자면 즉, 일반적으로 행(行)함은 참으로 곤란한 일이고 아는 것은 참으로 용이하다고 생각하였던 바로 이 사상이 중국을 그릇되게 하고 학자들을 그릇되게 하였다. 최근의 중국 형편에 관하여 논한다면 일반학자가 집에서 학문을 닦을 때 10년 동안 방안에 들어앉아 간난신고를 참고 도저히 견딜 수 없을 만큼 곤란을 느낀다. 다소간 성공과 연구를 쌓은 뒤에 세상에 나가서 이것을 응용하며 실천하는 시대가 되면 사회의 모든 사람들이 모두 아는 것은 용이하지만 행하는 것은 곤란하다고 말하는 것과 마주친다. 이 말이야말로 실로 학자를 그릇되게 하는 큰 오류를 범하고 있다. 어찌하여 학자를 심히 그릇되게 한다고 말하는가. 즉 학문시대에는 10년을 방안에서 떠나지 않으며 머리를 달도록 쓰고 심혈을 기울인다. 그러면서도 구하는 바 학문은 실로 용이하게 성취되지 않는다. 만약 다소나마 얻는 바가 있어서 실천하려고 하면 즉 남이 "여보게 자네가 학문을 닦을 때도 곤란하였겠지만 실천하는 것은 더 곤란하네"라고 말한다. 일반 사람들은 이 말을 듣고 두려움을 느껴 감히 실천하지 않는다. 실천해 보지 않고 어찌하여 구한 학문이 옳은지 옳지 않은지를 증명할 수 있는가. 실행하지 않으면 연구한 학문은 사용할 곳이 없다. 학문이 쓸데가 없다고 한다면 누가 다시 학문을 지망할 것인가.(孫文, "행하기는 쉬우나 알기는 어렵다.") (孫文全集, 下, 108-109.)

전국의 인민이 기천년을 잘못 걸어온 길을 개정하려고 행각하고 있다. 그 때문에 학문과 사상은 어느 것이나 혁명을 경과하지 않으면 안된다고 주장한다. 중국의 역사에 관해서 말한다면 탕무(湯武)는 혁명을 가장 먼저 주장한 사람이었으나 사람들은 모두 "하늘에 따르고 사람에 응한다"라고 하고, 본 대총통은 전에 혁명을 주장하였을 때에 사람들은 모두 "모반을 일삼는 자"라고 말하였다. 학문과 사상면으로 살펴본다면 그들을 넘어뜨리기 위해서는 즉 사상을 반대로 하지 않으면 안된다. 그 때문에 본 대총통은 "행하기는 어렵지 않으나 아는 것 그것이 어렵다"라고 주장하고자 한다...즉 지(知)와 행(行)의 난이(難易)의 선후문제는 범백사를 알고 난 후에 행하면 매우 용이하며, 만약 알지 못하고 행하려고 하면 중도에서 반드시 수많은 미로(迷路)에 빠지고, 여러 가지 오류를 범하고 실로 곤란하기 때문이다.(孫文), "행하기는 쉬우나 알기는 어렵다." (孫文全集, 下,110-111.) 7)

---

7) 손문은 지식과 앎의 중요성으로 역설하면서 전기, 전등, 전보, 전화와 같은 문명의 이기와 발명을 예로 들어 지식과 발명과 교육을 강조한다. : 우리들 인류는 때로는 알지 못하여도 역시 행하지 않으면 안된다. 가령 전등의 전기와 전보의 전기와 전화의 전기의 경우 같이 우리 중국인으로서는 현재 과연 몇 사람이 능히 그것이 무엇이라는 것을 분별할 수 있을 것인가. 그렇지만 우리 중국의 대도시에서는 현재 어느 집에서나 이러한 물건을 사용하지 않고 있는 곳은 없다. 이러한 기구의 이용은 "행하는 것"이며 이로써 행하는 것의 용이함을 알 수 있다. 다시 중국의 지남침도 역시 전자기의 이치에 의한 것으로서 이것을 사용한 시대와 수에 대하여서 혹자는 황제가 발명한 것이라고도 하고 혹자는 주공이 발명한 것이라고도 말한다. 물론 누가 발명하였던 간에 그것은 어느쪽이든 모두 외국인이 전기를 발명하기 이전의 일이며 외국에는 종래에 없었던 것을 중국에서는 일찍부터 사용하고 있었던 것이다. 그렇다면 중국인은 도대체 전기를 알고 있었던가고 말한다면 그렇지 않다. 학자는 四民보다 앞서 있는 사람이요, 중국의 사회에서는 지극히 숭배를 받고 있기 때문에 보통 사람이 모르는 사항이 있으면 그들에게 가르쳐서 실행하도록 하여야 한다.(孫文, "행하기는 쉬우나 알기는 어렵다." (孫文全集, 下,111.) ; 모든 사업에서 그것이 행하여지지 않는 이유는 모두 무지에서 비롯되는 것이며, 만약

손문은 인간을 다음과 같이 세 부류로 분류하였는데 그 중에 가장 중요한 혁명적 인간과 분자는 선지선각자였다.

손문은 "문명진화는 세 가지 형의 인간에 의해 실현되는 것이다. 하나는 선지선각자(先知先覺者) 즉 선구자이다. 둘째는 후지후각자(後知後覺者) 즉 고취자이다. 셋째는 부지부각자(不知不覺者) 즉 실행자이다. 이것으로 봐서 중국은 실행자 없는 것을 근심하지 않는다"라고 말했다.(孫文, 建國方略, 孫文全集, 中, 79-80.) 즉 손문은 선지선각과 후지후각과 부지부각자를 선구자와 고취자와 실행자로 파악하고 특별히 선지선각자와 후지후각자는 혁명과 역사창조에 있어서 매우 필요한 존재들임에 비하여 부지부각자, 즉 실행자로 불리우는 대중의 역할과 의미에 대해서는 흔한 만큼 '없는 것을 근심하지 않는다'고 한 것이다. 이는 선지선각자와 후지후각자는 차치하고 부지부각자로서의 대중의 의미는 사실상 중요하게 설정하지 않은 것으로 보인다. 그만큼 손문의 경우에는 중국혁명의 길고 긴 투쟁의 삶에서 무엇보다도 혁명을 끌어갈 선지선각자의 선구성과 후지후각자로서의 고취자들의 존

이를 알고 있다면 행하는 것은 매우 용이하다. 광서의 여러분은 밤낮없이 돈에 쪼들려 고통을 받고 있으나 그것은 화폐가 물화에서 생긴다는 이치를 깨닫지 못하고 있기 때문이다. 광서성에는 과연 물화가 없는 것일까....한가지 예만 들더라도 여러분의 계림 주변에는 수많은 돌산이 있는데 여기서 나는 돌은 시멘트 제조의 원료가 되는 것이다....여러분, 그처럼 많은 석회암이나 금속, 석탄 등의 물화를 간직하면서도 돈으로 바꾸지 못하는 원인은 무엇인가. 그것은 여러분이 그 용도와 채굴의 방법을 모르는 까닭이며, 그 때문에 여러분은 수백만명의 노동력을 보유하면서도 미처 물화를 만들어내지 못하고 이용할 방도 또한 없는 것이다....여러분의 노동력을 총동원하고 광산물을 비롯한 물화를 산출하기 위해서는 우선 지식이 있어야 하며, 지식을 얻기 위해서는 바로 교육이 필요한 것이다.(孫文, "행하기는 쉬우나 알기는 어렵다." (孫文全集, 下,117-118.)

재와 그 필요성을 손문이 절감하였다는 반증일 수 있을 것이다.[8)]

동양사가(東洋史家) 민두기에 의해서 권위있는 현대중국의 역사와 혁명에 대한 전문가로 평가된 체스타 탄은 손문에 대해서 무엇보다도 그가 중국역사에서 최초로 혁명적인 인물과 사상적인 변화를 추구한 것으로 평가한다. 필자의 견해로는 손문의 선지선각의 개념에는 분명히 역사와 삶에서 가장 혁명적이고 선진적인 엘리트가 감당해야 할 책무와 역사적 사명이 있다고 보여진다.

모든 다른 영향력 있는 정치적 주의(主義)와 마찬가지로 손문의 그것도 논의가 분분하였다. 그것이 한 때 중국인의 마음에 대단한 지배력을 행사하였고 근대 중국의 발전을 이루는 데 중요한 역할을 담당했음은 논의의 여지가 없는 일이다. 국민당 치하에서는 그것은 중국의 지도이념이었고, 손문의 추종자들의 지지를 얻어내는 것이 그들의 승리를 위해 긴요하였던 시절, 공산주의자들까지도 인사치례로나마 칭찬을 하여야 했다.* 손문 주장의 해석에는 견해가 갈라진다. 어떤 사람은 손문에게서 전통적인 중국사상의 계속을 보는가 하면 또 어떤 사람은 공산주의와 같은 외국 사상의 영향이 있다고 지적하고 있다…손문이 유명해진 것은 혁명가로서였고, 그의 정치적 주장의 과제는 혁명적 변화였다. 중국사에는 수많은 반란이 점철되어 있는

8) 김충렬은 손문에 의하면 선지선각자(先知先覺者)가 있는가 하면, 후지후각자(後知後覺者)가 있고, 또 부지부각자(不知不覺者)가 있다는 것이다. 전자는 혁명가요, 중자는 선전가이며, 후자는 실행가라는 것이다. 이 말은 특별히 역사적으로는 맹자의 이선지각후지설(以先知覺後知設)에서 유래된 것'(金忠烈, 324.)으로 말한다.

데, 그들 중의 어떤 반란은 왕조를 타도하기도 하였다. 그러나 왕조를 타도하였다 하더라도 그러한 반란을 혁명이라고 부르지는 않는다. 왜냐하면 그러한 혁명적 변화들은 정치적 사회적 제도를 대폭적으로 바꾸려고 시도한 일이 없기 때문이다.

손문은 민주주의와 사회주의를 주장함으로써 이 같은 단순한 왕조변화 이상의 일을 한 최초의 사람이었다. 정치적 혁명의 문제를 중심으로 한 손문의 정치사상에는, 그가 혁명을 완성하는 데 없어서는 안될 것으로 믿었던 건설의 방안도 포함되어 있었다.(現代中國政治思想史, 1998, :95.)

손문의 혁명가로서의 최초의 원형적 모델은 태평천국이며 그 지도자인 홍수전이었다. 손문은 같은 객가 출신으로 청조를 뒤바꾸려고 했던 홍수전과 그가 꿈꾸고 이룩했던 태평천국에 대한 강렬한 관심을 지니고 성장하였다. 심지어 그 자신을 제2의 홍수전으로 생각하기도 하였다. 이같은 원인과 유래에는 그의 성장기의 스승과도 관계가 있다. 이같이 같은 광동인으로서 손문과 깊은 관계가 있는 홍수전과 태평천국에 대해서 살펴보고 시프린의 이 문제에 대한 주장을 살펴보자.

태평천국의 지도자 홍수전은 모택동이 언급한 첫 번째의 '서구로부터 진리를 탐구한' 근대 인물이다. 모택동은 만년에 이르기까지 그를 손중산과 함께 나란히 언급하였으며 상당히 높은 평가를 하였다. 홍수전이 창립한 '배상제교(拜上帝會)'는 확실히 서구 선교사의 기독교

팜플렛에서 황상제(皇上帝)를 빌려와 조직한 종교, 군사, 정치조직 및 규범질서였다. 그것은 농민전쟁의 혁명투쟁 속에서 거대한 현실적인 작용과 사상적인 역할을 수행하였다. 홍수전과 '태평천국'은 근대 중국인이 생존을 위해 용감하게 외래적인 낯선 사상을 흡수하고 받아들이는 동시에, 그것을 스스로가 필요로 하는 사물에 복무하도록 개조하는 데, 즉 '중국화'에 뛰어났음을 잘 보여주고 있다...."사람은 모두 형제이다"는 관념은 여기에서 관장이 반드시 병사를 아껴야 하며, 군대는 반드시 백성을 애호해야 한다는 것으로 구체화되었다. 〈행영총요〉(行營總要: 태평천국 군대의 행군 군율) 가운데는 이에 대해 갖가지의 구체적인 규정이 있었으며 이것은 역사상의 어떠한 농민봉기보다도 태평천국이 훨씬 엄격한 군사규율을 갖게 하였다.(李澤厚, 277-278.)[9]

---

9) 태평천국을 건설한 홍수전은 1814년 광동성 화현(花縣)에서 태어났으며, 16세 이후로 과거에 응시하였으나 수차례 낙방하였다. 1836년에는 과거에 낙제하여 낙심하던 중 양발의 저작인 〈권세양언(權世良言)〉을 접하였다. 그 후 1843년 네 번째 과거시험에 응시했던 홍수전은 또 다시 낙방한 후 실망감에 싸여 40여일간 병석에 누워 지냈는데, 그러던 중 꿈에서 어떤 노인으로부터 악마와 요괴들을 무찌르고 세상을 악으로부터 구하라는 사명을 받았다고 한다. 그는 어느 날 집에서 〈권세양언〉을 자세히 읽던 중 자신이 겪은 환상과 기독교가 일치한다고 믿고, 유교를 버리고 기독교 전도활동에 힘쓰기로 결심하였다. 당시 그는 꿈 속의 노인을 상제, 곧 여호와라고 생각해서 자신이 신의 계시를 받았다는 확신을 가지게 되었으며, 신의 계시에 따라 지상천국을 만들기 위한 종교단체 배상제회(拜上帝會)를 창설하였다. 그 후 홍수전은 스스로 세례를 받고 신자가 되었으며, 이어서 자신의 동생 홍인간과 외척 동생 풍운산 등을 비롯한 친척 모두에게 세례를 받게 하였다. 1844년에 이르러 홍수전과 홍인간, 그리고 풍운산의 활동으로 인해 배상제회의 신도들은 약 3,000명에 이르렀으며, 홍수전이 교주를 풍운산이 회무를 맡는 등 점점 체제를 갖추어 나갔다. 초기의 배상제회는 양발이 〈권세양언〉에서 주장한 내용을 따라 복음서적과 성경을 배포하는 일을 하였으며, 후에는 홍수전의 〈원도구세가(原道救世歌)〉... 등의 저작들을 배포하는 일을 위주로 활동하였다. 그 후 1847년 홍수전과 홍인간은 광주에 있던 미국침례회 선교사 로버츠를 찾아가 잠시 공부한 후, 다

시프린은 손문과 태평천국 및 홍수전의 관계를 다음과 같이 언급하고 있다.

태평천국 진압 후 전통을 보지하고자 하면서 제한된 근대화를 허용한 '자강(自强)'운동은 거의 성공의 기회를 갖지 못하였을 것이다. 당시의 실상은 경쟁적인 열강들의 증가일로에 있는 요구 때문에 중

시 홍콩의 구츨라프를 찾아가 교리와 성경을 배우고 정식 신자가 되어 다시 배상제회를 이끈다. 당시에 홍수전과 풍운산 등은 전통적 기독교 예배와는 다른 중국화된 새로운 예배의식을 행하였는데, 세례는 있었지만 성찬례는 없었다. 또한 그는 자신을 창세기 18장의 멜기세덱과 동일시하였다. 실로 이러한 시도는 정통 기독교와는 상반되는 것인 동시에 기독교의 중국토착화의 한 사례가 되었다. 1850년대에 이르러서는 정부의 실정과 관리들의 부패, 기아와 민생불안 등으로 많은 백성들이 배상제회에 가입하였고, 1851년 1월 11일 홍수전과 수만 명의 신도들은 만주족과 청나라를 몰아내고 한족을 회복하자는 구호를 외치며 봉기하였으며, 그들은 영안(永安)을 점령하고 홍수전을 천왕으로 하는 태평천국을 건설하였다. 그리고 그들은 의용군을 태평군이라 불렀으며, 1853년 3월 남경을 공략하여 수도로 하고 후에 천경(天京)이라 개명하였다....당시의 청나라 조정은 태평천국에 위협을 느끼고, 1853년 3월 31일 수만의 군대를 보내 천경 주변을 포위하고 태평군의 동진과 북진을 막고자 하였다....그 후 전국에서 많은 백성과 민족들이 참여하여 반청운동을 벌였지만, 1860년대에 이르러 내부의 혁명정신 상실과 군사력의 한계로 인해 점차 쇠퇴하였다. 홍수전의 이러한 기독교적 혁명사상은 하나님과 마귀와의 대립, 투쟁의 관념에서 생겨난 것이었지만 현실에서는 사회에 불만을 가진 계층들에게 큰 영향을 주었다...실상 홍수전에 의해 주도된 태평천국의 난은 암흑과 같은 현실사회에 대한 당시 농민들의 불만과 지도층에 대한 복수심으로 인해 생겨난 내부의 전쟁이었으며, 이것이 기독교 신앙과 융화되어 표출된 것으로써 그들에게 하나님은 전투적인 하나님으로 강하게 부각되었다....한 편 홍수전의 동생인 홍인간(洪仁玕)은 1854년 상해에서 남경을 거쳐 홍콩으로 건너가 선교사들에게 훈련을 받아 런던선교회의 선교사가 되었고, 1859년 4월 22일에는 천경에 와서 태평천국의 총리로 활동하였다....홍인간은 자신의 개혁사상을 통해 중국에 발전된 자본주의 경제와 민주화된 사회정치제도를 건설하고 나아가 배상제회를 개혁하고자 힘썼으나 아쉽게도 실행되지 못하였다. 태평천국은 1863년 6월 3일 홍수전이 병사하고 난 후, 그 해 7월 3일 청군의 공격으로 철저히 파괴되었으며, 7월 19일 완전히 멸망하고 말았다. 현대 중국의 역사학자들은 태평천국이 기독교 운동이라기 보다는 중국근대사에 전개된 반봉건, 반외세를 통해 민족의 주권과 자립을 이루고자 한 민족운동이며 농민전쟁의 절정기에 일어난 위대한 혁명이라고 평가하고 있다.(孫中山과 近代中國, 29-34.)

국은 국내의 회복에 전념할 시간을 갖지 못하고 있었다. 그러는 동안에 태평천국의 유산은 지탱되어 왔다. 또 다른 대중봉기의 망령이 기존체제에 계속 달라붙었고, 그동안 반란자에 대한 낭만적 전설은 하층 사회, 그것도 화남의 반왕조적 성향의 본거지에서 창궐하였다. 당시 아직 감수성이 예민한 젊은이였던 손문이, 농민군이 더 나은 삶과 민족적 긍지의 복원을 위하여 청조를 어떻게 동요시켰는지를 직접 확인한 것은 바로 이곳에서였다[10]....손문에게는 이것이 생애를 통하여 계속된 홍수전에 대한 찬양의 시작이었으며, 그는 성장하여 처음으로 정치문제에 심각한 관심을 갖게 되었을 때, 즐겨 자신을 반만(反滿) 민중투쟁에서 홍수전의 후계자로서 생각하였다. 어떤 점에서 손문의 초기생활은 흥미롭게도 홍수전의 경우와 견줄 만한 것이기도 하였다. 그러나 손문의 혁명의 실제와 이론은 그와는 다른 시대에 대응한 것이었고 그 자신의 개성과 경험의 흔적이 새겨져 있는 것이었다. 양자 간의 가장 일차적이고 현저한 차이는 홍수전이 광주에서의 몇 달간에 걸친 미국인 선교사의 가르침과 수박 겉핥기식의 외국 지식 밖에 얻지 못한 것이었던 반면에, 손문은 호놀룰루에서의 10대 시기에 그를 다른 모든 중국 정치지도자와 구별시켜 주는 체계적인 서구교육과 외국인을 다루는 데서의 자신감을 습득하기 시작한 것이었다.(孫文評傳,: 22-23.)

10) 손문의 스승은 광동 동부의 가응(嘉應)전투에서 체포를 벗어난 후 취형(聚亨)에 돌아와 서당에서 가르친 태평천국의 전사였다. 홍수전이 죽고 반란군의 주력이 파멸한 지 거의 2년이 지난 1866년초에 일어난 이 전투는 양자강 이남에서의 태평천국의 저항의 종말을 고하는 것이었다. 1만 명 이상의 반란군이 피살되고 5천명 이상이 사로 잡혔다.) 선생은 반란군 사냥이 잠잠해질 때까지 수년을 기다린 후 자유롭게 말하기 시작하였고 친구와 학생들의 마음을 태평천국의 영웅담으로 사로잡았다.(孫文評傳,: 22)

손문은 그의 40년간의 삶을 중국혁명에 헌신했다. 풍우란은 손문의 국민혁명의 목표와 실천적인 삶에서 그의 '지난행이'(知難行易)와 연결되는 '깊은 앎'(深知)에 대해서 이렇게 말한다. 풍우란에 의하면 손문의 깊은 앎과 혁명의 목표와 실천적인 삶이 일치된다는 점이었다.

손문은 우선 국민혁명의 목표가 중국의 자유와 평등을 쟁취하는 데 있음을 제시했다. 그렇다면 어떻게 쟁취할 것인가? 그는 40년의 경험으로부터 '이 목적에 도달하려면 반드시 민중의 관심을 불러일으켜야 하며 연합 세계가 나의 민족을 평등하게 대우하고 공동으로 분투해야 함을 깊이 알았다.' 이는 그의 '깊은 앎(深知)'이 그의 40년 혁명 경험의 총결산으로 나온 것임을 설명한다. 실천 중에서 얻은 앎만이 비로소 깊이 있는 앎인 것이다. 그는 40년의 경험을 쌓아 비로소 이러한 '깊은 앎'을 얻었는데, 여기서는 현재 새로운 인식을 가지고 있다고 설명할 뿐만 아니라 넌지시 과거의 잘못도 시인하고 있다. 과거 그의 첫째 잘못은 민중의 관심을 불러일으키지 않고 단지 지주계급의 비당권파와 연합하여 만주족 황제의 통치를 뒤엎으려고만 했던 것이다. 뒤집어엎은 뒤에는 곧 혁명이 성공했다고 스스로 생각했다. 원세개가 연맹을 배반하고 군주제를 회복시키기에 이르렀을 때에, 손문은 민중의 지지가 없어 어찌할 바를 몰랐다. 둘째 잘못은 자본주의 국가에 대해, 심지어는 제국주의에 대해 환상을 품고 그들이 바로 중국의 혁명을 지지한다고 잘못 여겼던 것이다. 사실 그들이 바로 중국을 식민지로 만들려고 하는 식민주의자들이었는데 그들에게 중국의 자유와 평등을 요구하였으니, 호랑이에게 가죽을 내놓으라는 격이 아니겠는가? 그들은 '우리 민족을 평등하게 대우하지 않았다.

중국의 국민혁명은 '연합세계에서 나의 민족을 평등하게 대우하고 공동으로 분투'해야만 하는 것이었다.(평유란,53-54.)

손문의 지난행이와 연결된 '깊은 앎-심지(深知)'가 그의 40년 혁명적인 실천과 삶의 결산이었음과 같이 중국혁명에 관한 그의 손문주의와 '삼민주의'는 역시 혁명적 실천과 그를 가능하게 만드는 인간을 위한 '앎'의 실체였다.[11)]

3. 손문의 심리건설(心理建設)과 인간이해

- 건국방략과 심리건설, 물질건설, 사회건설

손문은 일찍이 혁명의 깃발을 들고 추구하면서도 그가 혁명과 건국을 위한 구상에서 '심리건설'을 중요하게 파악하고 있었다. 그가 '건국방략'으로 추구한 세편의 글의 내용에서 첫 번째 부분이 '심리건설'인데 그는 이것을 스스로의 사상의 중심이며 손문학설로 불렀다. 그 구체적인 내용은 다음과 같다.

11) 손문은 그의 혁명의 방략과 전략을 1905년에 벌써 발표하고 있다. 그에 따르면 혁명전개과정은 3단계로 즉 軍政(軍法의 治), 임시헌법(約法의 治)에 의한 정치, 그리고 헌법에 의한 정치로 되어 있다. 제 1단계에서는 청왕조와 그 치하의 모든 바람직하지 아니한 정치적 사회적 관습-관리의 재물, 勒奪, 터무니없는 重稅, 혹독한 형벌, 전족, 아편 흡식, 미신, 풍수설 같은 것을 일소한다. 둘째 단계에서는 인민들은 자치를 하도록 허락받고 지방의 의회의원과 행정관을 선출하게 된다. 지방정부의 권력과 기능은 물론 인민의 권리와 의무도 임시헌법으로 규정된다. 이 단계는 6년 동안이며 최종단계가 선포되면 군사정부의 모든 권력은 인민에 의해 선출된 새로운 입헌정부에게 넘겨진다.(孫文,1960, 〈國父全書〉,: 393.)

'1905년 손중산은 동경에서 동맹회를 조직하여 혁명의 깃발을 높이 들었다...그는 만주 놈들을 몰아내고 중화를 회복하여 인민의 나라를 세우고 토지소유를 균등하게 하자'라는 강령을 포고하였으며, 또한 '자유, 평등, 박애'와 '인민의, 인민에 의한, 인민을 위한'이라는 구호를 제시했다. 손중산은 〈민보〉발간사에서 정식으로 민족, 민권, 민생이라는 삼민주의의 명칭을 제시하고 한걸음 더 나아가 그 내용을 자세히 서술하였다...손중산은 그의 삼민주의가 이 세가지 혁명을 연계하여 일으켜 한 번의 힘든 일로 혁명의 과업을 끝내자는 것이며, 이 한 번의 힘든 일이 성공하면 중국은 오래도록 안정될 수 있다고 생각했다...신문화운동은 중국이 구민주주의 혁명에서 신민주주의로 들어서는 아주 중요한 전환점이다. 이 때 손중산은 삼민주의를 실시할 구체적인 방안을 제시했다. 당시 일부 사람들은 삼민주의가 단지 빈말일 뿐이라고 생각했으며, 또 어떤 사람들은 손중산의 혁명은 파괴만 할 뿐 건설할 수는 없다고 생각했다. 그래서 손중산은 자신의 구체적인 방안을 발표하여 그가 진행하는 혁명이 파괴만 하는 것이 아니라 건설하기도 한다는 것을 설명하였다. 〈건국방략〉은 세 편의 글을 모은 것인데 첫 부분은 '심리건설'(心理建設)이다.(馮友蘭, 59)

손문은 그의 삶을 마감할 때, 그의 '유촉(遺囑)'을 남기면서 "아직 혁명이 성공하지 못했다. 무릇 나의 동지는 내가 지은 건국방략과 건국대강과 삼민주의와 제1차 전국대표대회선언에 비추어 계속 노력하여 혁명을 관철하는데 힘써야 한다....이것이 나의 부탁을 이루는 길이다(孫中山選集, 421)"라고 당부하였다. 이 유촉의 내용 중에 건국방략이 처음 언급되는 만큼의 중요성을 지니고 바로 그 첫 부분이 심리건설로부터 건국의 토대를 만들자는 손문의 의도였다. 건국방략은 첫째 '심리건설'에 이어서 '물질건설'과 '사회건설'이 각각 둘째와 셋째의 내용을 이루는 구성이었다. 심리건설은 손문에게 있어 매우 중요해서 그가 스스로 손문학설과 자기 사상의 중심으로 삼을 정도였다.

그는 이것을 자기 사상의 중심이라고 생각하였으며, 그래서 '손문학설(孫文學說)'이라고도 불렀다. 그 구체적인 주장은 "먼저 행동이 있고 난 다음에 앎이 있으며(行先知後) 행동하기는 쉽고 알기는 어렵다(行易知難)"라는 것이다. 유가 경전 중에 "아는 것은 어렵지 않으나 행하는 것만이 오직 어렵다(知之非難, 行之唯難)"라는 견해가 있으며, 왕수인(왕양명)은 '지행합일설'을 주장했다. 손중산은 이러한 견해들을 비판하고, 먼저 행동이 있고 난 다음에 앎이 있고 행동하기는 쉬우나 알기는 어려우며, 알지 못하면서도 행동할 수는 있으나 앎이 있으면 반드시 행동이 있어야 한다는 자신의 주장을 펼쳤다. 지행문제는 중국철학에서 전통적인 문제들 중 하나인데, 손중산은 자신의 주장이 이 문제에 관한 전혀 새로운 견해이며 이 문제를 정확하게 해결하고 있다고 생각했다. 그의 주장 속에 들어있는 정치적인 함의는, 중국의 혁명에 대한 그의 '삼민주의'는 앎이고 이 '앎'을 사람들이 이미 알고 있으니 행할 수 없음을 두려워하지 말라는 것이었다. 그는 중국의 인민 모두가 이러한 신념을 가짐으로써 건국의 "심리건설"로 삼기를 희망하였다.(馮友蘭, 59-60.)

손문의 주장 속에 '심리건설'과 인간의 뜻과 의지 등을 강조하는 것은 훗날 모택동의 사상 속에서도 많이 강조되는 요소들이지 않을 수 없다.

손문은 일찍이 그가 즐겨 사용했던 천하위공(天下爲公)의 개념을 진화의 문제와 결부해서 이렇게 주장했다. 진화라는 것은 시간의 작용이다. 그러므로 다윈이 종의 진화 이치를 발견하였을 때 많은 학자들이 이것을 시간의 대발견이라고 일컬었는데, 이는 뉴턴의 만유인력을 공간의 대발견이라 일컫는 것과 서로 견줄만 하다.(馮友蘭. 63.)

손문의 1918년에 썼던 〈건국방략〉 이후에 그는 『建國大綱』을 1924년에 저술하였다. 위의 레닌의 손문에 대한 평가도 있지만 손문은 이 무렵에 그가 삼민주의의 내용 속에 매우 중요하게 펼친 민생주의의 실천을 세계 최초의 사회주의 혁명을 이룩한 러시아의 도움을 얻어 중국혁명에 착수하고 있었다. 그는 러시아로부터 중국과 인민을 위한 혁명적 경험을 배우기에 분망하였다.[12]

손문의 혁명전략은 3단계 중 제 2단계인 訓政時期가 주축이 되어 있는데 그의 정치생활의 후반기경에 들어가 그것을 더욱 더 중요시하게 되었다. 중화민국의 초기의 실패는 손문으로 하여금 전통도 경험도 없는 나라에서 민주주의를 건설하는 데 따르는 엄청난 곤란을 생각하게 하였다. 그러므로 1918년에 손문이 『建國方略』을 쓸 때 그는 이 과도기에 대해 새로이 역점을 두었던 것이다. 그 『건국방략』에

12) 레닌은 손문에 대해서 이렇게 평가한 바 있다. "손중산은 계급투쟁을 인정했지만 부르주아 사상과 부르주아 정치의 범주를 뛰어넘지 못했다."(〈레닌전집〉 제25권. 384.) 그러나 레닌의 눈으로는 손문은 부르주아 정치의 점주에 갇히우는 한계가 분명히 있었을지라도 손문은 그의 당대의 한계와 현실 속에서 처음에는 봉건적인 청조를 타도하고 민국정부를 세우는 부르주아 정치에 머물렀을지라도 그는 1917년에 발발한 러시아 혁명을 지켜보면서 그 자신의 신념과 사유를 변화시키려고 애를 썼다.

서 그는 '중국인이 수천 년 동안 전제왕조의 독에 찌들었기 때문에' 중국인에게는 민주적 지식이 결핍되어 있다고 주장했다. 손문의 생각으로는 학동이 좋은 교사와 좋은 친구를 가져야 하듯 중국인도 긴 안목을 가진 혁명정부에 의해 훈련되어야 했다. 그러나 민주주의적 생활방식을 종내는 배우고야 말 인민의 능력에 대해서는 의심이 있을 수 없었다. 그의 낙관주의는 1905년에 그랬던 것처럼 이 과도기적 시기가 6년이면 족하다고 생각하게 하였다.(孫文, 1956, "孫文學說", 〈總理全書〉 12卷, 臺北, 國民黨中央委員會, 100-102)

'심리건설'을 〈건국방략〉의 첫 부분으로 삼은 데는 이유가 있지만, 철학적인 관점에서 본다면 그의 주장이 틀림없이 성립될 수 있는 것은 아니다.

4. 손문의 지난행이(知難行易)의 인간이해

- 손문의 인식론과 지(知)와 행(行)

손문의 인간이해는 결코 관념적인 것이 아니었다. 그의 인간이해와 '지난행이(知難行易)'의 개념 또한 손문의 40년간에 걸친 혁명의 도상과 생애 속에서 추구되고 성숙되고 반영된 것이었다. 그이 지난행이의 인간이해의 개념은 손문의 삼민주의의 내용에서 두 번째로 일컫어지는 민권주의의 주장과도 연결이 된 것이었다. 손문의 민권개념은 당연히 민주주의의 내용과 단위를 이루는 인간에 대한 인식을 반영한 것이었다.

손문은 그의 삼민주의에서 민족주의에 이어 두 번째로 민권주의를 주장하였다. 이 민권은 민주주의의 내용과 성격을 다루고 있다.

손문은 인간의 자유도 인류의 오랜 자유를 위한 투쟁결과의 소산이라고 보았다. 그러나 그러한 자유를 위한 투쟁의 경험이 없었던 중국인들에게는 자유는 왕왕 '제멋대로(放蕩不羈)'와 같은 동의어와 의미였다는 것이다.(《總理全書》Vl,223-224.)

특별히 손문은 중국인을 비판하는 데 있어서 '흩어진 모래알(散沙)'라고 일컫으며 이런 한에 있어서는 모든 진정한 자유를 위한 혁명투쟁은 불가능할 것이고 잘 조직된 민주국가를 갖는 꿈도 이루어 질 수가 없다고 하였다. 중국인들이 조직적인 훈련을 받는 것이 곤란하고 불가능하게 만든 것이 지나친 개인의 자유였다고 그는 주장했다.(孫文, 三民主義, 203.)

손문은 절대군주제가 타도된 후에는 권위에 대하여 조금도 거리낌없이 원하는 것은 마음대로 할 수 있다는 생각에 대하여 심각하게 경고한 바 있다.(《總理全書》lV.146.)

삼민주의는 손문이 1911년, 광주에서 발표한 것으로서 모두 16장으로 민족주의 6장, 민권주의 6장과 민생주의 4장으로 구성되어 있다. 삼민주의는 근 백년 동안 중국의 민족, 민권, 민생의 3대 문제의 배경과 특질, 그리고 이 3대 목표를 해결하기 위한 구체적인 방법과 방향을 제시한 것이다. 삼민주의의 내용은 민족, 민권, 민생주의이며 목적은 구국주의, 이상은 대동(大同)주의이고, 그 본질은 인간과 사회의 윤리, 과학, 민주주의 사상에 그 근거를 두고 있다. 삼민주의의 내용에서 처음 주장하는 부분은 민족주의이다.

손문은 그가 맑스나 서구의 사상가로부터 많은 것을 배우려고 하고 받아드리면서도 그의 독자적인 비판과 입장을 견지하였듯이 제국주의와 전쟁문제에 대해서도 나름대로의 생각을 지니고 있었다. 특히 제1차 세계대전을 영국과 독일의 해상권지배권의 경쟁과 강대국들의 보다 많은 영토를 획득하려는 야망의 원인으로 보았다. 손문은 레닌의 견해에 추종하지 않고 경제적 압박과 정치적 압박으로 본 제국주의를 구분하려 했다. 러시아 사태를 보면서 손문은 이렇게 말하였다.

러시아에서 새로운 사건이 일어난 이래 과거의 일을 고찰하고 미래의 흐름을 예견해 봄으로써 나는 국제적 대규모전쟁은 불가피하다고 믿게 되었다. 그러나 이 전쟁은 민족과 민족 사이에 일어난 것이 아니고 민족들의 내부에서, 즉 백인종 내부에서, 황인종 내부에서 일어날 것이다. 이들 전쟁은 계급전쟁이고 횡포한 자에 대한 압박받는 자의 싸움, 정의(公利)와 강권의 싸움이 될 것이다.(〈總理全書〉,l.18.)

손문은 누구보다도 인간의 자유의 문제를 소중하게 생각하였으나 이런 관점에서도 그는 1904년에 '중국인은 전통적으로 정부의 간섭을 안 받아왔다'고 분석하였으며 중국인의 부정적인 특성인 '흩어진 모래'로서의 자유가 아니라 '흩어진 모래'를 결합시키고 강력하게 하나의 민주주의와 신념으로 이끌 수 있는 권위와 훈련이 가능한 '以黨治國'을 그의 신념으로 갖게 되었으며 중국혁명을 위해서 끊임없이 동맹회로부터 시작해서 혁명당의 결성과 훗날에는 중국국민당의 결성에 이르기까지 그리고 종국에는 중국국민당의 공산당과의 합작운동을 시도하면서 추구한 중국국민당의 개조에 이르기까지에 이르른다.

손문은 자유는 일반 대다수 인민의 것이지 엄격히 규율을 지켜야 할 군인과 관료의 것이 아님을 강조하였다. 실제로 그가 천신만고 이루게 된 신해혁명을 통한 중화민국의 성립 이후에 공동의 훈련과 통일된 행동의 부재 때문에 중국인민의 자유와 민주주의가 크게 훼손되고 저지, 좌절된 것이 사실이었다. 특히 손문은 국민당의 개조와 공산당과의 합작을 추구하던 1924년에 절제없는 자유주의에 대해 격렬하게 반대하였으며 중국혁명의 성공을 위해서 레닌과 러시아 혁명의 성공모델을 어느 만큼 수용하고 받아드리고 배우려 하였다. 손문은 원론적인 정치사상가로서는 진지하게 인간의 자유의 문제를 추구하였으나 한 사람의 혁명을 추구하고 이끄는 영수와 지도자로서는 손문은 그에 필요한 권위와 훈련과 조직에 더 큰 관심을 갖고 실천적인 노력을 기울였다.(《總理全書》V.160.)

손문은 때문에 혁명단체 구성원의 의무는 그들의 개인적 자유를 나라의 자유를 위해서 희생하는 것이라고 주장하였다. 1913년에 손문의 국민당의 당원이 당시에 황제를 꿈꾸며 야망으로 획책하던 원세개 대총통에 대항하라는 요구에 응하지 않은 것에 손문은 크게 실망하였다. 어떤 혁명에 있어서도 지휘권의 통일성은 혁명의 성공에 불가결한 것이라고 손문은 생각하였다. 손문은 자유에는 제한이 있어야 한다는 존 스튜어트 밀의 견해에 동의하기는 하였고, 절제 없는 '흩어진 모래알'과도 같은 자유의 주장에는 단호히 반대하였지만, 그는 그의 삶의 마지막 부분이 되는 1924년 9월 북경정부의 초청으로 그들 지도자들과 중국의 통일에 관하여 의논하기 위하여 떠나기 전에 손문은 그의 국민당은 '전력을 기울여 인민의 자유를 지킬 것'을 분명히 맹세하였다.(〈國父全書〉,767.)

손문의 민권주의는 원래 링컨(Lincoln)의 '인민의, 인민에 의한, 인민을 위한 정치'라는 명제가 자신의 민주주의의 가치와 목적을 잘 설명해주고 부합한다고 생각하였다. 그러나 손문에게 있어서는 인민은 개인들이라기 보다는 통일되고 조직된 인간군(人間群)의 표상이었다. 손문은 무엇보다도 개인을 중요시하였지만 개인주의는 반대하였으며 국가계약설도 배척하였다. 손문에게 있어서 국가는 개인이 각자의 권리를 보호하기 위해 모인 것이 아니고 서로 돕기 위해 만든 유기적인 조직체였다. 이런 차원에서 루소의 자연권에 반대하는 입장을 지닌 손문은 모든 정치적 권리는 자유와 민주주의에 투철한 공화국에 충성하는 사람에게만 주어지고 공화국에 반대하는 사람들, 특히 공화국을 파괴하려는 사람들에게는 주어지지 않는다고 하였다.(孫文, 三民主義, 176.)

손문은 "자연은 본래 인간을 평등하게 만들지 않았다"라고 하였다.(孫文, 三民主義, 35.) 손문의 견해는 인간에게는 천부의 평등이 없기 때문에 인간사회에 평등을 강요하려는 어떤 시도도 결국에는 헛된 평등을 낳을 뿐이다.13) 인간은 가기 서로 다른 머리와 능력을 타고

---

13) 이같은 손문의 인간이해가 장 자크 룻소(Jean-Jacques Rousseau,1712-1778)의 〈인간 불평등 기원론〉과 특별히 〈사회계약론〉에서 '인간은 원래 평등하게 태어났으나 지금 인간은 도처에서 사슬에 매어있다'라는 근본 주장과는 상이한 것으로 파악된다. 이 점에서 손문은 혁명의 실제활동에서나 인간이해의 차원에서 인간을 선지선각, 후지부각, 부지부각으로 구분한 것은 어쩔 수 없는 현실적인 인간의 분류와 역할 분담이었으며 그것으로 혁명의 주창 및 창시자, 선전자와 실행자들로 구분하면서도 그 서열상 낮은 구분인 혁명의 실행자와 계급을 결코 무시하지는 않았다. 참고로 모택동은 그의 젊은 날에 한 때 루소주의자로 불리워지기도 했다. 이런 면모가 모택동으로 하여금 극

난 것이다. 만약 사람이 이 같은 차이를 무시하고 모든 사람을 평등하게 하기 위해 높은 자리에 있는 사람을 몰아내려 한다면 아무 진보도 있을 수 없고 조직에 불가결한 영도력을 잃게 될 것이다. 인간에게 필요한 것은 같이 출발할 평등한 출발점이며 각자의 머리와 능력에 따라서 자기의 생활을 발전시켜 나갈 평등한 기회라고 손문은 생각하였다. 평등한 기회를 갖는 데 필요한 가장 중요한 조치는 사람들에게 평등한 지유를 주는 것이다. 손문은 인민이 정치적 자유를 쟁취하였을 때에만 자유와 평등이 널리 행하여질 수 있다고 주장하였다.(〈總理全書〉,1,244-245.)

손문은 평등에 대하여 이렇게 말하였다. 이 손문의 평등에 대한 관념이 선지선각의 개념으로 연결되어 지는 것으로 보인다.

하늘은 사람에게 서로 다른 머리와 능력을 주었지만 인간의 마음은 모든 사람은 평등해야 한다고 꾸준히 소망해 왔다. 이것은 가장 높은 도덕적 이상이며 인류는 그렇게 되도록 노력해야 한다....모든 사람은 봉사를 해야지 탈취해서는 안 된다. 뛰어난 머리와 능력을 가진 사람은 힘껏 그들 수천만의 사람들에게 봉사하여 수 천 만의 사람을 행복하게 해 주어야 한다. 머리나 능력이 모자란 사람들은 능력껏 열 사람, 백사람에게 봉사하여 백 사람, 열 사람을 행복하게 해야 한다....이렇게 하면 사람들은 천부의 머리와 능력에 차이가 있겠지만 봉사한다는 도덕심이 발달하여 그들은 반드시 모다 평등하게 될 것

단적인 평등주의 및 계급주의 노선을 추구하면서 부단혁명을 추구하는 유토피아니스트의 성격으로 조명되는 소이연일 수 있다고 본다.

이다. 이것이 평등의 정의이다.(孫文, 三民主義, 244-245.)

이같은 손문의 기본적으로 평등하지 않은 인간과 동일하지 않은 차별성 때문에서도 교육의 가치를 소홀히 하지 않았다.

손문은 아울러 교육의 중요성을 강조하였다. 손문은 선거에 있어서와 마찬가지로 정치적 권력을 그저 행사하기만 해서는 평등한 기회를 만들어 낼 수 없다. 그러므로 인간이 본래 갖고 있는 머리와 능력을 개발하기 위한, 경제적 부담이 없는 교육을 강조하였다.(〈總理全書〉, Vll. 232.)

리쩌하우는 특히 손문이 그 자신의 혁명에서의 경험을 자각적으로 총괄하고 이론인식의 중요성을 강조하며 인간의 인식능력의 무한함을 설파하였다고 평가한다. 나아가 손문이 강유위나 담사동처럼 자신의 인식상의 고정관념이나 한계를 보인 것이 아니라 인식은 실천을 따라 부단히 향상하고 전진한다고 하였으며 자신의 인식론 체계를 유물론적 인식의 토대위에 올려놓았다고 하였다.

김충렬은 손문의 '지난행이설'이 중국 사상에서 창의적이고 현대적이라고 언급하였다.

'지(知)와 행(行)'의 문제는 중국철학의 중요한 과제의 하나였다. 그리고 중국에 보편적으로 깔려 있는 관념은 속담이 말하는 "알기는 쉬우나 행하기는 어렵다"는 것과, 왕양명의 "지와 행을 일치시키자"는 것이었으므로, 손문의 '알기는 어렵고 행하기는 쉽다'는 학설은 전통과 일반통념에 정면으로 대립되는 것이 아닐 수 없다. 또한 그만큼 손문의 '지난행이설(知難行易說)은 중국 사상에서 창의적이고 현대적인 의미를 갖는다'(金忠烈, 326.)고 김충렬은 말한다.

손문이 '지난행이설(知難行易說)'을 제창한 주요 원인은 수천 년 뿌리 깊게 내려온 '지이행난설(知易行難說)'을 뒤엎기 위한 것이다. 그의 음식, 이재, 작문, 건축. 조선, 축성, 개하(開河), 전학(電學), 화학, 진화 등 열가지 일을 증거로 들어 말하기를 "알면 반드시 행하게 되고, 알지못하면 행하지 못하게 된다"고 하였다. 그러나 다만 소극적인 면에서 지이행난설을 파괴했을 뿐만 아니라, '지난행이(知難行易)'라는 적극적인 학설(馮友蘭, 1985, 中國哲學의 精神-新原道, 곽신환 편역, 숭실대출판부, 30-31. 참조.)을 세워 아울러 왕양명의 '지행합일설'까지도 배격한 것이다. 그는 말하기를 "왕양명의 지행합일설을 만일 과학이 발달한 오늘날에 있어서 한 시대 한 사업에 국한 시켜 말한다면 심히 적합하다. 그러나 한 사람의 몸위에 지와 행을 합치시키려면 분업된 오늘에 있어서는 결코 통할 수 없는 것이다. 과학이 발달하면 할수록 한사람의 지와 행은 더욱 멀어져서 합치되기 어렵게 마련이다. 홀로 알았다고 해서 꼭 행할 수 있는 것도 아니고, 또 행하는 자라 해서 반드시 아는 것도 아니니까 말이다. 그렇기 때문에 왕양명의 지행합일설은 특히 실천과학에 있어서는 더욱 맞아들지 않는 말이다"라고 하여 도덕행위와 과학 기술에 있어서 지와 행이 똑같이 이해될 수 없다는 것을 역설했다. 이는 서구 과학문명을 배워야 하는 근대 중국에 있어서 그야말로 성패의 관건이 되는 중요한 학설이 아닐 수 없다.'(金忠烈, 327.)

모택동은 세상의 본원을 학으로 일찍이 말한 바 있다. "생각하건대 본원(本源)이란 학(學)을 중히 여기는 것입니다. 학은 기초인데도 지금의 사람들에게는 학이 없습니다. 기초가 약하여 붕괴될 위험성이 있습니다. 천하는 크고 사회의 구조는 복잡합니다. 게다가 수천년의 역사가 있고 백성의 지혜(民知)는 막혀 이것을 개통시키려는 것은 결코 쉬운 일이 아닙니다."(毛澤東,1917,8.23."給黎錦熙的信" 新民學會資選集, 1974,4. 中國人民解放軍海軍學院政治理論硏究室.)

손중산은 인류의 실천에 대한 광범위한 가능성을 가지고 있으면서도 '참된 인식과 특별한 견식'을 획득하는 것은 험난한 과정임을 알았다. 그가 '지난행이'를 강조한 것은 실천의 중요성과 인식의 험난함을 강조한 것으로, 그 나름의 합리성을 가지고 있었다.(리쩌하우, 595.)

리쩌하우는 손문의 인식론이 장점과 가치를 가지고 있으면서도 사회적 역사적 구체적인 실천과 그 기초 위에서 변증법적 관계를 드러내지 못했음을 지적한 것이다. 이같은 차원에서의 미흡한 한계를 모택동이 더욱 더 구체적인 역사와 사회적 실천 속에서 인간 인식의 변증법적 관계를 보다 깊게 규명하고 발전적으로 드러내는데 성공하였다고 볼 수도 있을 것이다.

결 론

손문은 중국인민들에게 국부로 추앙받고 있다. 그는 전형적인 혁명가이면서 아내 송경령과 더불어 그가 닮고저 한 홍수전의 후예답게 크리스챤으로 자처했다. 그의 아내이며 중화인민공화국 부주석으로 사망한 송경령도 평생 전도사를 역임한 부친의 신앙을 이어받아 진보적 크리스챤으로 살았다. 불과 향년 58세의 삶을 통하여 손문은 매우 가난한 광동성 상산의 객가 출신의 소년으로 태어나 풍요하게 살 수 있는 홍콩에서 서구적 교육을 받은 의사가 되었으나 그는 혁명을 꿈꾸며 만주족이 지배하는 봉건왕조 청조를 드디어 신해혁명으로 무너뜨리고 중국의 공화국으로의 혁명을 이루었다. 그는 삼민주의를 주창하면서 민족, 민주, 민권의 사상을 추구했다. 손문은 중국국민당을 만들어 이당치국으로 중국혁명을 지도하고 이끌었다. 그러나 손문의 서거 후에 중국국민당은 장개석에 의하여 보수 우파 내지 극우적인 정치이념과 통치로 나아가고 새롭게 혁명적 정당으로 중국공산당이 조직되어 결국 모택동사상과 노선에 의해서 국민당과 공산당의 길고 긴 쟁투와 전쟁을 겪으면서 1949년에 중국공산당에 의한 새로운 중국대륙의 중화인민공화국의 선포와 더불어 일단은 혁명이 완수되었다. 중국공산당에 패배한 중국국민당과 장개석은 대만으로 쫓겨가서 미국의 비호하에 국가체제를 이루었다. 장개석과 중국국민당과 모택동과 중국공산당도 모두 공히 손문의 이념인 삼민주의를 계승하였다고 주장한다. 중국공산당과 모택동도 자신들의 사회주의 공산주의 중국혁명을 주장하고 추구하면서도 그것이 손문의 유촉과 이념과 사상을 새롭게 승계하는 신삼민주의로 명명하였고 손문에 대한 국부로서의 깊은 존경과 그의 부인인 송경령에게도 중화인민공화국의 부주석으로 예우하면서 그 연속선을 강조하고 있다. 마오이즘에 있어서 삼좌대산(三坐大山)은 중국인민을 억누르는 주요모순이었고 그것은 봉건주의와 제국주의와 관료자본주의였다. 그리고 이 삼대좌산을 우공이산의 신심과 실천을 통해서 산을 옮기는 대역사를 중국혁명으로 상정하고 추구했다. 그것을 위한 모택동에 의한 모순론과 실천론은 중국혁명이 단순한 서구 맑시즘의 단순한 이식이 아니라 깊은 중국의 사상적 뿌리와 창조적 인간이해와 인식론 실천론의 추구였다. 이것의 선행 이념과 인간이해가 손문에 의해서 추구되었다. 그리하여 손문의 삼민주의 못지않게 그 내면의 인간과 사회에 대한 깊은 인식론과 이해가 손문의 혁명을 위한 사상적인 전제와 근거와 내용으로 추구된 것을 살펴보았다. 손문의 혁명의 그 뿌리는 태평천국으로 발원된 것이었다. 중국혁명은 태평천국과 손문의 신해혁명과 1919년의 오사운동 이후에 태동된 중국의 신문화운동과 중국공산당의 창당에 의해 연속적으로 숱한 고난과 좌절 속에서도 연속혁명으로 추구되었다. 손문은 미처 혁명의 온전한 성공을 보지 못하고 서거하면서 혁명은 아직 미상존 미성공하였다고 유촉을 남겼다. 에른스트 블로흐의 명제로 하면 '아직 아닌(Noch nicht)의 혁명은 진정한 인간해방과 모순 없는 사회와 세계를 향하여 영구혁명(永久革命)과 영원한 지평으로 나아가야만 한다고 사료된다. 약 160년 전에 중국에 태어나 비참하게 패배하고 좌절당한 태평천국의 꿈을 안고 신해혁명을 완수, 성공시킨 손문의 혁명 성공의 초석이 그의 깊은 인간이해와 인식론이었다. 우리 한민족에게도 위대한 동학의 인내천 진리의 깃발과 더불어 동학혁명의 연속선 위에서 연면히 이어지고 오늘 분단민족의 모순을 혁파하며 뻗어가는 통일민족을 위한 심오한 인간이해의 이념과 혁명적 방략 위에 위대한 실천으로 이어지기를 염원한다.

참고문헌

〈원자료〉

孫中山選集, 北京,人民出版社, 二券.上下冊, 1956.

孫文(逸仙), 『國父全書』, 臺北國防研究院, 1960.

孫文, 『孫文學說』,〈總理全書〉12券, 臺北, 國民黨中央委, 1956.

孫文, 『建國大綱』, 臺北,1953.

孫文, 『三民主義』, 이용범역, 세계사상전집40, 삼성출판사. 1977,

孫文, 『三民主義』, 이명구역, 세계사상전집30. 대양서적,1972.

孫文, 『孫文全集』, 상,중,하, 홍태식 역, 이용범 교열, 삼성출판사, 1974.

蔣介石, 『蔣總統集』, 中國國防研究院, 中華大典編印會 共編 國防研究院 ; 中華大典編印會 1965

『毛澤東選集』, 第1-6卷, 北京, 人民出版社, 1999.

『毛澤東著作選讀』, 中共中央文獻編輯委員會,,北京,人民出版社,1986.

『毛澤東文集』, 第1-8卷, 中共中央文獻研究室 ,北京,人民出版社, 1993

〈국내연구자료〉

민두기, 『중국초기혁명운동의 연구』, 서울대학교 출판부,1997.

_______, 『중국근대사론, 지식산업사』, 1976.

_______, 『중국근대개혁운동의 연구』, 일조각, 1985.

_______, 『신해혁명사-중국의 공화혁명』, 민음사, 1994.

_______, 『중국에서의 자유주의의 실험-호적의 사상과 활동』, 지식산업사, 1996.

쿠보다 분지(久保田文次)외 신해혁명연구회 엮음, 김종원 역, 『중국근대사연구입문』, 한울아카데미,1997.

김충열, 『중국철학산고II』, 온누리, 1994.

H. G. 크릴, 『중국사상의 이해』, 이동준, 이동인 역, 경문사, 1981.

리쩌하우, 『중국현대사상사론』, 김형종역, 한길사, 2005.

방립천, 『중국철학과 인성의 문제』, 박경환 역, 예문서원, 1998.
蔣介石, 『中國의 運命』,宋志英 譯, 서울타임스社 出版局 1946
蔣介石, 董顯光 共著,『蔣介石과 毛澤東 : 中國의 運命』, 李東植, 禹載潤 譯編 良書閣 1967
이택후, 『중국현대사상사론』, 북경, 동방출판사, [1987]중국현대사상사의 굴절,
진립부, 『중국철학의 인간학적 이해』, 정인재 역, 민지사, 1986.
진정염, 임기담, 『중국대동사상연구』, 이성규 역, 지식산업사, 1990.
체스타 탄, 민두기 역, 『중국현대정치사상사』, 지식산업사, 1985.
풍우란, 『중국철학의 정신』, 곽신환역, 숭전대학교대출판부, 1985.
펑유란, 『현대중국철학사』, 정인재 역, 이제이북스, 1999.

〈영문자료〉

Herold Z. Schiffrin, *Sun Yet-sen and the Origin of the Chinese Revolution*(Univ. of Califonia Press, 1968)
C. Martin Wilbur, *Sun Yet-sen: Frustrated patriot*(Columbia Univ. Press 1976)
Yong-tsu Wong, *The Search for Modern Nationalism: Zhang Bingin and Revolutionary Chi18609-1936*(Oxford Univ. Press, 1989); MaryBackus Rankin, *Early Chineses Revolutionaries: Radical Intellectualsin Schanhai and Chekiang, 1902-1911* (Harvard Univ. Press, 1971)
Shinkichi Eto and Herold Schiffrin, T*he 1911Revolution : Interpretive Essays*(Univ. of Tokyo Press, 1984)